JN358532

정약용과 그의 형제들

이덕일 역사서

정약용과 그의 형제들

2

이들이 꿈꾼 세상

김영사

차례

2권 아들이 꿈꾼 세상

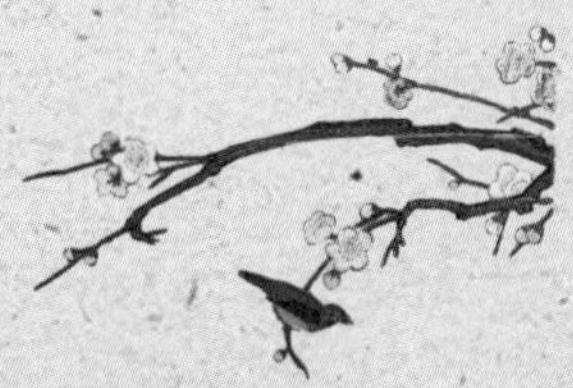

열린 미래를 지향하다 억압당한

우리 역사의 모든 사람들에게

이들이 꿈꾼 세상

2권

외로운 몸 혼자서 바닷가 찾았는데
비방 소리 명성 따라 온 세상에 가득 찼네
비를 만나 다락 위에 높다랗게 누워보니
종일토록 역부처럼 한가하구나

書且此寄平安信息 洞推度歲
耶深矣此書氣尤蕃庶之也之甚
深露疏澈蘊 耶之果煩壽日中之據
台地淨[illegible]有餘且經世形歲暮勝時之切
其氣矣健性矣[illegible]首末遊[illegible]之氣
為之有餘治勝所時惟年[illegible]遂之[illegible]家之
君之[illegible]勿長待長[illegible]也[illegible]康泰右[illegible]
今之桐知貴桐也[illegible]有如[illegible]書[illegible]雖[illegible]
有[illegible]其[illegible]此[illegible]讀[illegible]雖甚耶中月
[illegible]來[illegible]蘊[illegible]
未海衣[illegible]以來矣如存惟[illegible]之[illegible]
而其之[illegible]山[illegible]此[illegible]八錄[illegible]日唯業上[illegible]

제6장

구시대로 회귀하다

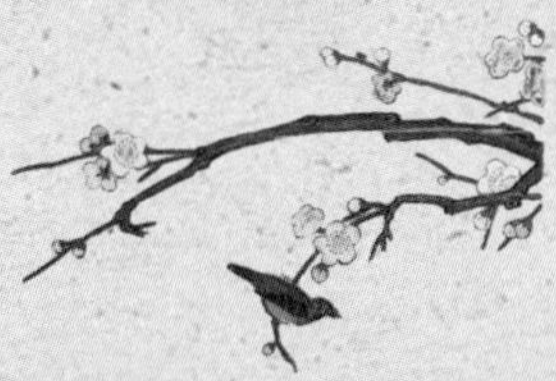

정조는 모든 처방과 조제를 직접 관장했다. 또한 내의원 제조를 자주 교체하며 어의에게 환부를 보여주지 않을 정도로 주위를 경계했다.

귀경

정조 23년(1799) 2월 정약용은 황주 영위사迎慰使로 임명받았다. 영위사는 청나라 사신들을 접대하는 임시직인데 직급이 높아야 했으므로 임시로 호조참판에 임명되었다. 정약용이 황주에서 50일간을 머무르는데 정조의 밀지密旨가 내려왔다. 도내 수령들의 잘잘못과 사신 접대로 인한 여러 폐단들을 염찰廉察하라는 것이었다. 수령에게 수령을 염찰하게 시킨 것은 정조가 정약용을 얼마나 신임하는지를 말해주는 것이었다.

그해 4월 24일 정조는 정약용에게 경직京職(중앙관직)인 병조참지兵曹參知를 제수했다. 만 2년 만에 서울로 되돌아오게 된 것이었다. 그러나 정조의 속뜻은 병조참지가 아니었다. 서울로 올라가는 도중에 벼슬 동부승지同副承旨로 벼슬이 바뀌더니 막상 서울에 들어가자 다시 정3품 형조참의刑曹參議로 바뀌었다. 정약용이 사직상소를 쓰기도 전에 빨리 입시入侍하라는 재촉이 득달같았다. 입시하니 정조는 그를 형조참의로 제수한 이유를 설명했다.

정약용의 초상 초의선사가 그린 것이다. 차로 유명한 초의선사는 다산을 스승으로 모시는 한편, 추사 김정희와도 교분이 깊었다.

"원래는 올가을에 소환하려 했

으나 여러 가지 옥사獄事가 많아서 이를 심리하려고 일찍 불렀다. 내가 해서海西(황해도)에서 일어난 의심스런 옥사에 대해서 재조사한 너의 장계를 보니 사건 처리가 매우 명백했다. 뜻하지 않게 글하는 선비인 네가 옥리獄吏의 일까지 잘 알고 있으니 일찍 소환한 것이다."

정약용이 곡산부사 시절 도내에 해결하지 못한 두 건의 옥사가 있었는데 그가 정조에게 비밀히 상주해 재조사하기를 청했다. 정조는 감사에게 이 두 사건의 재조사를 명하면서 곡산부사를 참여시키라고 명했다. 정약용이 이 두 건의 옥사를 말끔하게 처리하는 것을 보고 형조참의로 쓰려고 불렀던 것이다.

정조는 형조판서 조상진趙尙鎭에게 말했다.

"경은 이제 늙었소. 참의는 나이가 젊고 매우 총명하니 경은 마땅히 높은 베개를 베고 쉬면서 모두 참의에게 넘기시오."

정약용에게 전권을 주라는 것이었다. 실제로 판서 조상진은 정조의 유시를 듣고 모든 사건을 정약용에게 위임했다. 사실상 정약용이 형조판서인 셈이었다.

이때 사형수 함봉련咸奉連 사건이 있었다. 살인사건의 정범正犯(주범)으로 7년째 옥살이를 하고 있었다. 사형은 하지와 동지 사이 만물이 생장하는 때가 지나면 곧 집행했으므로 7년씩이나 살아 있는 것은 이례적인 것이었다. 그 진상이 분명하지 않았기 때문에 정조가 형 집행을 미룬 것이다. 정조는 이 사건을 정약용에게 맡겼다.

"의심스런 옥사이니 자세히 살펴서 논계論啓하라."

정약용이 첫 수사기록인 초검初檢과 재수사기록인 재검再檢을 면밀히 검토해보니 무식하고 힘없어서 뒤집어쓴 것이었다. 정약용은 함봉련을 석방해야 한다고 계청했고 정조는 이에 따라 즉각 석방하고 의관衣冠을 지급하라고 명했다. 뜻밖에 석방된 함봉련은 대로大路에서 칼[枷]을 벗고 덩실덩실 춤을 추며 돌아갔다.[1]

황주 백성 신저실申著實 사건도 특이했다. 신저실은 돈 2전 때문에 다투다가 상대를 밀어붙이고 지겟작대기로 찌른다는 것이 그만 항문을 찔러 죽이고 말았다. 조선의 법은 남을 죽인 자는 사형이었으므로 이 사건을 조사한 모든 관리들은 사형시켜야 한다고 주장했다. 그러나 정약용은 달랐다.

"이번 일은 우발적으로 일어난 것이니 용서하는 것이 마땅합니다."

살의를 가지고 죽인 것이 아니라 우발적으로 일어난 사건이므로 용서해주어야 한다는 것이었다. 정조의 생각도 같았다.

"지극히 조그만 것이 항문이고 지극히 뾰족한 것이 지겟작대기 끝이다. 지극히 조그만 구멍을 지극히 뾰족한 것으로 찌른 일은 천하에 일어나기 어려운, 지극히 우연한 일이다."

죽을 줄 알았던 신저실은 정약용과 정조의 관대한 처분으로 풀려날 수 있었다. 훗날 형벌에 관한 서적인 『흠흠신서欽欽新書』를 쓰기도 했던 정약용이 형조를 맡으며 취했던 행정방침은 악의가 없는 사건은 되도록 관대하게 처분하자는 것이었다. 죽이기보다 살리기를 좋아하는 형법을 펴자는 것이었다. 이런 방침이 정조와 어긋나면 그 뜻을 어기기도 했다.

1 「논함봉련옥사계論咸奉連獄事啓」.

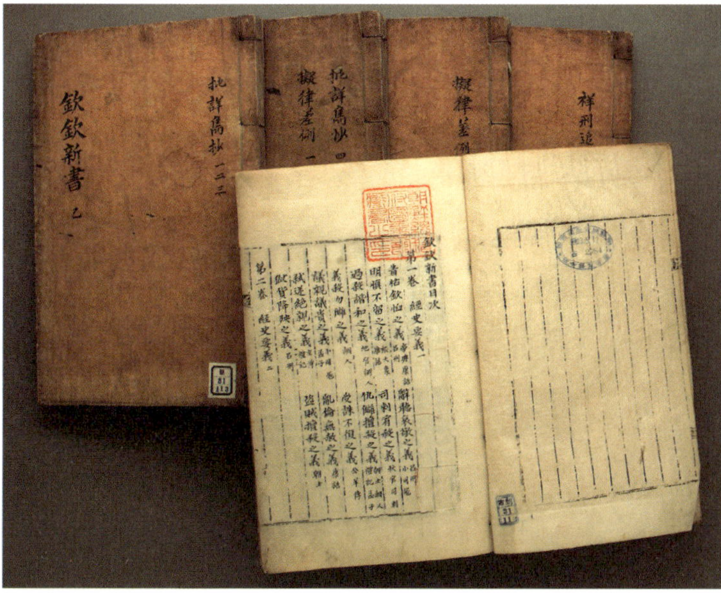

『흠흠신서』 정약용 저서 가운데 『경세유표經世遺表』『목민심서』와 함께 1표表 2서書라고 일컬어지는 대표적 저서이며 형법책이다. 1819년(순조 19)에 완성, 1822년에 간행되었다.

무신 이성사李聖師의 여종 사건이 그것이었다. 이성사가 여종 한 명을 샀는데 이성사가 죽자 여종을 둘러싼 소유권 분쟁이 일어났다. 정조는 사헌부의 보고대로 이성사의 손자에게 죄를 돌려 장형杖刑 100대를 때리라고 명했다. 그러나 정약용이 보기에 이성사 손자의 잘못만은 아니었다. 게다가 장형 100대라면 죽을 수도 있었다. 형조의 아전들이 정조의 위압에 눌려 형을 집행하려 하자 정약용이 아전들에게 일렀다.

"참으로 고문을 참혹하게 하면 죽을 뿐이다. 선비를 죽이는 것은 임금의 뜻이 아닐 것이니 살살해서 매의 숫자만 채워라."

정약용은 매의 숫자를 채운 후 정조에게 그가 무죄라고 진언해 정조의 마음을 풀어지게 했던 것이다.

호조의 아전 이창린李昌麟이 거짓으로 하교下敎를 전하고 공금을 도둑질한 사건도 마찬가지였다. 정조는 이창린은 물론 호조의 다른 아전들을 연좌해 죄를 주려고 했다. 그러나 정약용은 다른 아전들까지 연루되는 것을 극구 반대했다.

"소식蘇軾의 말에 '요임금이 용서하라고 세 번 말했으나, 형벌을 맡은 고요는 죽여야 한다고 세 번 말했다' 하니 신이 진실로 고요에는 미치지 못하겠지만 전하께서야 어찌 요임금보다 못하시겠습니까?"

정조가 웃으며 답했다.

"너는 경전經典의 뜻으로 옥사를 결단하려고 하는가?"

그렇다고 해서 정약용이 항상 관대하게만 일처리를 했던 것은 아니다. 나라에 바치는 공물貢物을 이중으로 팔아먹은 백성에 대한 처리가 그랬다. 한 방납업자가 공물을 이중으로 팔아먹고 "주권朱券(공문서)이 화성(水原)에 있어서 얻을 수가 없었다."라고 핑계를 대자 정약용은 분개했다.

"쥐새끼 같은 놈이 감히 화성을 빙자해서 성호사서城狐社鼠를 하려고 하니 되겠느냐?"

성호사서란 더 큰 피해가 우려되어 여우나 쥐새끼를 제거하지 못한다는 비유다. 정약용은 화성을 사익 추구에 이용한 것에 더욱 화를 냈던 것이다. 정약용은 그 방납업자를 국문에 붙였다. 그러자 불과 이틀 만에 부랴부랴 주권이 당도했다.

이렇게 옥사 처리로 눈코 뜰 새 없이 바쁜 정약용에게 정조는 또 다른 명령을 내렸다.

"네가 황해도에서 왔으니 당연히 그곳의 고질적인 병폐를 말해야 한다."

황해도의 고질적인 병폐를 보고하라는 것이었다. 정약용은 두 문제에 대해 보고했는데, 그중 하나가 초도椒島의 둔전屯田에 있는 소牛 문제였다. 국방 요지인 초도에 진鎭을 설치하면서 그곳에 들어가 농사짓는 백성들에게 소 몇 마리를 지급해 번식시키게 했는데, 차츰 골칫거리로 전락했던 것이다.

"신이 해서에 있을 때 초도 둔우의 일에 대해서 들은 바가 있으므로 감히 이에 대해 진달陳達합니다. 갑진년(1784, 정조 8년) 겨울에 우안牛案(소에 관한 문서)에 기록된 소는 47마리에 불과했으나 지난해(1798)에는 211마리로 늘어났습니다. 섬 주민이 11명에 불과하니 한 사람당 23~24마리씩 책임져야 하는 셈입니다. 그러나 실제로는 섬 주민이 한 명도 살고 있지 않았으며 소도 한 마리 남아 있지 않았습니다. 그래서 이웃에게 징수[隣徵]하고 친족에게 징수[族徵]하는 사태가 육지까지 만연했습니다. 해서의 장연·풍천 지방의 백성들이 곤욕을 견디지 못한 나머지 우보牛譜(소의 족보)까지 작성해 관청에 들어가 소 문제를 송사했는데, 심지어 '갑甲의 소는 을乙의 소와 사실 이종간姨從間이다'라고 하고, 혹은 '을乙의 소가 갑甲의 소와 사실 생질甥姪이 된다'고 하는 데까지 이르니 듣고 판결하는 사람까지 놀라고 의혹했으며, 원망과 비방이 물 끓듯 일어났습니다. 그래서 황해 감사 이의준李義駿이 돈 수천 냥을 마련해 섬 전체의 소 값을 갚아주려고 했지만 뜻만 있었지 막상 실행하지는 못했습니다. 지금 만약 해당 부서에 하문해보시고, 또 해당 지역에 실제로 다녀오게 하여 이와 같은 폐단을 개혁한다면 단지 한 섬만이 은택을 입는 것이 아니요, 해서 연안의 여러 읍의 백성들까지도 근심을 면할 수 있게 될 것입니다."

정조는 초도 소에 대한 장부 자체를 없애버리라고 명해 이 문제를 해결했다.

정약용이 제기한 또 다른 문제는 태조의 계비 신덕왕후 강씨康氏(?~1396, 태조 5년)의 옛집 복원 문제였다. 신덕왕후 강씨의 본가로 여겨지는 곳이 왕자의 난 이후 400여 년 가까이 폐허가 되다시피 했던 것이다.

"곡산부에서 동쪽으로 5리쯤 떨어진 곳에 궁허宮墟라고 하는 곳이 있습니다. 그곳에 돌기둥 한 쌍이 서 있는데 옛 노인들이 전하는 말에 '신덕왕후 본궁'이라고 합니다. 뒤에는 용봉龍峯이 있고 앞에는 용연龍淵이 있어서 지세地勢가 보통과 다릅니다. 옛 노인들이 말하기를, '옛날 태조대왕이 영흥永興(태조의 고향)에서 송경松京(개경)을 왕래할 때 이 계곡에 이르러 갈증이 매우 심했는데, 이때 왕후께서 마침 시냇가에서 물을 긷고 있었습니다. 태조께서 물을 청했는데 왕후께서 물을 한 바가지 떠서 그 위에다 버들잎을 띄워드렸습니다. 태조께서 노하니, 왕후께서 급히 마시면 숨이 막힐까 염려되어 그랬다고 하였습니다. 태조가 그 말을 기특하게 여겨 마침내 주량지의舟梁之儀(혼례)를 이루었습니다'라고 했습니다. 또 곡산 북쪽 80리에 있는 가람산 남쪽에 치도馳道(임금이 거둥하는 길)가 몇 리에 걸쳐 산꼭대기로 나 있어서 그 고장 사람들은 그곳을 치마곡馳馬谷이라고 부릅니다.

그 북쪽에 태조성太祖城이 있는데, 옛 노인들의 말에 의하면 '태조가 일찍이 이 산에서 말을 달리며 말타기와 활쏘기를 익혔다'라고 전합니다. 신이 삼가 살펴보니 신덕왕후의 본적은 곡산이요, 친정아버지는 상산부원군象山府院君 강윤성康允成인데 상산은 바로 곡산의 별명입니다. 또한 함흥·영흥으로부터 송도로 가려면 곡산은 곧바로 가는 길로서 지름길이 됩니다. 그 돌기둥이 궁가宮家의 물건이 아니라는 법이 없습니다. 그러므로 감사 이의준도 그 형상이 남아 있는 것을 직접 살펴보고 '유적이 분명하나 문적文跡이 없는 것이 한스럽다. 경연석상에서 상주하는 것은 괜찮겠지만 장계로 아뢰는 것은 마땅치 않다'고 하였습니다."

정약용의 장계는 비록 문헌상의 기록은 남아 있지 않지만, 곡산의 궁허 유적은 신덕왕후 강씨의 유적이 분명하니 기념해야 한다는 것이었다.

"신이 생각건대, 버들잎을 바가지에 띄워드렸다는 사실은 두루 야사野史에 실려 있지만 이 산골 사람들은 야사를 보지 못했을 것이니, 당시부터 전해오는 옛말이라고 생각됩니다. 정릉貞陵(신덕왕후 강씨의 능)과 관계된 일에 대해 추모하는 것이 합당한 것은 온릉溫陵(중종비 단경왕후 신씨의 능)의 일과 흡사합니다. 또한 이곳은 태조께서 왕업을 일으킨 사적과 연관이 있는 곳이니, 돌기둥 곁에다 비를 세우고 각閣을 세워 택리宅里를 표하는 것이 밝게 다스려지는 시대의 융성한 일이 되지 않을까 생각합니다."

정조는 정약용의 이 장계를 받아들여 곡산의 돌기둥 곁에 비와 각을 세웠다. 이 무렵 정조는 정약용의 말이라면 무조건 신뢰하고 있었다. 입대入對해서 정조와 밤늦게까지 이야기를 나누다가 돌아오는 일은 흔한 광경이 되었다. 정약용이 판서가 되고 재상이 되는 것은 시간문제로 보였다. 그러나 그런 만큼 정약용은 노론 벽파에게 요주의 인물이 되어갔다.

이런 기미를 눈치 챈 인물이 홍시보洪時溥였다. 홍시보는 정약용에게 주의를 주었다.

"자네 좀 조심하게. 우리 청지기 중에 옥당玉堂(홍문관)의 아전이 된 자가 있는데 그가 '야밤에 정공丁公(정약용)의 야대夜對(야간에 임금을 만나는 것)가 끝나지 않으면 옥당에서 아전을 보내 엿보느라고 걱정되어 잠을 자지 못합니다'라고 말하더군. 자네가 이런 걸 어찌 감당하겠나."

옥당에서 정약용이 정조와 무슨 말을 하는지 간자를 보내 파악한다는 것이었다. 옥당만 그런 것이 아닐 것이었다. 정조와 정약용이 만나는 시간이 길면 길수록 노론 벽파는 불안했다. 노론 벽파는 정약용을 제거하지 않으면 제2의 채제공이 나올 수 있다고 우려

옥당 현판 옥당玉堂은 조선시대 홍문관弘文館을 달리 이르는 말이다. 궁중의 경서經書·사적史籍의 관리와 문한文翰의 처리, 그리고 왕의 각종 자문에 응하는 일을 관장하던 관서다.

했다. 정약용은 채제공보다 더 버거운 상대가 될 것이 분명했다. 노론 벽파는 정약용을 제거하려 했으나 방법이 없었다. 이미 '동부승지를 사직하는 상소'에서 천주교 관계를 모두 고백했기 때문에 그것을 가지고 공격할 수는 없었다.

그래서 노론 벽파는 형 약전을 대신 공격했다. 대사간大司諫 신헌조申獻朝의 계청이 그 신호였다. 신헌조는 여러 명의 벼슬아치들을 추국推鞫해서 다스리라고 청하면서 정약전을 슬그머니 포함시켰다. 정약용이 곡산부사로 나가 있을 때 정약전은 성균관 전적과 병조좌랑을 역임했으나 정조 22년(1798) 국왕의 명으로 『영남인물고嶺南人物考』를 편찬했을 뿐 주목받을 만한 직책에 있지 않았다. 그런데도 그를 공격한 것은 정약용을 겨냥한 것이었다. 정약전은 이 계청 때문에 체차遞差(벼슬에서 갈림)되었는데, 가족이 체차되면 벼슬자리에 있는 다른 가족도 사직하는 것이 관례였다. 그런데 웬일인지 조지朝紙(승정원에서 매일 발행하던 신문)에는 이런 내용이 실리지 않았다. 정약용은 이런 사실을 모르고 평상시처럼 형조로 출근했다. 정약용은 그 다음 날에야 이 사실을 알고 형조에 나아가지 않았다. 그러나 정약용은 이미 덫에 걸려든 것이었다. 사간원 헌납獻納 민명혁閔命爀이 상소를 올려 정약용이 혐의에도 불과하고 구차하게 벼슬살이를 하고 있다고 공격했다. 형조참의가 된 지 불과 두 달 만이었다.

정약용은 분노했다. 자신을 공격하기 위해 형을 때리는 세태를 혐오했다. 그는 벼슬을 떠나기로 결심하고, 「동부승지를 사직하는 상소」를 쓰던 심정으로 다시 붓을 잡았다.

삼가 생각건대 신이 마땅히 벼슬에 나갈 생각을 말았어야 했는데, 벼슬살이한 지가 벌써 오래되었습니다. 남의 미움을 받은 것이 쌓이고 쌓여 이제는 위태하고 불안한 지경이 되었습니다. 조정에 선 지 11년 동안 두루 여러 직책을 거치는 사이 단 하루도 마음 편한 적이 없었습니다. 하나도 스스로 취한 것이요, 둘도 스스로 취한 것이니 어찌 감히 자신을 정당화시키고 남을 허물하여 거듭 그물이나 함정 속으로 자신을 빠뜨릴 수 있겠습니까?

정약용은 형 약전을 거론한 데 분노를 참지 못했다.

아! 신의 처신은 짐짓 놔두고라도 신의 형은 참으로 무슨 죄가 있습니까? 그 죄는 오직 신과 같이 불초하고 볼품없는 자의 형이 된 때문일 것입니다. 전에 우리 전하께서 신을 꾸중하신 교지에 단지 "죄 없는 너의 형이 어찌하여 소장疏章에 올랐겠느냐."라고만 기록하셨으니, 그때의 열 줄의 은혜로우신 말씀은 맑고 명백하기가 더할 나위 없었습니다.
아! 신의 형은 벼슬한 지 10년에 아무것도 이루어놓은 것 없이 벌써 머리가 희끗희끗합니다. 그 이름 석 자도 조정에서 잘 모르는데 무슨 증오가 맺혀 있기에 이다지도 야단이란 말입니까? 그 뜻은 신을 조정에 서지 못하게 하려는 데 불과합니다.
신의 속마음은 이미 정사년 상소(「동부승지를 사직하는 상소」)에서 모두 말씀드렸습니다. 저 자신의 분수는 본래 지나간 허물을 왜곡하여 숨기고 무턱대고 영달의 길로 나아가려고 하지 않는 데 있었습니다.

신은 구차하게 모험을 해가면서까지 영화와 녹을 구하지 않으며, 또한 높고 멀리 피하여 관직에서 급히 벗어나고자 하는 것도 아닙니다. 대체로 한평생의 허물을 당세에 밝혀 일세의 공의公議에 따라 세상이 용납을 하면 구차하게 떠나지 않고, 세상이 용납을 하지 않으면 구차하게 나아가려고 하지 않습니다. 지금 세상의 추세를 보니 용납하지 않을 뿐만 아니라 한 가문을 아울러 연루하려고 합니다. 지금 떠나지 않는다면 신은 단지 세상에 버림받은 사람이 될 뿐만 아니요, 가문에 있어서도 패역한 동생이 될 것이니 신이 어찌 차마 이런 짓을 할 수가 있겠습니까.

삼가 바라건대 성명聖明께서는 빨리 신의 직명職名을 깎도록 명하시고, 선부選部(이조)에 영을 내려 사적仕籍(벼슬 명부)에 실려 있는 신의 모든 이름을 아울러 없애버리게 하옵소서.

정약용에게 형 약전은 형이자 친구였다. 금정찰방을 마치고 돌아와 죽란시사竹欄詩社라는 시 동인모임을 만들었을 때 함께했던 동인이기도 했다. 죽란시사는 채홍원·이치훈·윤지눌 등 15명이 동인이었는데 대개 죽란사라 불렸던 정약용의 집에서 모였다. 형으로서 동생의 집에 스스럼없이 찾아가 함께 시를 나누는 초탈의 인물이 정약전이었다. 그처럼 아무 욕심이 없는 형을 공격하는 것에 대해 정약용은 분노했다. 그리고 이런 구설에서 벗어나 자연으로 돌아가 학문에 전념해 성정을 도야하고 싶었다. 그러나 정조는 그가 필요했다.

"상소를 자세히 살펴보았으니 너는 아무쪼록 사양하지 말고 빨리

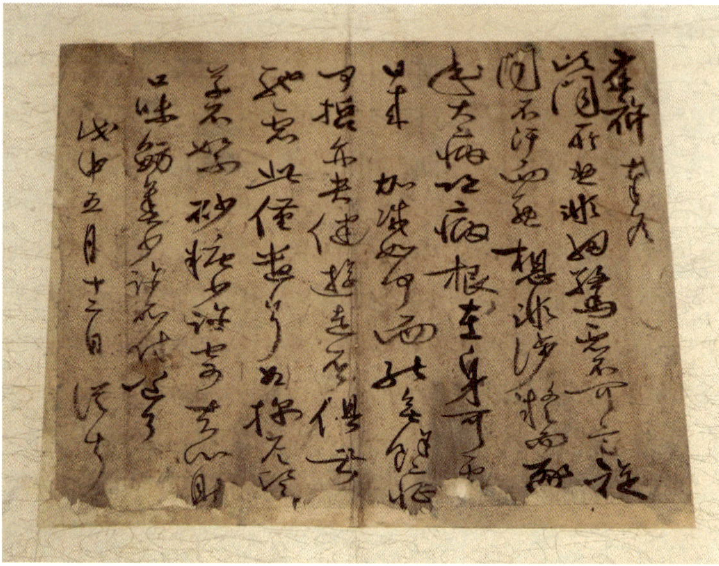

이가환의 간찰 이가환(1742~1801)이 47세 때인 1788년 5월 12일에 쓰인 편지다. 조카 철哲의 병을 걱정하는 내용으로 보아 이철환의 아버지 이광휴에게 쓴 편지로 추정된다. 이 편지가 쓰였을 때, 이가환은 금화현감으로 좌천되어 있었다.

직책을 수행하라."

정조는 전교를 내렸다.

"저 사람들이 한 말은 믿을 만한 것이 못 되니, 한 번의 상소면 충분하다. 패초牌招하여 형조참의로 부임하도록 엄중히 신칙하노라."

그러나 정약용은 나아가지 않았다. 더 이상 이런 논란 속에서 벼슬살이를 계속하고 싶은 생각이 없었던 것이다. 정약용이 계속 벼슬을 거부하자 정조는 그해 7월 26일 비로소 체직을 허락했다. 힘겹게 들어온 경직에서 다시 쫓겨난 것이었다.

그러나 그것으로 끝이 아니었다. 노론 벽파는 이것만으로 안심하지 못했다. 정약용에 대한 정조의 신임을 알고 있는 노론 벽파는 그가 재기할 수 없도록 계속 공격했다. 그해 겨울 서얼 출신 조화진趙華鎭이 이런 역을 자청했다. 충청도 내포 출신의 천주교 배교자였던 조화진은 상변上變이란 충격적인 방법을 택했다. 역모 등의 급변을 상고하는 상변은 임금에게 즉각 보고되어야 했다.

"이가환·정약용 등이 음험하게 천주교를 주장하며 궤도에 벗어난 짓을 꾸미고 있고 한영익韓永益은 그들의 심복이 되어 있습니다."

정조는 상고가 무고임을 대번에 알아차렸다.

"한영익은 북산사北山事를 올려 바친 사람인데 어떻게 심복이 되겠는가."

청국 신부 주문모가 북악산 밑에 숨어 있었다고 해서 주문모 밀입국 사건을 '북산사'라고 불렀는데, 그 사실을 밀고한 인물이 다름 아닌 한영익이었다. 그런 한영익이 이가환·정약용 등의 심복이 되어 있다는 내용이니 무고라고 판단한 것이었다. 정조는 변서變書를 이가환 등에게 돌려보게 해서 조화진의 무고를 믿지 않는다는 사실을 분명히 했다.

그런데 조화진이 한영익을 물고 들어간 것은 사연이 있었다. 과거에 조화진은 한영익의 누이에게 구혼했었는데 한영익이 들어주지 않고 정약용의 서제庶弟 약황若鐄에게 시집보낸 일이 있었다. 이에 원한을 품은 조화진은 한영익을 죽이고, 그 누이가 시집간 정약용 집안까지 연루시키기 위해 정약용을 끌고 들어간 것이었다.

이런 논란 속에서 운명의 해 경신년(1800)이 밝았다. 정조 재위 24년이었다. 정약용의 나이 벌써 39세였다. 정약용은 40여 년 전 아버지 정재원이 낙향했던 것처럼 고향 마재로 돌아가기로 결심했다. 그

마재 생가의 겨울 전경 정약용은 정조 말엽 자신을 공격하기 위해 형제인 정약전을 무고하는 노론의 공세에 분노를 느껴 벼슬을 버리고 고향으로 내려갔다.

때 정재원을 두렵게 했던 사도세자에 대한 노론의 공격은 지금 사도세자가 살해당한 해 태어난 정약용에게 향하고 있었다. 정약용은 부친이 낙향했던 심정으로 마재로 돌아갔다. 정약용은 정조 같은 명군明君을 도와 힘이 되주지 못하는 자신을 원망했다. 또한 사사건건 당파적 시각으로 사물을 바라보는 노론을 원망했다. 국왕을 국왕으로 여기지 않고, 자신의 당파와 다르면 배척하는 말세의 풍조를 한탄했다. 정약용은 자신이 다시 조정에 나가서 정조를 도울 기회가 있을 것으로 믿었다. 그해 6월 12일 밤이었다. 정약용은 달을 구경하고 있었다. 몸은 한가했지만 마음은 그렇지 못했다. 정약용의 집 문을 두드리는 사람이 있었다.

"들어오시오."

내각의 아전이었다. 정조의 유시를 대신 전하러 온 것이었다. 그는 정조의 말을 대신 전했다.

"오래도록 서로 보지 못했다. 너를 불러 책을 편찬하고 싶어서 주자소鑄字所의 벽을 새로 발랐다. 아직 덜 말라 정결하지 못하지만 이달 그믐께쯤이면 들어와 경연에 나올 수 있을 것이다."

이달 그믐께, 즉 6월 말이면 경연에서 자신을 만날 수 있다는 전갈이었다. 정약용은 왈칵 눈물이 쏟아질 것 같았다. 어느 누가 군주에게 이런 사랑을 받는다는 말인가? 이 인연은 살아생전 끊기지 않으리라는 생각이 들었다. 각리閣吏(규장각 아전)는 정조의 유시를 계속 전했다.

"『한서선漢書選』 열 질을 보내니 다섯 질은 남겨서 가전家傳의 물건으로 삼도록 하고, 나머지 다섯 질은 제목의 글씨를 써서 돌려보내도록 하라."

아전 역시 규장각에 있다 보니 여느 아전들과는 달랐다.

"제가 직접 하교를 받들 때에 전하의 안색과 말씀하시는 어조가 매우 온화하고 매우 그리워하시는 듯했습니다. 이 『한서선』에 제목을 쓰라는 것은 아마도 겉으로 하시는 말씀이고 실제로는 안부를 묻고 회유하시려는 성지聖旨가 아닌가 합니다."

아전이 전하는 6월 12일의 정조는 아픈 사람 같지 않았다. 정약용은 정조의 유시를 되새겼다. 이달 그믐께면 경연에서 만날 수 있을 것이라는 유시였다. 자신을 부르기 위해 '주자소의 벽을 새로 발랐다'는 자상한 배려였다. 정약용은 다시 조정에 나가기로 결심했다. 이달 그믐께면 다시 조정에 나가 정조를 만날 수 있으리라고 생각하자 가슴이 벅차올랐다.

'이 군주 때가 아니면 언제 일을 하겠는가?'

이 군주가 아니었으면 이가환·이승훈 등은 이미 어육魚肉이 되어 있을 것이었다. 노론 벽파는 천주교 문제를 대역大逆으로 몰아가 자신들을 죽이려고 하고 있었다. 이런 상황에서 정조 혼자 내버려둘 수는 없었다. 이제 조정에 다시 나가면 무력하게 당하고 있지만은 않을 것이다. 정약용은 이런 결심 속에서 다시 정조를 만날 생각에 부풀었다. 그러나 그는 살아 있는 정조를 다시는 보지 못할 운명이었다.

정조,
의문사하다

정약용이 낙향해 있던 재위 24년(1800) 5월 30일, 정조는 연석筵席에서 중요한 하교를 내렸다. 오회연교五晦筵教라고 불리는 이 하교에서 정조는 시대상황에 따라 의리도 달라진다는 것과 인재등용 기준에 대해 말했는데, 이 말은 남인 재상을 등용하겠다는 뜻이었다. 정조는 채제공·김종수·윤시동을 재상으로 등용한 주기가 모두 8년이었음을 밝혔다. 그 8년의 시련기를 당사자가 신망을 기르는 기간으로 삼게 했다는 것이었다. 이 기준에 따르면 다음번 재상 후보는 8년 전(1792) 대사성에 임명되었던 이가환이었다. 그리고 같은 해 옥당에 들어갔던 정약용이 뒤를 이을 것이었다. 이는 노론 벽파에게는

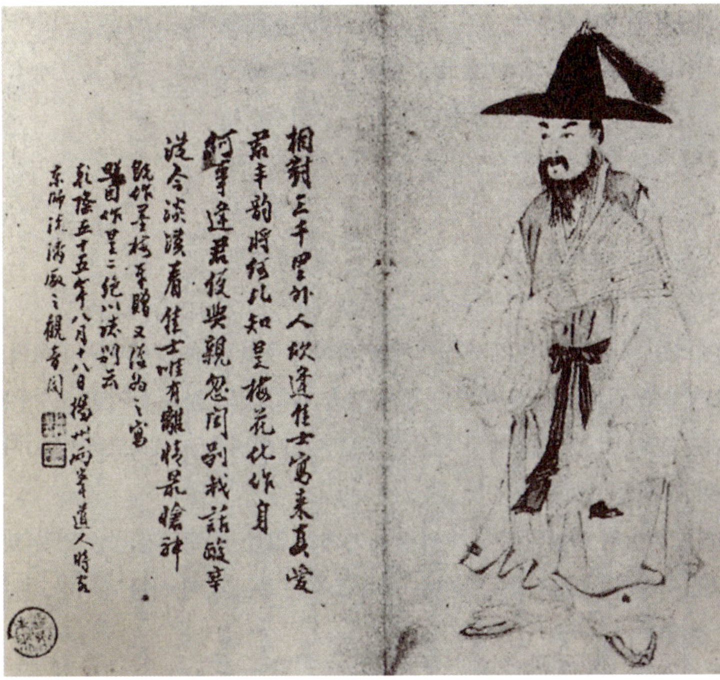

박제가의 초상 채제공을 따라 이덕무와 함께 청나라에 가서 이조원李調元·반정균潘庭筠 등의 청나라 학자들과 교유하였다. 돌아온 뒤 보고 들은 것을 정리해 『북학의』를 저술하였다. 중국 청대 나양봉의 그림이다.

두려운 일이었다. 이가환과 정약용이 재상이 된다면 조정의 판세가 뒤바뀔 것이었다. 이는 무슨 수를 써서라도 막아야 했다. 그러나 정조가 직접 말한 방침을 막을 방법이 없었다.

실제로 오회연교는 조정에 상당한 여진을 남기고 있었다. 며칠 후에는 훗날 이덕무李德懋·박제가朴齊家·유득공柳得恭 등과 함께 실학實學 사대가로 불리는 이서구李書九가 상소를 올려 연석 발언을 칭송했으며, 헌납 오한원嗚翰源은 이를 조보朝報로 반포하자고까지 건의했다. 이는 비록 받아들여지지 않았으나 그만큼 정조의 하교는 큰 파급효과를 낳고 있었다.

그런데 6월 13일경 정조의 등에 난 종기가 악화되었다. 처음에는 별것 아닌 것으로 생각해서 붙이는 약을 사용했으나 효과가 없었다. 정조는 재위 24년 6월 14일, 내의원 제조 서용보徐龍輔 등을 편전으로 불러 진찰을 받았다. 정조가 무슨 약이 좋냐고 묻자 지방 의관 정윤교鄭允僑는 여지고가 고름을 빨아내는 데 가장 좋다고 대답했다. 정조가 상처를 침으로 찢는 것이 어떠냐고 물으니 정윤교는 이미 고름이 터졌으므로 다시 침을 쓸 필요는 없다고 대답했다. 그러자 정조는 종기와는 다른 증상을 말한다.

"두통이 많이 있을 때는 등쪽에서도 열기가 많이 올라오니 이는 다 가슴의 화기 때문이다."

그랬다. 정조의 진정한 병은 가슴의 화기였다. 그것은 대리청정하던 생부가 뒤주 속에 갇혀 죽는 것을 목도한 아들 가슴속의 화기이자 부친을 죽인 정파와 20년 이상 함께 정사를 논의할 수밖에 없었던 군주 가슴속의 화기였다.

정조는 자신의 병세를 공개한 6월 14일 내의원 제조 서용보를 체직遞職했다. 그리고 대부분의 처방을 자신이 관여했다. 정조 자신이 어의御醫 못지않은 의학지식을 갖고 있기 때문이기도 했다. 그러나 주위를 장악한 노론 벽파를 믿지 못하기 때문이기도 했다. 그런데 정조는 서용보는 체직시키고도 정작 노론 벽파의 핵심인 심환지는 내의원 제조에서 체직시키지 않았다. 그 배경이 최근 공개된 심환지에게 보낸 어찰에서 밝혀지는데 이 문제는 뒤에 말할 것이다. 정조는 이렇게 말했다.

"대개 이 증세는 가슴의 해묵은 화병 때문에 생긴 것인데 요즘에는 더 심한데도 그것을 풀어버리지 못해서 그런 것이다. 조정에서는 두려울 외畏 자가 있는지 알지 못하니 나의 가슴속 화기가 어찌 더하지 않을 수 있겠는가."

'조정에서는 두려울 외 자가 있는지 알지 못한다'는 말은 심상한 말이 아니었다. 대대적인 정치개혁을 시사하는 말이기 때문이다.

"오늘날처럼 살피고 엿보기를 잘하는 습속으로 혹시 나의 본심이 어디에 있는가를 안다면 또한 어찌 얼굴을 바꾸고 마음을 고치는 길이 없겠는가. 숨어 있는 음침한 장소와 악인들과 교제를 갖는 작태를 내가 어찌 모를 것인가. 내가 만일 입을 열면 상처를 받을 자가 몇이나 될지 모르기 때문에 우선 참고 있는데 지금까지 귀 기울이고 있어도 하나도 자수하는 자가 없으니 그들이 무엇을 믿고 이런단 말인가? 이른바 교제를 하고 있다는 것도 한군데만 하는 것이 아니라 사방팔방으로 비밀히 내통하는데 이것이 사대부들이 할 짓인가. 내가 그들을 사대부로 간주하지 않기 때문에 우선 방치하고 있으나 내가 한번 행동으로 옮기기만 하면 결판이 날 판인데 그들은 오히려 무서운 줄을 모른단 말인가."

이시수가 "과격한 어조는 몸에 해롭다."라며 만류하자 정조의 어조는 한층 격해진다.

"경들이 하는 일이 한탄스럽다. 이런 하교를 듣고서도 어찌 그 이름을 지적해달라고 말하지 않는단 말인가. 나는 그들이 종기처럼 스스로 터지기를 기다리고 싶으나 끝내 고칠 줄 모른다면 나도 어쩔 수 없다."

앞서 남인 중용을 시사한 연석 발언과 대숙청을 예고한 이 말은 서로 연관이 있었다. 남인 등용 시사와 대숙청! 이는 집권당인 노론으로서는 두려운 일이 아닐 수 없었다. 6월 20일 정조는 약원의 제신들이 직숙直宿할 필요까지는 없다고 해서 상태가 나아졌음을 시사했다. 같은 날 정조는 유분탁리산乳粉托裏散 한 첩과 삼인전라고三仁田螺膏 및 메밀밥을 지어오라고 명하는데, 메밀밥은 종기에 붙여 고름을 빼려는 데 사용하려는 의도였다.

그런데 바로 그다음 날 정조는 약원의 제신과 대신, 각신閣臣들을 불러 고통을 호소한다.

"종기가 높이 부어올라 당기고 아파 고통스러우며 한열寒熱도 있어서 정신이 흐려져 꿈인지 생시인지 구분하지 못할 때도 있다."

그러나 어의 강명길康命吉 등의 진단은 그리 심각하지 않았다.

"맥의 도수는 일정하여 기운이 부족한 징후는 없고 보편적으로 빠르고 센 것 같으나 특별한 종기의 열은 없습니다."

정조의 진단은 조금 달랐다.

"한열이 번갈아 일어나면 가슴의 기운이 올라와 눅이기 때문에 열은 조금 줄어든 것 같다."

종기의 차가운 한열을 가슴속의 화기가 눅이기 때문에 열은 줄어들었다는 말이다. 그러나 정조는 자신의 종기를 대신들은 물론 의관들에게도 제대로 보여주지 않았다. 내의원 도제조 이시수의 건의가 이를 말해준다.

종기의 부위를 진찰해본 뒤에야 붙일 처방을 의논할 수 있는데 의관들이 다 진찰을 하지 못했다 합니다. 그들에게 자주 진찰하도록 하시는 것이 어떻겠습니까? 성상의 병환이 이러한데도 신들이 아직 종기가 난 부위를 진찰해보지 못했으니 더욱 초조하고 답답합니다.

『정조실록』(24년 6월 21일)

정조는 왜 자신의 종기 부위를 보여주지 않았을까? 이는 내의원 제조를 자주 교체한 것과 관련이 있다. 6월 14일 내의원 제조 서용보를 체직한 정조는 6월 16일 이병정李秉鼎을 내의원 제조로 삼았다. 정조는 그만큼 극도로 경계하고 있는 것이었다. 정조가 의원에게 종기 부위를 보여준 것은 6월 22일이었다. 정조는 이때 어의 피재길皮載吉과 지방 의관 김한주金漢柱·백동규白東圭와 함께 들어와 진찰하라고 명한다. 중앙의 어의는 매수될 가능성이 있다는 의심 때문일 것이다.

다음 날인 23일 정조는 도제조 이시수에게 고통을 호소한다.

"고름이 나오는 곳 이외에 왼쪽과 오른쪽이 당기고 뻣뻣하며 등골뼈 아래쪽에서부터 목뒤 머리가 난 곳까지 여기저기 부어올랐는데 그 크기가 어떤 것은 연적硯滴만큼이나 크다."

6월 24일 정조는 연훈방烟熏方을 사용하기로 결심하는데, 이는 서정수徐鼎修가 사용해 효과를 본 이른바 민간요법이었다. 이 요법은 정조 사후 커다란 논란을 불러일으킨다. 연훈방을 건의한 심인沈鏔이 노론 벽파 심환지의 친척이기 때문이다. 연훈방을 사용한 6월 25일 정조의 증세는 한결 좋아진다. 연훈방을 사용한 후 잠깐 잠이 들었을 때 속적삼과 요자리에 번질 정도로 피고름이 흘러나온 것이다.

정조는 몇 되가 넘을 정도의 피고름이 나왔다고 말한다.

약원 제신들이 지켜본 후 "반갑고 다행스러운 마음을 무엇이라 형용할 수 없다."라며 기뻐한다. 그러나 고름은 빠졌어도 가슴속의 화기는 여전했다. 정조는 6월 26일 약원 도제조 이시수의 건의로 경옥고를 들었는데, 이후 잠자는 듯 정신이 몽롱한 상태가 계속되어 밤잠을 제대로 이루지 못했다. 그러나 정조는 정신이 혼미한 상태에서도 6월 27일 정사를 걱정할 정도로 국사에 신념을 보였다.

"도목정사(매년 두 차례 관리들의 고과평점을 심사하는 것)를 치를 때가 되었는데 이조판서의 사정이 딱하게 되었구나. 혹시 백성들의 일에 관한 사항이 있으면 비록 이런 상황이라도 자주 여쭈어 조치하도록 하라."

이날 정조는 계속 정신없이 혼미한 상태에 있었다. 다음 날이 바로 6월 28일. 운명의 날이었다.

정조는 지방 의관 김기순金己淳 등이 대령했다는 말에 약간 짜증을 낸다.

"오늘날 세상에 병을 제대로 아는 의원이 어디 있겠는가. 하지만 불러들여라."

그리고 창경궁 영춘헌에 거둥해 새로 임명한 좌부승지 김조순金祖淳 등을 접견하였다. 그리고 곧 위독한 상태에 빠져들었다. 바로 이때 정순왕후 김씨가 등장했다.

"이번 병세는 선왕의 병술년(영조 42년)의 증세와 비슷하오. 그 당시 성향정기산星香正氣散을 드시고 효과를 보셨으니 의관에게 의논해 올리게 하시오."

창경궁 영춘헌 정조가 사경을 헤맬 때 그의 정적이던 대비 정순왕후는 신하들을 물리치고 홀로 병구완을 했는데, 그 직후 정조가 사망해 의혹이 일었다.

혜경궁 홍씨도 등장한다.

"동궁(순조)이 방금 소리쳐 울면서 나아가 안부를 묻고 싶어 하므로 지금 함께 나아가려 하니 제신은 잠시 물러나 기다리도록 하시오."

이 말에 심환지 등이 문밖으로 물러났다. 혜경궁이 돌아간 후 부제조 조윤대曺允大가 들여온 성향정기산을 이시수가 숟가락으로 떠 올렸으나 넘기기도 하고 토해내기도 하였다. 다시 인삼차와 청심원을 올렸으나 마시지 못하자 제신이 둘러앉아 소리쳐 울었다.

비상사태에 대비해 궁성을 호위하는 가운데 대비 정순왕후 김씨가 다시 등장한다.

"내가 직접 받들어 올려드리고 싶으니 경들은 잠시 물러가시오."

이에 심환지 등이 명을 받고 잠시 문밖으로 물러나왔다. 방 안에는 정조와 정순왕후 둘만이 있었다. 그리고 잠시 후 곡소리가 터져 나왔다. 심환지와 이시수가 문밖에서 말했다.

"지금 4백 년의 종묘사직이 위태롭게 되었는데 신들이 우러러 믿는 곳이라고는 왕대비전하와 자궁저하(정조비 효의왕후 김씨)뿐입니다. 동궁저하께서 나이가 아직 어리므로 감싸고 보호하는 책임이 두 분께 있는데 어찌 그 점을 생각지 않고 이처럼 감정대로 행동하십니까. 게다가 국가의 예법도 지극히 엄중하니 즉시 대내로 돌아가소서."

여기에서 말하는 '지극히 엄중'한 '국가의 예법'이란 비록 대비나 왕비라 하더라도 국왕의 임종을 지킬 수 없게 한 조선의 예법을 말한다. 대비 정순왕후가 다른 신하들을 물리치고 혼자 정조의 병석을 지킨 것은 예법에 어긋나는 일이었다. 『정조실록』이 정조의 임종 장면과 시간을 상세히 기록하지 못하고 "이날 유시酉時(오후 5시~7시)에 상이 창경궁 영춘헌에서 승하했다."라고 두루뭉술하게 기록한 것은 정조의 임종을 지킨 유일한 인물이 정순왕후였기 때문이다.

대비 정순왕후는 정조의 병세를 걱정할 만한 인물이 아니었다. 영조 35년(1759) 15세의 나이로 66세의 영조와 가례를 올린 그녀는 아버지 김한구와 함께 사도세자 제거에 앞장섰던 여인이었다. 영조 말년 권력을 누리던 그녀의 친정은 정조가 즉위하자마자 급전직하로 몰락의 길을 걸었다. 정조는 법적으로는 조손지간이지만 정치적으로는 원수지간이었다. 이해 세자(순조)의 나이 열한 살의 미성년이었다. 따라서 정조가 세상을 떠날 경우 왕실의 가장 어른인 정순왕후가 섭정을 하게 되어 있었다. 이 경우 정순왕후의 친정이 다시 살

것임은 두말할 나위가 없었다. 정조가 죽어야 사는 집안이 정순왕후의 친정이었다.

정조의 죽음은 커다란 충격이었다. 실록에 따르면 그날 삼각산이 울었다. 그 며칠 전에는 양주楊州와 장단長湍 등의 고을에서 한창 잘 자라던 벼포기가 어느 날 갑자기 하얗게 죽어 노인들이 슬퍼하며 "이는 상복을 입는 벼[居喪稻]"라고 말했는데 얼마 안 되어 대상이 났다. 개혁군주 정조가 세상을 떠난 것이다.

그러나 이는 시작이었다. 정조의 죽음은 신세대가 몰락하고 구세대가 다시 살아나는 반동의 시작이었다. 개방과 다양성의 문은 닫히고 다시 폐쇄와 획일의 시대가 도래하는 시작이었다.

정조어찰첩

2009년 2월 정조가 심환지에게 보낸 어찰이 공개되자 며칠간 대한민국은 이 문제로 떠들썩했다. 이 어찰을 공개한 학자들은 이를 정조독살설을 부인하는 사료로 둔갑시켰다. 그러면서 정조가 상스런 소리를 서슴지 않았다면서 정조의 격하를 즐기는 듯한 자세로 일관했다. 「조선일보」는 "정조독살설은 시골서 떠돌던 야담"이라고 대서특필(2009년 2월 11일)하면서 몇몇 학자들의 말을 인용했다. 정옥자 당시 국사편찬위원장은 "노론 벽파는 정조의 개혁에 반대한 측면도 있지만, 왕에게도 할 말은 하는, 입장이 분명한 원칙주의자들이지 타도 대상은 아니라고 생각한다."라고 말했다. 「조선일보」

는 "유봉학 한신대 교수는 '독살설은 정보에 어두웠던 시골 남인들에게서 나온 야담野談에 불과하다. 정조가 한 달간 투병하는 것을 본 한양 사람들은 그런 얘기를 하지 않았다'고 했다."라고 보도하면서 "특히 1806년 김조순 등 노론 시파가 벽파를 일망타진한 '병인경화丙寅更化' 때도 독살설은 나오지 않았다."라고 덧붙였다. 이들의 논리에 따르면 노론 벽파는 '국왕에게도 할 말은 하는 원칙주의자'로 격상되고, 정조독살설은 시골 사람들이나 주장한 촌스런 이야기로 전락하고, 도시스런 한양 사람들은 정조독살설을 전혀 주장하지 않았던 것이 사실이 된다. 과연 그럴까?

정조가 급서하자 가장 먼저 문제를 제기한 인물들은 시골 사람들이 아니라 중앙에서도 엘리트 중의 엘리트들인 대간과 홍문관 관원들이었다. 이들의 공격은 어의 심인과 강명길康命吉에게 맞춰졌다. 국왕이 사망하면 어의들은 대개 형식적인 처벌을 받고 곧 복직하게 마련이다. 그러나 대간들이 어의들에게 역逆이란 표현을 써가면서 공격한다면 상황은 다른 것이다. 대간과 옥당(홍문관)에서는 심인과 강명길의 처벌을 요구했으나 정순왕후와 심환지는 계속 거부했다. 정조가 세상 떠난 지 보름쯤 지난 순조 즉위년(1800) 7월 13일, 사간원 대사간 유한녕兪漢寧의 차자箚子는 대간과 옥당이 정조의 죽음을 어떻게 보고 있는지를 잘 보여준다.

역의逆醫(역적 의사)에 대한 전지傳旨를 시일이 지나도록 내리지 않고 있으니 이것이 무슨 일입니까? 역적 강명길의 죄는 이공윤李公胤보다 더하고 흉적 심인의 죄는 신가귀申可貴보다 더한 것이어서 비록 그들의 살점을 천 조각 만 조각으로 찢더라도 오히려 조금도 용서〔贖〕받을 수 없는 것입니다.

『순조실록』(즉위년 7월 13일)

이공윤은 경종의 치료를 담당했다가 경종이 사망하자 큰 물의가 일어난 인물이었다. 이공윤은 자신이 진어한 약은 인삼과 상극이기 때문에 인삼을 올려서는 안 된다고 주장했으나 세제 연잉군(영조)이 인삼차를 올렸고 그 직후 경종이 사망했다. 그래서 영조는 재위 기간 내내 경종독살설에 시달렸던 인물이었다. 신가귀는 효종의 종기에 침을 놓다가 혈락血絡(혈관)을 건드려 죽음에 이르게 한 어의였다. 그런데 신가귀는 손 떨리는 수전증이 있는 어의였기 때문에 그런 어의가 용안에 침을 놓았다는 자체가 이해할 수 없는 상황이었다. 그래서 신가귀는 결국 사형당하고 말았는데, 그가 정조 때까지 조선 21명 임금의 임종을 지킨 어의 중 유일하게 사형당한 어의였다.

그런데 심인과 강명길의 죄는 이공윤이나 신가귀보다 더하다는 것이 사간원의 인식이었다. 정조뿐만 아니라 조정 내 대부분의 관료들은 정조가 이때 급서하리라고 예상하지 못했다. 사망 열흘 전인 6월 18일에는 진찰을 받으라는 약원의 청을 받아들이지 않았다. 정조의 병은 그전부터 갖고 있던 화병과 종기였고 이것 때문에 죽음에 이르게 되리라고 대부분의 관료들은 전혀 예상하지 못했다.

그러나 심환지와 정순왕후는 달랐다. 정조가 위독하게 되자 가장 활발하게 움직인 인물은 정조의 정적 정순왕후였다.

이에 앞서 대행대왕大行大王(정조)의 병세가 위독한 상태(大漸)에 있을 때 대왕대비가 언서諺書로 하교하여 전 승지 윤행임尹行恁을 발탁하여 승정원 도승지로 삼았다.

『순조실록』(즉위년 7월 4일)

정조의 숨이 끊어지기 전에 정순왕후는 이미 인사권을 행사했다는 뜻이다. 그것도 병 치료와 관련한 사항을 총괄하는 비서실장인 도승지를 갈아치운 것이다. 그런 후 앞에서 서술한 대로 정순왕후는 자신이 직접 정조의 병세를 보겠다고 병실로 간다. 대비가 나타나자 모든 신하들은 정조 곁을 떠날 수밖에 없었고 정조는 정순왕후와 단둘이 있게 되었다. 잠시 후 정순왕후가 통곡하면서 정조가 세상을 떠났다고 알렸다. 정조는 정순왕후와 단둘이 있는 가운데 의문의 죽음을 당한 것이다. 이 기사와 연결된 다음 기사는 심환지와 관련해 주목할 만한 내용이다.

다음 날 또 언서로 하교했다.

이런 대상大喪에 삼공三公이 갖추어지지 않은 것은 국조國朝에 처음 있는 일이다. 영의정 이병모李秉模에게 영부사領府事를 맡기고 좌상과 우상을 각각 영상과 좌상으로 삼으라. 그리고 예조 판서 서용보를 우상으로 삼으라.

『순조실록』(즉위년 7월 4일)

이때 영상으로 승진한 좌상이 바로 심환지였다. 그리고 정조가 내의원 제조에서 체차한 서용보도 우의정으로 승진시켰다. 이날은 정조 사망 당일인 1800년 6월 28일일 것이다. 그러나 정순왕후의 수렴청정 반교문이 반포된 것은 순조 즉위년(1800) 7월 4일이었다. 수렴청정 반교문이 반포되어야 비로소 수렴청정은 법적인 효력을 갖는다. 수렴청정 반교문이 반포되기 전에 행사한 인사권은 불법이란 뜻이다. 정순왕후는 정조가 죽기도 전에 도승지를 갈아치우고 죽자마자 심환지와 서용보를 승진시켰다. 정순왕후와 심환지는 정조 사망 후에 대한 시나리오를 갖고 있었음을 뜻한다. 정조가 죽자마자 정순왕후를 필두로 노론 벽파가 정권을 재장악하고 이들은 정조 치세 24년을 부인하는 과거사 청산 작업에 들어간다. 조선은 정조 즉위 이전 암흑 시기로 돌아간 것이다.

바로 이런 상황에서 중앙의 엘리트들인 삼사에서 심인과 강명길을 공격하고 나온 것이다. 심인은 심환지의 친척으로서 정순왕후와 함께 어의들을 비호하다가 이에 대한 비난이 거세지자 정순왕후는 할 수 없이 심인을 경흥부慶興府로 유배 보냈다. 강명길은 이미 수사 도중 물고物故된 후였다. 그러나 비난 여론이 계속 비등했다. 7월 15일에는 관학 유생 권중륜權中倫 등이 심인의 처형을 요구하고 나섰고, 정순왕후는 원상院相에게 유생들을 불러들여 효유曉諭해 돌려보내게 했는데 원상이란 곧 심환지 등이었다. 이처럼 정순왕후와 심환지의 비호에도 정조독살설은 더 광범위하게 퍼져나갔다. 그래서 정순왕후도 한발 물러서지 않을 수 없었다. 정순왕후는 7월 20일 어의에 대한 전교를 내리게 된다.

인심의 분노는 막기 어려워서 물정物情이 점점 격렬하여지니 따르지 않을 수가 없다. 금오金吳(의금부)로 하여금 의관 심인이 정배定配되는 도중 현재 도착한 지점에서 격식을 갖추어 엄히 가두고 공제公除 뒤의 처분을 기다리게 하라.

『순조실록』(즉위년 7월 20일)

공제란 국상 때 26일 동안 조의를 표하는 기간을 뜻한다. 그러나 양사는 이 조치에도 반발해 당일(7월 20일) 합동 상소를 올려 심인을 붙잡아다 국문하자고 청했다. 강명길은 국문 도중 사망했지만 심인은 국문을 받지 않았다는 사실을 여기에서 알 수 있다. 무엇이 두려운지 심인은 국문조차 하지 않은 것이다. 양사에서는 계속 심인의 사형을 요구했지만 정순왕후는 계속 거부하다가 순조 즉위년 8월 10일 끝내 사형에 동의할 수밖에 없었다. 물론 진상 규명을 위한 국문은 실시되지 않았다. 그런데 심인의 사형을 기록한 사관은 심인과 심환지의 연결고리에 대해 아주 중요한 정보를 제공한다.

대신 심환지는 그(심인)의 소원한 친족이었기 때문에 처음에는 비호하려고 했었는데 그때 어떤 이가 이가작李可灼의 일을 인용하면서 뒷날 방종철方從哲의 죄를 면치 못하게 될 것이라고 하자, 심환지가 크게 깨닫고 드디어 정법에 처하자는 의논을 극력 주장했다고 한다.

『순조실록』(즉위년 8월 10일)

이가작李可灼은 명나라 광종光宗이 병에 걸렸을 때 붉은 환약[紅丸]을 올려 급서하게 만든 인물로서 이를 '붉은 환약의 안건[紅丸案]'이라고 부른다. 대학사大學士였던 방종철 역시 이 사건과 연관되어 사형시켜야 한다고 공격을 받았던 인물이다. 심환지가 심인의 배후라는 사실은 사관까지 알고 있었다. 심인은 어의였고 심환지는 어의를 총괄하는 내의원 제조였다. 심인은 모든 투약을 심환지와 상의했고 그 지시에 따라서 처방했다. 그러니 심인을 국문하고 처형해야 한다는 주장은 결국 그 배후인 심환지에 대한 공격이었던 것이다. 수세에 몰린 정순왕후와 심환지는 국문을 하지 않고 유배 도중 전격적으로 심인을 사형시켜버렸다.

정조가 심환지에게 보낸 편지는 심환지가 정조의 독살에 무관하다는 증거가 아니라 정조의 의문사와 깊숙한 관련을 맺고 있음을 보여주는 사료로 해석해야 마땅한 것이다. 서용보를 내의원 제조에서 체차시킨 정조가 심환지를 왜 내의원 제조로 그대로 두었는지를 말해주는 사료이기 때문이다. 정조의 죽음에 의문이 있다는 것은 이 시기 일종의 상식이었다. 사후 1년이 지난 순조 1년(1801) 5월 17일 홍문관 부교리 이인채李寅采는 상소에서 이렇게 주장했다.

> 작년 여름 망극罔極한 변을 당하였을 때에 진실로 조금이라도 상도常道를 지키려는 마음이 있는 자라면 그 누군들 역적 심인沈鏔을 직접 칼로 찌르고 싶어 하지 않았겠습니까?
>
> 『순조실록』(1년 5월 17일)

정조가 자연사했다고 믿는 사람들은 그의 죽음으로 큰 정치적이득을 챙긴 일부 노론 벽파뿐이었다. 심환지가 정조 독살과 무관하다면, 즉 정조의 죽음을 바라지 않았다면 그는 최소한 정조 사후 정조가 견지했던 정치노선을 지키기 위해서 노력해야 한다. 정조의 정치노선을 계속 추종하다가 정조 사후 정치적 입지가 곤란해졌다면 독살과 무관하다고 볼 수 있다. 그러나 그는 정조 사망 당일 정조를 배신했다.

정조 승하 당일, 정조를 배신하다

정조가 죽자마자 정조시대의 모든 개혁조치를 거꾸로 돌리는 과거사 청산작업이 시작되는데, 이를 주도한 인물이 다름 아닌 심환지였다. 정조를 땅에 묻고 돌아온 다음 날인 11월 18일부터 노론 벽파의 공격이 시작되어 이듬해까지 계속되는데 심환지의 「졸기」는 "경신년(순조 즉위년) · 신유년(순조 1년) 사이에 목을 베고 능지처참하고 귀양 보내는 여러 큰 형정刑政을 심환지가 결정하지 않은 것이 없었다."(『순조실록』 2년 10월 18일)라고 전하고 있다.

뒤에 서술할 정약용 형제의 비극도 이 과정의 일환이었다. 심환지는 순조 1년(1801) 이승훈을 죽였고, 이잠 문제로 시비를 벌였던 이가환도 죽였고, 권철신도 죽였다. 정약용의 형 정약종도 죽이고 정약용을 비롯한 남인들을 대거 죽이거나 귀양 보냈다.

다시 성리학 이외의 모든 사상은 엄금되었고, 노론 일당 독재가 재연되었다. 한마디로 정조의 모든 치세를 없었던 일로 만든 핵심인물이 심환지이자 정조 치세 내내 노론 벽파의 실질적인 임금이었던 정순왕후였다.

이런 상황에서 정조독살설은 계속 퍼져나갔고 정순왕후와 심환지는 배후 핵심인물로 의심받았다. 정순왕후가 순조 3년(1803) 1월 29일 "죄는 오로지 심인에게 있었다."라고 말한 것은 이때까지도 정조 의문사에 대한 시비가 계속되고 있었다는 뜻이다. 앞서 한신대 교수 유봉학은 "1806년 김조순 등 노론 시파가 벽파를 일망타진한 '병인경화丙寅更化' 때도 독살설은 나오지 않았다."라고 주장했다. 과연 사실인지 살펴보자.

노론 벽파 여왕 정순왕후는 순조 5년(1805) 사망한다. 그리고 이듬해 순조의 장인 김조순을 필두로 하는 노론 시파가 노록 벽파를 몰아내는 것이 순조 6년(1806)의 이른바 병인경화다. 과연 이때 독살설은 나오지 않았는가?

순조 6년(1806) 3월 3일 사간원 정언 박영재朴英載는 노론 벽파 김달순金達淳을 공격하면서 그의 와굴窩窟로 심환지를 지목해 공격한다.

> 경신년(정조가 의문사한 1800년) 이전에 (심환지가) 권세를 탐하여 죄악을 쌓은 것은 우선 버려두고 논하지 않더라도 경신년 이후의 일만 말해보겠습니다. 역적 심인을 추천하여 (어의로) 진출시킨 것이 첫 번째 죄입니다. …… 장용영 창설은 선대왕先大王(정조)의 심원深遠한 생각에서 나온 것인데 감히 3년 만에 고쳐도 된다는 이야기를 방자하게 진달하였고, 그의 혈당血黨들을 지휘하여 선왕先王의 유지遺旨를

고쳐서 속인 것이 네 번째 죄입니다.

『순조실록』(6년 3월 3일)

한마디로 심환지는 선왕 정조의 역적이라는 상소였다. '심환지가 역적 심인을 천거해서 어의로 진출시킨 것이 첫 번째 죄'라는 말이야말로 정조 독살의 배후가 심환지라는 공개적 폭로에 다름 아니었다. 장용영은 정조 사망 만 2년 만(과거식으로는 3년)인 순조 2년(1802) 혁파되는데 장용영을 혁파시킨 장본인도 심환지였다. 심환지는 순조 2년 사망하는데 그가 죽기 전에 마지막으로 노론 벽파를 위해 했던 큰 업적(?)이 장용영 혁파였다. 장용영이 혁파되면서 조선의 군사력은 결정적으로 약화되었고, 백여 년 후 일본에 나라를 빼앗기는 상황에 이른다. 심환지는 왜 장용영을 없애버렸을까? 심환지는 순조가 장성해 장용영을 배경으로 노론 벽파에 맞서는 상황을 방지하기 위해서 장용영을 없애버린 것이다. 즉 장용영은 국왕의 무력이자 국가의 무력이지 노론 벽파의 무력이 아니기 때문에 없애버린 것이다. 당익黨益이 모든 것을 압도하는 시대의 비극이었다. 정조 어찰을 계기로 심환지를 마치 정조의 충신인 것처럼 호도하는 현재의 학자들도 노론 벽파라는 당파성에 매몰되어 사실 자체를 호도하는 것이다. "두 사람이 편지를 주고받을 정도로 친했으니 독살했을 리가 없다."라는 이들의 유치한 주장은 장용영을 없애버린 심환지의 냉정한 심사에 의해서 부인된다. 정조의 장용영 때문에 군사쿠데타가 불가능해진 상황에서 심환지가 선택한 다른 접근 방식이 어찰이었다고 해석해야 기본 상식에 맞는 것이다.

심환지가 정조의 유지遺旨를 고쳐서 속였다는 부분도 심인을 천거한 것만큼 중요한 폭로다. 유지란 곧 유언인데 선왕의 유지가 무엇인지 현재는 알 수 없지만 당시 정조의 죽음에 의혹을 갖고 있던 쪽에서는 심환지가 정조의 유언을 고쳤다는 사실을 알고 있었다는 뜻이다. 속인 부분이 무엇인지 정확히 알 수는 없지만 이 부분이야말로 그간 감춰져 있던 정조독살설의 비밀을 풀어주는 중요한 열쇠의 하나일 것이다.

심환지가 속여야 했을 선왕의 유지는 아마 사후 체제에 대한 문제였을 가능성이 크다. 정조는 어느 순간 때가 늦었다는 것을 자각하고 사후 체제에 대한 지시를 했을 가능성이 크다. 정조는 정순왕후가 수렴청정을 하는 순간 자신의 모든 치세가 부인된다는 사실을 잘 알고 있었다. 그래서 그것을 막을 장치에 대한 유교遺教였을 가능성이 있다.

정순왕후가 아닌 자신의 부인 순원왕후 김씨를 수렴청정 대상자로 선정했을 수도 있다. 그러나 심환지가 정조의 유교를 속임으로써 정조의 이런 기도도 무산되었음을 시사한다. 심환지가 정조의 총애를 악용한 역적이란 인식은 광범위하게 퍼져 있었다. 순조 6년(1806) 4월 1일 삼사三司(사헌부·사간원·홍문관)는 합동으로 상소를 올려 심환지가 정조의 역적이라고 공격했다.

> 심환지는 선조先朝(정조)의 망극한 은혜를 받은 사람으로서 차마 선왕께서 선향仙鄕(저승)으로 멀리 떠나가시던 당일로 우리 선왕의 은혜를 저버리고 우리 선왕과 배치背馳되었으며 국세가 철류綴旒(깃발의

술)처럼 위태로운 것도 생각하지 않고 자신의 사욕私慾만을 은험하게 이룰 계교를 품고 있었습니다.

『순조실록』(6년 4월 1일)

정조가 세상을 떠나던 당일, 심환지가 정조를 배신했다는 말이다. 순조는 박영재도 귀양 보내지만, 김달순은 사형시키고 이미 죽은 심환지도 관작을 추탈하고 자식들은 유배 보냈다. 병인경화 때 독살설이 나오지 않았다는 현재 학자들의 주장은 어떻게 봐야 할까? 이런 내용들을 알고도 그렇게 주장했다면 학자로서 양심의 문제이고, 모르고 주장했다면 학문하는 기본자세의 문제다.

정조 어찰은 표면상 과거에 알려진 것보다는 정조와 심환지 사이가 나쁘지 않았음을 말해주는 것으로 해석될 수도 있다. 정조 사후 심환지가 정조의 정치노선을 추종했다면 말이다. 그러나 심환지의 정조 사후 행적이 다 밝혀진 지금, 어찰은 심환지가 정조의 독살에 관여하지 않았다는 증거가 아니라 지금껏 알려진 것보다는 정조의 죽음에 깊숙이 관련되었다는 증거로 봐야 할 것이다. 심환지는 정조가 세상을 떠나던 날 배신했는데, 이후 행보에서 보듯이 아주 계획적이었다. 심환지의 「졸기」는 "수렴청정 초기에 영의정에 특배되어 나라의 정권을 전적으로 위임받았으나 본바탕이 아둔하고 재능이 없어 아무 공적이 없고 오직 같은 당은 등용하고 다른 당은 공격하는 것〔黨同伐異〕을 일로 삼았다."(『순조실록』, 2년 10월 18일)라고 비난하고 있다. 권력의 정점에서 사망했을 때 이런 평이 붙은 심환지가 21세기에 정조의 지극한 충신이라고 떠받들려질 줄은 그 자신도 몰랐을 것이다. 당파성에 사로잡히면 역사 날조도 서슴지 않게 된다는 좋은 사례다.

여유당을 지은 뜻

정약용에게 내각의 아전을 보내 곧 불러들이겠다고 말했던 정조는 그를 다시 부르지 못하고 끝내 사망하고 말았다. 정조 승하 소식을 들은 정약용은 서울로 달려갔다. 홍화문弘化門 앞에 이르니 조득영趙得永이 달려오고 있었다. 둘은 서로 가슴을 쥐어뜯고 목 놓아 울었다. 둘이 서로 목 놓아 울었지만 그 의미는 달랐다. 정약용과 정조는 단순한 군신관계가 아니었다. 그의 광중본壙中本(무덤 속에 넣는 것) 「자찬 묘지명」은 정조와의 관계에 대해 이렇게 적고 있다.

> 나는 포의布衣(벼슬 없는 사람)로 임금의 알아줌을 받았는데, 정조대왕께서 총애해주시고 칭찬해주심이 동렬同列에서 넘어섰다. 앞뒤로 상을 받고 서책, 구마廐馬(임금이 하사해주는 말), 무늬 있는 짐승 가죽, 진귀한 여러 물건을 내려주신 것은 이루 다 기록할 수가 없다. 기밀에 참여하여 듣도록 허락하시고 생각한 바가 있어서 글로 조목조목 진술하여 올리면 모두 즉석에서 윤허해주셨다.
>
> 일찍이 규영부 교서로 있을 때에는 맡은 일에 과실을 책망하지 않으셨으며, 매일 밤 진수성찬을 내려주셔서 배불리 먹게 하셨다. 내부內

府에 비장된 서적을 각감閣監을 통해 청해보도록 허락해주신 것들은 모두 남다른 운수 였다.

「자찬 묘지명」

정약용의 회고처럼 그는 정조에게 남다른 사랑을 받았다. 그 사랑은 사도세자를 매개로 했기 때문에 특별했다. 둘은 단순한 군신관계를 넘는 동지이자 가족이었다. 정약용에게 정조는 군부君父, 그 자체였다. 정약용에 대한 모든 공격을 막아주는 자애로운 아버지였다. 그 하늘이 무너진 것이었다. 아비 잃은 고아의 운명을 정약용은 예측할 수 없었다.

불현듯 몸을 가누기 어려운 두려움이 밀려왔다. 채제공도 죽어 없는 이 세상에서 자신을 보호해줄 사람은 아무도 없었다. 이가환은 그 자신 한 몸 추스르기에도 바쁠 것이었다. 그 모든 공격을 정약용은 고스란히 막아내야 했다. 정조의 관棺이 빈전殯殿으로 옮겨지는 날에는 숙장문肅章門 옆에 앉아 조석중曺錫中과 함께 슬픔을 이야기했는데, 아니나 다를까 정조의 시신이 채 식기도 전에 그를 공격하는 말들이 떠다니고 있었다. 이기경과 홍낙안 등이 만든 소문이었다.

"이가환·정약용 등이 앞으로 난리를 꾸며 4흉8적四凶八賊을 제거하려 한다."

이른바 '4흉8적'은 노론 벽파의 재상들과 당대의 이름 있는 명사들, 그리고 이런 소문을 만든 당사자인 이기경·홍낙안 등이었다. 정조를 잃어 부모 잃은 고아 꼴이 된 이가환·정약용 등이 대신들과

여유당 현판 여유당이란 '겨울에 냇물을 건너는 것처럼 주저하면서 사방의 이웃을 두려워한다'는 뜻으로 『노자』에서 딴 것이다. 정조 없는 세상에 대한 그의 두려움을 잘 나타낸다.

명사들을 제거하려 한다는 것은 터무니없는 말이었지만 노론 벽파에게 중요한 것은 소문의 사실 여부가 아니라 이가환·정약용 등을 실제로 제거하는 일이었다.

정약용은 「자찬 묘지명」에 이때의 급박했던 상황을 적고 있다.

> 나는 화란의 낌새가 날로 급박해짐을 헤아리고 곧바로 처자를 마재로 돌려보내고 혼자 서울에 머무르며 세상 변해감을 관찰하고 있었다.

겨울에 졸곡卒哭이 지나자 다시 낙향한 정약용은 초하루나 보름날 벼슬 순서에 따라 차례로 열을 지어 곡하는 곡반哭班 때만 올라왔다. 다른 때는 마재에서 경전을 읽으며 세상을 잊고자 했다. 이제 다시는 세상에 나서지 않으려고 결심했다. 그런 결심의 표현이 소내[苕川] 고향집의 여유당與猶堂이란 당호에 담겨 있었다. 여유당은 『노자老子』의 "망설이면서[與] 겨울에 냇물을 건너는 것같이, 주저하면서[猶] 사방의 이웃을 두려워한다[與兮若冬涉川, 猶兮若畏四隣]."라는 구절에서 따온 말이었다. '겨울에 냇물을 건너는 것같이 사방의 이웃을 두려워한다'는 것을 당호로 삼은 것은 정조 없는 세상을 그가 얼마나 두려워했는지를 잘 말해준다.

여유당이란 당호를 붙이며 지은 「여유당기與猶堂記」에는 지나온 인생에 대한 회한이 그대로 드러나 있다.

내 병을 나 스스로 잘 알고 있다. 용기만 있지 지략이 없으며, 선善만 좋아하지 가릴 줄을 모르며, 마음 내키는 대로 즉시 행하기만 하지 의심하거나 두려워하지도 않는다. 그만둘 수 있는 일인데도 마음속으로 기쁘게 느껴지기만 하면 그만두지 못하고, 하고 싶지 않은 일인데도 마음속에 꺼림직하여 불쾌한 일이 있으면 그만둘 수 없었다. 어려서 혼몽할 때에는 일찍이 방외方外(서학)로 치달리면서도 의심이 없었고, 장성한 뒤에는 과거科擧에 빠져 돌아보지 않았으며, 서른이 된 뒤에는 지나간 일에 대해 깊이 후회한다고 진술하면서도 두려워하지 않았다. 선을 끝없이 좋아했으나 비방을 받는 것은 유독 많았다.

아! 이 또한 운명이로다. 이것은 나의 본성 때문이니, 나 또한 어찌 감히 운명을 말할까 보냐. 내가 『노자』를 보니, "망설이면서 겨울에 냇물을 건너는 것같이 주저하면서 사방의 이웃을 두려워한다."라고

건릉健陵 정조와 그의 비 효의왕후 김씨를 합장한 무덤. 정조의 아버지로 사후에 왕으로 추존된 장조莊祖(사도세자)와 헌경왕후獻敬王后 홍씨의 합장묘인 융릉隆陵(현륭원)과 함께 1970년 5월 26일 사적 제206호로 지정되었다. 경기도 화성시 태안읍 안녕동에 있다.

하였다.

아! 이 두 말이 내 병에 약이 되는 것이 아니겠는가. 저 겨울에 냇물을 건너는 것은 차갑다 못해 따끔따끔하며 뼈를 끊는 듯하니, 부득이하지 않으면 건너지 않는 것이다. 사방의 이웃을 두려워하는 것은 몸 가까운 데서 지켜보기 때문이니 비록 매우 부득이하더라도 하지 않는 것이다.

「여유당기」

정약용은 겨울에 냇물을 건너는 것처럼, 사방의 이웃이 자신을 감시하는 것처럼 매사를 조심했다. 그러나 정약용이 살얼음판을 걷는 것처럼 조심한다고 무사할 수 있는 것은 아니었다. 정조의 죽음으로 얼음판을 깨며 갈퀴가 달려들었기 때문이다.

정조가 죽고 열한 살 어린 순조가 즉위함에 따라 수렴청정이 논의되었는데, 대왕대비 정순왕후 김씨가 맡게 되었다. 정조가 세상을 떠나는 순간을 함께했던 유일한 인물이 수렴청정을 맡게 된 것이다. 그녀가 정조의 운명을 지켜본 것인지 소문대로 정조를 살해한 것인지는 그 자신 이외에는 아무도 알지 못했다. 그것은 대박해의 시작을 알리는 신호였다.

대박해의 문

노론 벽파는 정조의 장례절차가 끝나기만을 기다렸다. 정조의 시신이 땅에 묻히는 순간 그가 했던 모든 정치행위도 함께 땅에 묻어버릴 계산이었다. 그해 11월 6일 정조는 평소의 희망대로 화성의 현륭원 곁에 묻혔다. 아직 사우제四虞祭 등의 절차가 남아 있었으나 이것으로 정조의 시신을 땅에 묻는 절차는 일단 끝난 셈이었다. 정조는 비록 그리워했던 부친 곁에 묻혔지만 노론 벽파는 정조가 사도세자와 해후할 시간조차 주지 않았다.

국상도감이 서울로 돌아온 다음 날인 11월 8일.

사헌부 장령 이안묵李安默이 수원유수 서유린徐有隣 형제를 공격하는 상소를 올렸다. 드디어 노론 벽파의 대공세가 시작된 것이었다. 서유린 형제가 8년 전인 정조 16년에 「영남 만인소」를 지지한 것을 공격하는 상소라는 점에서 이는 정조의 24년 치세를 모두 부정하는 상소였다.

"임자년 여름 「영남 만인소」가 나온 뒤에 서유린의 소장이 그 뒤를 이었는데……."로 시작되는 이안묵의 상소는 사도세자의 죽음을 동정하던 시파에 대한 벽파의 전면공세의 시작이었다. 그해 겨울 정조와 함께했던 남인과 시파는 대거 유배형에 처해졌다.

서유린은 함경도 경흥에 유배되었고, 예조참판 김이익은 전라도 진도군 금갑도金甲島에 안치되었으며, 김이재는 강진현 고금도古今島, 김이교는 명천부明川府, 신기申耆는 흥양현興陽縣, 이제만李濟萬은 광양현光陽縣에 유배 가는 등 박해가 시작되었다.

그러나 이는 시작에 불과했다. 정순왕후와 노론 벽파는 차제差除에 남인과 시파를 재기하지 못하도록 정계에서 박멸하기로 했다. 그

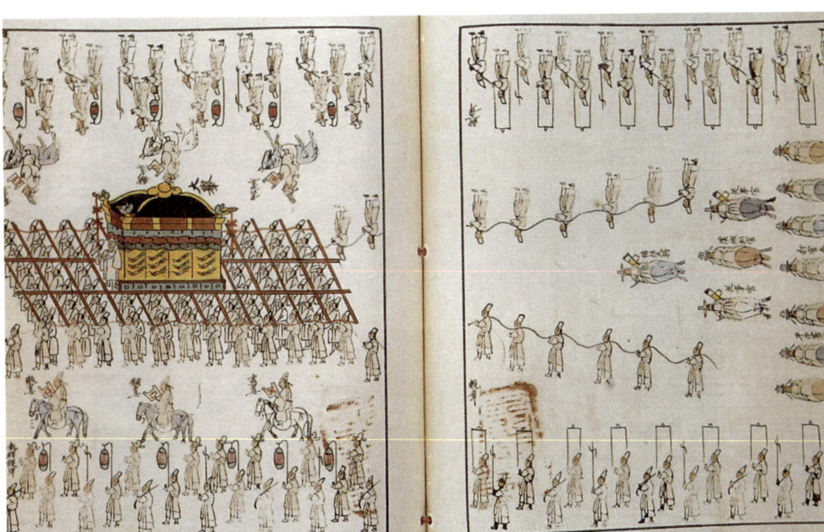

『국장도감의궤』 정조의 국장國葬에 관한 제반 의식 및 절차를 기록한 책. 정조의 상여를 멘 사람들과 그 뒤를 따르는 사람들의 모습이 잘 나와 있다.

러기 위해서는 이들을 체제 부정세력으로 몰 수 있는 근거가 필요했다. 그래서 다시 등장한 것이 천주교였다. 남인 시파를 성리학을 부정하는 사교邪教 집단으로 몰아 숨통을 끊으려 한 것이었다. 순조 1년(1801) 1월 10일 조선에 수많은 비극을 가져다 준 대왕대비 정순왕후의 사학邪學 엄금 하교, 이른바 자교慈教는 이런 배경에서 나온 것이었다.

> 선왕께서는 매번 정학正學(성리학)이 밝아지면 사학邪學은 저절로 종식될 것이라고 하셨다. 지금 듣건대, 이른바 사학이 옛날과 다름이 없어서 서울에서부터 기호畿湖에 이르기까지 날로 더욱 성해지고 있다고 한다.
> 저 어리석은 백성들이 점점 물들어 마치 어린 아기가 우물에 빠져 들어가는 것 같으니, 이 어찌 측은하게 여겨 상심하지 않을 수 있겠는가? 감사와 수령은 사학을 하는 자들을 회유해 마음을 돌이켜 개혁하게 하고, 사학을 하지 않는 자들로 하여금 두려워하며 징계하게 해서 선왕의 공렬을 저버리는 일이 없도록 하라. 이와 같이 엄금한 후에도 개전하지 않는 무리가 있으면, 마땅히 역률逆律로 다스릴 것이다. 수령은 각기 다스리는 지역 안에서 오가작통법伍家作統法을 닦아 밝히고, 그 안에서 사학을 하는 무리가 있으면 통수統首가 관가에 고하여 징계하고 진멸함으로써 남은 종자가 없도록 하라. 이 하교를 가지고 묘당廟堂에서는 거듭 밝혀서 경외京外에 널리 알리도록 하라.
>
> 『순조실록』(1년 1월 10일)

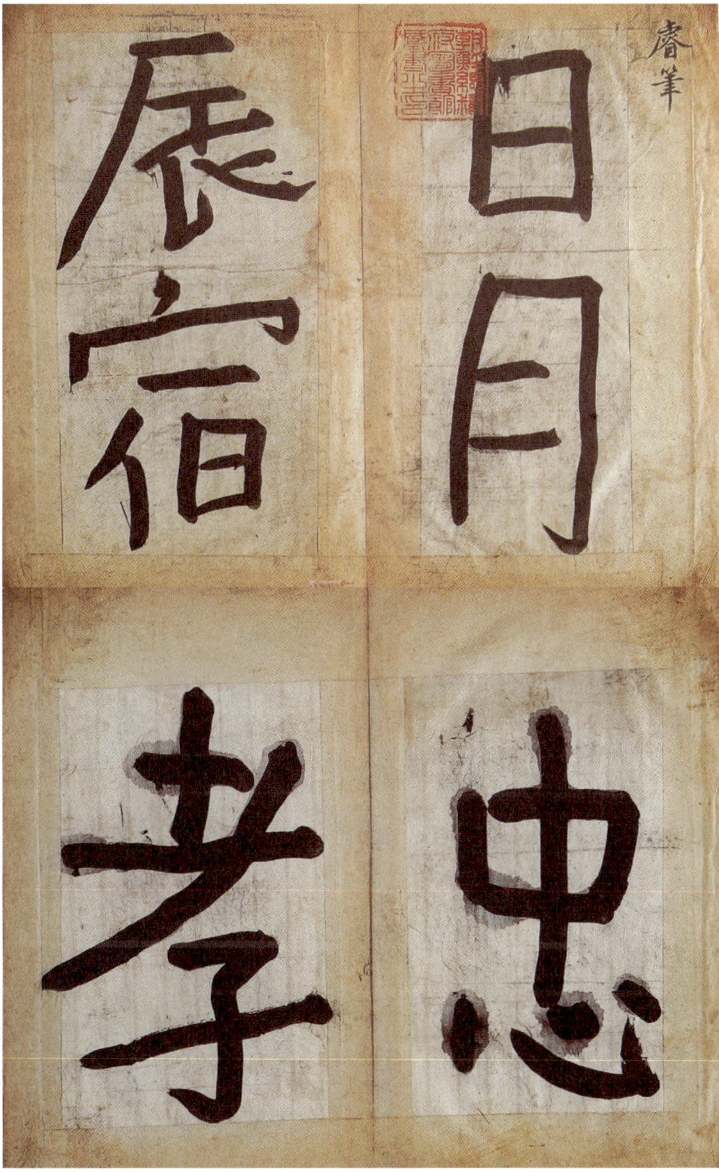

순조의 6세 때 글씨 11세에 왕위에 오른 순조는 명목상의 왕이었고, 수렴청정을 하는 정순왕후가 실질적인 권력을 휘둘렀다.

정순왕후의 이 하교는 죄없는 사람을 무수히 죽음으로 몰고 간 인간도살 하교였다.

순조 1년 2월 8일 새벽.

정약용과 약전은 집을 급습한 의금부 금리들에게 체포되어 옥에 갇혔다. 이는 정순왕후와 노론 벽파 지도부의 사전 계획이었다. 그 다음 날에야 사헌부에서 정약용과 이가환·이승훈을 탄핵한 것이 이를 말해준다.

> 이가환은 흉악한 무리의 여얼餘孽로서, 많은 사람들을 이끌어 유혹하고는 스스로 교주教主가 되었습니다. 이승훈은 구입해온 요서妖書를 그 아비에게 전하고, 그 법을 수호하기를 달갑게 여겨 가계家計로 삼았습니다. 그리고 정약용은 본래 두 추악한 무리와 마음을 서로 연결하여 한 패거리가 되었습니다. 이들 세 흉인은 모두 사학의 뿌리가 되었습니다. 청컨대 전 판서 이가환, 전 현감 이승훈, 전 승지 정약용을 빨리 왕부王府로 하여금 엄중하게 추국해서 실정을 알아내게 한 다음 흔쾌하게 나라의 형벌을 바로잡으소서.
>
> 『순조실록』(1년 2월 9일)

순조는 비록 어리지만 이것이 부왕의 뜻과 다르다는 사실을 알고 있었다. 그는 같은 날 삼사三司에서 채제공의 관작을 추탈할 것을 주청하자 정조가 재위 16년에 내린 윤음綸音을 예로 들며 "이 계사啓辭(아뢰는 말)는 비답을 내릴 수가 없으니, 도로 내주도록 하라."고 거절했다. 그러나 이미 순조의 세상은 아니었다. 곧바로 대왕대비 정순왕후가 나섰다.

"사학에 대한 일을 지난 번에 연석에서 하교한 적이 있었는데, 지금 대간臺諫의 계사는 진실로 나의 뜻에 부합된다. 이들을 다스리는 것을 조금도 늦출 수가 없으니, 대간의 계사에 나오는 사람들을 금오金吳(의금부)에게 잡아들이게 하라."

순조는 이름만 국왕이었다. 정순왕후는 남인들을 멸절시키기 위한 국청을 설치했다. 국청의 위관委官은 영부사 이병모李秉模, 판의금부사 서정수徐鼎修, 지의금부사 이서구李書九, 동의금부사 윤동만尹東晩·한용탁韓用鐸 등이었는데 모두 노론 벽파였다. 노론 벽파가 드디어 칼을 쥔 것이었다. 남인들은 그 칼날 앞에 운명을 맡겨야 했다.

이병모의 초상 정조 사후 남인들을 천주교도로 몰아 죽이기 위한 신유박해 때 국청의 위관을 맡아 남인들을 처벌했다.

書且此方平安信息　洞莊處〻此
碧玉深矣此春氣也　葬處之也且是
漢篇諸潮篇極　郡之果烟霧日中之樣
自此淨行鳴雨有餘且經一世殆歲暮勝時言切
且盛之佳逸矣　四首來遊縱〻惟之氣
散山有漢治勝所情惟年理遣之懷宜也之
君之思南是傳是類也對起居康泰右馮翊
人之相知貴相知心有如理書郡雖誠可
有理樂趣此變在之　寓居來寬蘊藉　請一雅是郡中八月
未來海欲游後四來矣姑存惟了緣之新之樣
而其去　營山諸此游　是八錄也日雅業上有

제7장

하늘에 속한 사람 정약종

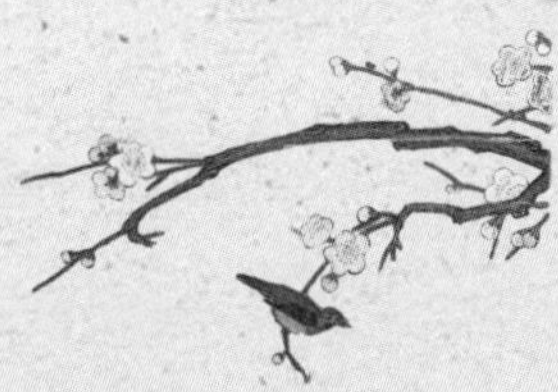

정약종은 다른 사람들과는 반대로 목덜미를 형틀에 대고 하늘을 보았다. 당황한 망나니가 목을 반쯤 잘랐을 때 그는 벌떡 일어나 성호를 그었다.

모든 양반이 배교할지라도

"나는 제사를 모실 수 없소."

선암選菴 정약종丁若鍾은 일어섰다.

정조 15년(1791)의 진산사건, 즉 윤지충과 권상연의 폐제분주廢祭焚主 사건은 남인 양반들에게 커다란 충격을 주었다. 특히 정약용의 집안은 더했다. 윤지충은 정약용의 외가 쪽 친척이었기 때문이다. 이미 정조 11년(1787)의 정미 반회사건泮會事件 때 아버지 정재원은 자식들에게 서학을 멀리하라고 명했다. 정약용과 정약전은 부친의 말에 따랐지만 정약종은 달랐다.

해남 윤씨 소생의 3형제 중 천주교를 가장 늦게 받아들인 인물은 정약종이었다. 정약전이 참여했던 정조 3년(1779)의 주어사 강학회에도 약종은 참여하지 않았다. 1801년에 작성된 『신유사옥辛酉邪獄 죄인추안罪人推案』에 따르면 정약종은 정조 10년(1786) 3월 정약전에 의해 천주교에 입교하는데 이는 동생인 약용보다도 훨씬 늦은 것이었다. 그가 다른 데에 정신이 팔려 있었기 때문이다. 정약전·약용이 천주교에 빠져 있을 때 약종은 신선사상에 심취해 있었다. 도교道教의 한 갈래인 선도仙道에 빠져 있었던 것이다. 그래서 그는 과거공부도 일찍이 포기했다. 「황사영 백서」에 따르면 정약종은 "천지가 다시 변하는 때는 신선도 역시 사라짐을 면치 못할 것이니 결국 이것도 영원히 사는 길이 아니기에 배울 것이 못 된다."라고 말하고 신선도를 버렸다. 그리고 천주교를 받아들였다.

1786년 아우구스티노奧斯定라는 세례명을 선택한 것도 아우구스티노가 젊은 시절 자신처럼 많은 방황을 했던 인물이기 때문이었다.

뒤늦게 천주교에 입교했지만 그는 흔들리지 않았다. 정미 반회사건도 진산사건도 그를 흔들지는 못했다. 진산사건 때 형 약전과 동생 약용은 천주교를 버렸지만 그는 흔들리지 않았다. 황사영이 「백서」에서 "그의 형제와 친구들 중 신해박해(진산사건 때의 천주교 박해)에 믿음을 온전히 한 사람이 드물었는데, 오직 정약종만이 동요하지 않았습니다."라고 밝힌 것이 이를 말해준다. 그는 교리에 따라 제사를 거부했다. 부친과 형제들이 제사를 종용하자 정약종은 굳은 결심을 했다. 형제들과 떨어져 살기로 한 것이다.

그는 부인 문화文化 유씨柳氏(유 체칠리아)와 첫 부인 이씨李氏(이수정李秀廷의 딸) 소생의 정철상丁哲祥을 데리고 고향 마재를 떠났다. 한강 건너편 양근楊根의 분원分院으로 이주했다.

비록 가족과 떨어지는 아픔을 겪었지만 이로써 그는 자유를 얻었다. 또한 이사는 형제들을 보호하기 위한 결단이기도 했다. 만약의 경우 약전과 약용 등이 천주교 신자로 연루되는 것을 막을 수 있었던 것이다. 그러나 생활은 어려워졌다. 황사영이 「백서」에서 "(정약종이) 비록 병이 들어 괴롭고 양식이 없어 굶주릴 때에도 그런 괴로움을 모르는 사람 같았습니다."라고 말한 것이 이를 말해준다. 그러나 같은 기록에서 "그는 말을 타고 가거나 배를 타고 가면서도 묵상 공부를 그치지 않았습니다."라고 전해 그가 신앙에 전념했음을 전하고 있다. 이사 후 정약종은 양근과 여주의 천주교 신자들뿐만

정약종의 초상 대부분의 양반 교우들이 천주교를 버리는 가운데에서도 정약종은 끝내 신앙을 고수했고, 그 결과 고향을 떠나 양근에서 포교했다.

아니라 서울 신자들과도 교류하면서 교류의 폭을 넓혔는데, 그는 거의 유일하게 남은 양반 출신 신자로서 조선 교회에서 요구하는 자신의 역할이 무엇인지 잘 알고 있었다. 그것은 천주교 교리를 학문적으로 연구하는 것이었다.

황사영은 「백서」에서 "(정약종은) 혹 한 가지 조그만 도의라도 모르는 것이 있으면, 먹고 자는 것을 잊고 온 마음과 힘을 다해 생각하여 반드시 분명한 깨달음에 이르렀습니다. 어리석고 몽매한 사람을 만나면 힘을 다해 가르치고 깨우쳐주기를 혀가 굳고 목이 아플 정도까지 하여도 싫증내는 기색이 조금도 없었으며, 아무리 막힌 사람이라도 그의 앞에서는 깨치지 못하는 자가 별로 없었습니다."라고 말하고 있다. 정약종은 지식인답게 교리연구에 전심했다. 그리고 그것을 책으로 만들었다.

황사영은 "그는 일찍이 무식한 교우들을 위하여 이 나라의 한글로 『주교요지主教要旨』 두 권을 저술하였는데, 성교의 여러 책을 널리 인용하고 자신의 의견을 보태서 아주 쉽고 명백하게 썼으므로, 어리석은 부녀자와 어린아이들이라도 책을 펴보기만 하면 환히 알 수 있고 한군데도 의심스럽거나 모호한 데가 없었습니다. (주문모) 신부는 이 책이 이 나라에서 꿀과 땔나무보다도 더 요긴하다고 하여 그 간행을 인준하였습니다."라고 썼다.

정약종이 쓴 『주교요지』는 조선 천주교인이 쓴 최초의 교리서였다. 그것도 한글로 쓴 교리서였다. 그리고 조선 천주교회가 공식적으로 간행한 최초의 한글 교리서였다.

정약종은 『주교요지』 상편에서 천주의 존재를 증명하고 불교와 미신을 비판하며 천주교의 천당지옥설을 설명했다. 하편에서는 천지창조, 예수의 탄생과 수난, 부활과 승천, 예수의 재림과 최후의 심판에 대해서 설명했으며 천주의 가르침을 믿고 따라야 한다고 역설했다. 『주교요지』에는 조선 천주교인들의 천주교 인식수준과 신앙수준이 잘 드러나 있다.

『주교요지』의 세계

『주교요지』는 상편 1절 「인심이 스스로 천주님 계신 데를 아느니라」로 시작한다.

무릇 사람이 하늘을 우러러보며 그 위에 임자가 계신 줄을 알므로, 병들고 어려운 일을 겪으면 하늘을 우러러 "이 괴로움에서 벗어나게 하소서." 하며 빌고, 번개와 우뢰를 만나면 자기 죄악을 생각하여 마음이 놀랍고 송구하니, 만일 천상에 임자가 아니 계신다면 어찌 사람마다 마음이 이러하리오.

「1절 인심이 스스로 천주님 계신 데를 아느니라」

정약종은 이처럼 천주가 존재한다는 사실을 인간의 보편적 경험을 통해 아주 쉽게 설명하고 있다.

천지 만물은 다 제 몸이 스스로 나는 일이 없다. 초목은 열매가 있기에 씨를 전하고, 짐승은 어버이가 있어서 생겨나고, 사람도 부모가 있어서 생겨나니, 그 부모는 조부모에게서 나는지라, 차차 올라가면 분명히 시작하여 난 사람이 있을 것이니, 이 사람을 누가 낳으셨을까? 이 사람도 부모가 있어서 났다 하면 그 부모는 누가 낳았을꼬? 처음으로 난 사람은 부모가 없이 났을 것이니, 그 사람은 제 몸을 스스로 낳았다 할 것이냐? 그렇다면 이 사람만 제 스스로 나고, 뒷사람은 스스로 나지 못할까? 이로 미루어보건대 처음에는 사람을 분명히 내신 이가 계실 것이니, 사람 하나를 가지고 의논하면 초목과 짐승도 다 그러하여 …… 초목과 짐승과 사람을 모두 내신 이(창조주)가 계시니, 이 내신 이를 천주라고 일컫느니라.

「2절 만물이 스스로 나지 못하느니라」

이처럼 천주가 만물을 창조했다고 설명한 정약종은 천주가 한 분이라고 논증하고 있다.

한 집안에는 가장家長이 하나이고, 한 고을에는 관장官長이 하나이며, 한 도에는 감사가 하나이며, 한 나라에는 임금이 하나이니, 만일 한 고을에 두 관장이 있으면 고을 일이 제대로 되지 않을 것이요. 그러므로 한 천지에도 임금이 하나이니, 만일 두 임금이 있다 하면 천지가 어지러워질 것이다.

천지가 개벽한 뒤로 이날까지 일정한 법이 있어, 만고萬古에 바뀌지 아니하니, 반드시 한 임금이 계시어서 마련하기 때문에 온갖 법이 다 한 곬으로 나게 되어 있다. 그러므로 이 사람을 살리려고 하면 다시 죽일 이가 없고, 저 사람을 벌주려고 하면 다시 상 줄 이가 없느니라.

「6절 천주는 오직 한 분이시니라」

천주가 한 분이라고 설명한 정약종은 7절에서 천주는 원래 스스로 존재했다고 숫자를 들어 설명했다.

어떤 사람이 묻기를, "만물이 절로 나지 못하고 다 천주가 내신 것이라 하니, 그러면 이 천주는 누가 내었는가?"

대답하기를, 만일 천주를 낸 이가 있다고 하면 그 낸 이가 곧 천주가 될 것이니, 받아서 난 이는 천주가 되지 못할 것이다. 이제 일컫는 바 천주는 따라 난 데가 없으며, 본디부터 스스로 계시는 분이다.

수로써 말한다면 만은 천에서 나고, 천은 백에서 나고, 백은 열에서 나고, 열은 하나에서 나니, 하나는 만과 천과 백과 열의 시작이 되는지라, 시작의 또 시작이 어디에 있으리오? 천주는 나무의 뿌리 같으시어 다시 뿌리가 없으며, 수의 하나와 같으시어 다시 시작이 없느니라.

「7절 천주는 본디부터 계시고, 스스로 계시니라」

정약종이 기독교의 핵심교리인 삼위일체설三位一體說을 이해하는

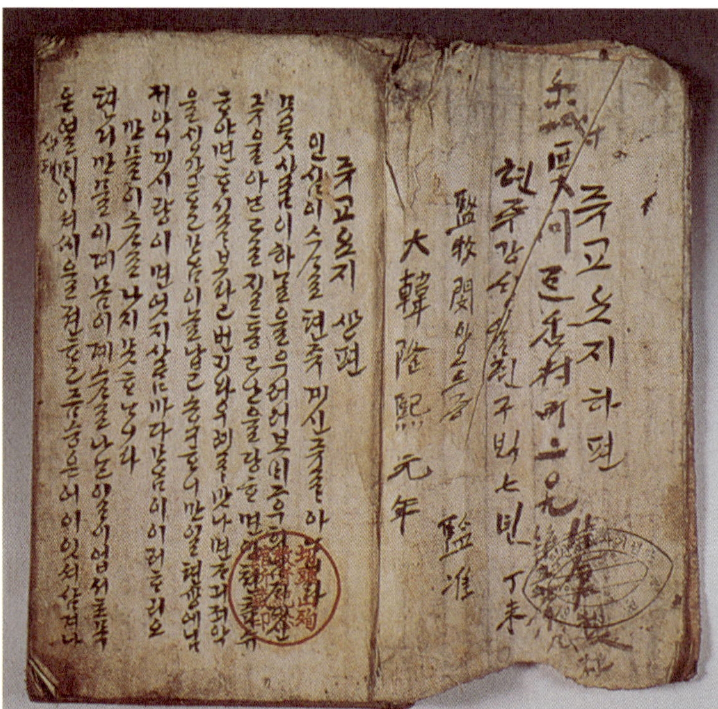

「주교요지」 양반 출신 지식인 신자였던 정약종은 조선인이 쓴 최초의 천주교 교리서 『주교요지』를 저술해 조선 천주교의 인식수준을 높였다.

방식은 흥미롭다.

> '천주 삼위일체'의 도리는 사람의 슬기가 약하므로 완전히는 통달하지 못하나, 비유로써 조금은 증명할 수가 있다.
> 그 본체가 하나이시고, 그 얼굴이 하나이시고, 그 사랑하시는 정이 하나이시므로, 세 위位라 하는데, 세 위란 말은 천주의 체體가 셋이 아니라, 위位는 비록 셋이지만, 그 체體는 오직 하나이시라. 그 비치시는 얼굴이 곧 체이시고, 그 사랑하시는 정이 곧 그 체이시니, 세 위가 한 가지로 한 체이시고, 한 성性이시기 때문에 세 위가 다 높고 낮음과 크고 작음과 먼저와 나중의 분별이 없느니라. 또 세 위가 먼저와 나중의 분별이 없으나, 차례의 선후를 말한다면 그 본체는 아비라 이르고, 그 낳으신 얼굴은 아들이라 이르며, 그 아비와 아들이 서로 사랑하여 발하신 정은 성신聖神이라 이르느니라. 아비와 아들이 한 체이시고, 또 그 체가 형태가 없으므로 아비의 사랑과 아들의 사랑이 서로 형체에 걸리는 것이 없이 통하시어 성신을 발하시니, 성신이란 말은 지극히 착하시고, 형태가 없으신 사랑을 이름이니라.
>
> 「14절 천주는 세 위이시고, 한 체이시니라」

삼위일체설의 설명은 현대의 신학자들도 쉽지 않은데 정약종은 성부와 성자의 사랑이 완전하게 통하여 성신으로 발하는 것으로 설명했다. 또한 정약종은 17절의 '옥황상제라 하는 말은 허망하니라'에서 옥황상제를 후세인들이 만든 것으로 설명해 천주와 옥황상제가 다른 존재임을 분명히 했다. 석가여래도 마찬가지였다.

하늘 위와 하늘 아래에 오직 한 천주가 계시어, 그 높으심이 한량없으시어 다시 그 위가 없으며, 그 귀하심이 지극하여 짝이 없다. 그러니 하늘 위의 천신같이 높은 이와 세상의 사람같이 귀한 이도 다 천주 앞에는 지극히 천하고 지극히 낮아, 종이 되고 백성이 되거늘, 석가여래는 불과 지천한 사람인데, 그 어미 뱃속에서 태어나자, 왼손으로 하늘을 가리키고 오른손으로 땅을 가리키면서 큰 소리로 말하기를, "하늘 위와 하늘 아래에 오직 나만이 높다." 하였으니, 슬프다! 그 부모도 그보다 높고, 그 임금도 그보다 높고, 또 부모와 임금 위에 무궁히 높으신 천주가 계시거늘, 이같이 무엄한 말을 감히 입으로 내었으니 천하 만고에 이런 대죄인이 또 있겠느냐?

「19절 석가여래가 스스로 천지간에 홀로 높다 함이 지극히 요망하니라」

이렇게 불교를 비판한 정약종은 계속해서 불경과 불교의 핵심교리인 윤회설을 강하게 비판했다.

또 사람이 짐승으로 태어난다는 말이 참으로 허망하다. 만일 짐승이 되어 개도 되고 소도 된다면 몸은 개몰골과 소몰골을 하고 있었을지라도 혼은 사람의 혼이 박혔으니, 응당 사람같이 영靈한 개와 영한 소가 있으련만, 세상에 사람같이 영리한 개와 소를 본 사람이 그 누구인고?

「21절 사람에게 전생과 후생이 있어, 사람이 죽어 짐승이 되고,
짐승이 죽어 사람이 된다는 말이 허망하니라」

정약종이 불교의 핵심교리에 대해서 여러 사례를 들어 비판하는 이유는 불교를 신봉하는 백성들을 전도하기 위해서였을 것이다.

> 또 서방에 극락세계가 있다 하는데, 이는 석가여래의 생장한 땅을 말하는 것으로 그 나라는 서역西域 나라이니, 좋은 땅이 아니라 인심이 아주 사나와서, 불쌍하고 죽게 된 사람을 돌아보지 아니하여 한 줌의 곡식도 주지 않는다. 하지만 도리어 짐승의 늙은 것과 병든 것을 두루 찾아 먹이고 구원하여 병이 나으면 곱게 보내고 죽으면 땅에 묻어주거늘, 다른 나라 사람이 이상히 여겨서 묻기를 "짐승을 이렇게 소중히 여기는 까닭은 무엇인고?" 하니, 대답하기를 "전생에 혹시나 사람이 환생한 것이 아닌가 하여 이렇게 하노라." 하거늘, 또 말하기를 "그렇다면 사람이 환생한 것으로 여겨 이 짐승은 사랑하면서, 왜 지금 살아 있는 사람은 사랑하지 아니하느냐?" 하니, 그 사람이 대답을 못하고 부끄러워 물러갔다 한다. 이런 인심이 또 어디에 있으리오.
>
> 「22절 불경에 천당과 지옥의 즐거움과 괴로움을 논한 것이 다 모르고 한 말이다」

정약종은 '잡귀신을 위하는 것은 큰 죄이니라'에서 민간에서 제석帝釋·제장諸將·성주·영등·성황 등을 섬기는 것을 죄라고 주장하면서 "인간의 생사와 화복이 다 천주께 매여 있는지라, 잡귀신은 도무지 화복禍福의 권을 잡지 못하였으니 어찌 사람의 화복을 능히 임의로 할 수 있으리오?"라고 주장했다. 이 역시 일반 백성들을 민간신앙에서 천주교로 개종시키려는 목적이었다.

유교의 비판에 대한 대응 논리

정약종이 『주교요지』를 쓴 중요한 이유 중의 하나는 유학자들의 천주교 비판에 대응하기 위해서였다. 그중 하나가 안정복의 『천학문답』이었다. 권일신의 장인이었던 안정복의 천주교 비판은 전교에 큰 장애가 되었다.[2]

아, 이것이 어찌된 말인가? 상제가 아담을 창조해내서 인류의 조상으로 삼았다면 그 신성함을 알 수 있다. 어찌 상제가 마귀의 꾀임에 들어 마귀로 하여금 그의 마음이 진실된가 거짓된가를 시험할 것인가? 만약 아담이 참람되고 망령된 마음이 있었다고 하면, 상제가 마땅히 다시 다스려 그로 하여금 고치도록 하는 것이 어진 아버지가 아들에게, 어진 스승이 제자에게 하는 도리가 아니겠는가?

『천학문답』(혹왈或曰 13)

정약종은 '어떤 사람'이라고 하여 안정복이라고 적시하지는 않으면서 여기에 답했다.

어떤 사람이 묻기를, "원조(아담)의 실과 먹은 죄가 무슨 큰 죄이기에 그 벌이 이렇게 중한고? 또 자손에게까지 미친다는 것은 어찌 된 일

2 안정복은 정조 15년(1791) 사망했으나 천주교를 비판한 건으로 순조 1년(1801) 정순왕후에 의해 정경正卿의 증직을 받는다.

이냐?"

대답하기를, 죄악의 가볍고 무거움이 죄지은 곳의 높고 낮음에 달렸으니, 이를테면 백성이 원에게 죄를 지었으면 그 형벌이 볼기를 맞을 것이요, 감사에게 지었으면 형추刑推를 당할 것이며, 임금께 지었으면 귀양 갈 것이요, 천자께 지었으면 죽기를 면치 못할 것이니, 죄는 한 가지로되 죄지은 곳이 높을수록 그 형벌이 더욱 무거운 것이다.

이제 원조의 실과 먹은 죄가 무궁히 높으신 천주께 범하였으니, 천주는 무궁히 높으신즉 그 죄가 무궁히 무거울 것이요, 그 죄가 무궁한즉 그 형벌도 무궁할 것이니, 어찌 무궁한 괴로움을 면하며 또 만대의 자손인들 어찌 그 벌을 면하리오? 비유컨대 사람의 조상이 임금께 죄를 지었으면, 그 자손이 대대로 변방에 수자리 살고 종이 되는 법이 있으니, 원조의 벌이 그 자손에게까지 연루됨을 어찌 마땅치 아니하다 하리오?

「34절 세상이 본디 좋더니 사람의 처음 조상이 천주께 죄를 지으매 좋던 세상이 괴로워지고 착한 사람이 다 그릇되었느니라」

정약종은 아담이 선악과를 먹음으로써 발생한 인류의 죄를 씻기 위해 예수가 강림했다고 설명한다.

원조가 한 번 죄를 지은 후에 온 천하 고금古今 사람이 다 지옥의 무궁한 형벌을 받게 되었다.

사람은 지극히 천하고 천주는 지극히 높으시니, 지극히 천한 사람으로서 지극히 높으신 천주께 죄를 얻었으니, 그 죄를 속贖할 길이 없으나, 다만 한 가지 신통한 법이 있으니, 만일 어떤 사람이 그 높기가 천주와 같다면, 만민의 죄를 다 그 몸에 안고 벌을 받으면 비로소 속죄가 될 것이다.

「35절 천주께서 강생하사 사람이 되시어 온 세상 사람의 죄를 건져내시니라」

정약종은 예수 강림이 성서에 예언된 기록의 실현이라고 인식했다.

그 성경에 미리 말씀하셨으되, 천주께서 아무 때에 나심과 아무 때에 내려오심과 그 행실과 사적의 어떠하심을 다 자세히 기록하였는데, 과연 성경에 하신 말씀과 같아서 그 나신 때와 내려오신 땅과 평생에 하신 일이 다 성경에 실린 말씀과 낱낱이 맞아 한 마디도 틀리지 않느니라.

이에 천주의 성신聖神이 신묘하신 힘으로 마리아의 조촐하신 피를 가져 눈 깜짝할 사이에 한 육신을 이루시고, 아울러 아름다운 영혼을 붙이시니, 곧 천주와 성자聖子의 위位가 하나로 합한지라, 아홉 달 만에 성탄하시니, 때는 한나라 애제哀帝의 원수元壽 2년(서기 1년) 동지 후의 제4일이라, 강생하신 때로부터 이제에 이르기까지 1,800여 년이니, 나신 후 8일 만에 할손례割損禮를 받으시고 예수라 이름 하시니, 태에 내리시기 전에 천신이 천주의 명을 받들어 성모 마리아께 전한 말씀이다.

예수란 말은 '세상을 구제하는 주'라는 뜻이며, 예수는 한 위位에 천주성天主性과 인성人性이 결합되어 있으니 진실로 참 사람이요, 참 천주시라. 참 사람이심은 영혼과 육신이 있어 사람과 더불어 다름이 없으심이요, 참 천주이심은 천주 성자가 천주 성부와 천주 성신과 더불어 한 체이시며, 한 성性이시며, 또 사람이시라.

「35절 천주께서 강생하사 사람이 되시어 온 세상 사람의 죄를 건져내시니라」

정약종은 예수의 수난과 순교를 실감나게 설명한다.

예수께서 십자가를 지시고 가실 때에 길에서 차이시고 기력에 지치시어 세 번이나 넘어지시었다. 그 산꼭대기에 이르자 악당이 예수의 옷을 벗기고 거룩하신 몸을 십자가 위에 놓고 두 손을 벌려 못을 박고, 두 발을 모아 못을 박았다.
그러자 이때는 바로 정오였는데, 갑자기 어둡기가 밤 같아져서 해와 달이 빛을 잃고 온 땅이 진동하여 산이 무너지고 돌이 서로 부딪치고, 고총古塚이 절로 열리며, 사람이 다 놀라고, 만물이 다 참혹한 모양으로 죽으신 예수가 참 천주심을 나타내더라. 예수께서 죽으신 뒤에 악당이 또 창으로 오른쪽 갈빗대를 찔러 온몸의 피와 물이 다 쏟아지니, 사람의 죄 푸심을 마치셨다. 이에 천주의 진노함이 그치시고 사람의 복이 다시 돌아오니라.

「35절 천주께서 강생하사 사람이 되시어 온 세상 사람의 죄를 건져내시니라」

정약종은 예수의 부활과 승천에 대해서 이렇게 설명한다.

예수께서 죽으신 지 사흘 만에 영혼이 그 육신이 있는 무덤 속으로 들어가시어, 당신의 신통神通하신 힘으로 그 육신과 결합하여 다시 살아나시니, 그 부활하신 몸은 세상 옷을 입지 아니하사 영화로운 빛이 큰 몸에 둘러싸이고 손에 한 기를 들고 계시니, 이는 싸움을 이기신 뜻을 보임이라.
예수께서 세상에 계시는 사십 일 동안에 천주성교의 법을 세우사, 그 제자들을 자세히 가르치시고 사십 일의 기한이 차서 장차 하늘에 오르려 하실 제, 모든 제자들에게 이르시기를, "내가 하늘 위와 땅 아래의 모든 권한을 온전히 받았으니, 너희들이 마땅히 천하에 나아가 천주의 바른 도리로써 만백성을 가르치고, 물로 씻되 성부와 성자와 성신의 이름으로 하라.
내가 너희들에게 이른 바를 너희들도 만백성에게 일러 그중에 믿고 물로 씻김을 받은 이는 반드시 하늘에 올라가 길이 무궁한 복을 누릴 것이요, 믿지 아니하는 이는 반드시 지옥에 떨어져 무궁한 괴로움을 겪으리라.

「36절 예수께서 다시 살아나신 뒤 사십 일 만에 하늘에 올라가시니라」

정약종은 십자가의 의미에 대한 교리도 정확히 알고 있었다.

십자가는 천주 예수의 세상을 구하신 그릇이니, 십자가의 기묘한 힘과 신령한 자취는 이제에 이르도록 무수히 나타나 백병을 고치고, 마귀를 쫓고, 죽은 사람을 다시 살린다. 그러므로 모든 교우들이 다투어 모시고 보목寶木을 삼아 공경할 뿐만 아니라 대대로 교를 믿는 사람이 십자성호十字聖號를 긋기만 하여도 병을 고치고 죽은 이를 살리고 마귀를 쫓는 일이 무수하니라.

「38절 십자가의 기묘한 힘과 신령한 자취가 무궁무진하니라」

정약종은 예수 재림과 그때의 심판에 대해서 자세하게 설명하고 있다.

이때에 천신이 뭇사람을 데리고 오리와 골짜기에 모이고, 예수께서 못 박혀 구속되신 십자가가 홀연히 공중에 나타나 보이니, 착한 사람은 십자가를 보고 감사하여 기뻐하고, 악한 사람은 십자가를 보고 제 죄를 생각하니, 어찌 놀라고 무서워하지 아니하리오? 천주 예수께서 구름을 타고 하늘로부터 내려오시니, 뭇사람이 눈으로 그 얼굴을 보고 귀로 그 소리를 들으리라.
또 영혼의 괴로움은 육신의 괴로움보다 억만 배나 더하여 항상 울부짖기를 "내가 세상에 태어나서 잠깐 동안의 쾌락을 탐하다가 이런 흉악한 괴로움을 겪으니 …… 이러한 슬픈 광경을 어디에다 다시 비하리오?" 하느니라.

「39절 세상이 끝날 때에 천주 예수께서 다시 내려오시어
천하 고금 사람들을 다 심판하시느니라」

정약종은 교리의 실천을 강조했다.

어떤 사람이 묻기를 "천주 십계 중에 불의不義의 재물을 가지지 말라

하시고 남의 아내를 범하지 말라 했으니, 가난한 사람이 불의의 재물을 아니 가지고 어찌 살며 젊은 사람이 여색을 범치 아니하고 어찌 견디리오?"

대답하되, 사람이 그른 노릇을 할지라도 다 부자가 되지 못하고, 옳은 노릇을 한다고 다 굶어 죽으랴. …… 또 사람이 제 아내만 있으면 족하거든 어찌 남의 아내를 범하는 것이 옳다 하랴. 불의의 재물과 남의 아내를 범치 아니하는 어려움이 지옥의 괴로움에 비하여 어떠하리오?

「42절 천주교는 행하기 어렵다는 말을 못할지니라」

이처럼 일부일처제를 주장하는 천주교가 용인되었다면 조선에서 여성의 지위는 달라졌을 것이다. 정약종은 천주를 즉시 믿어야 한다고 주장하는 것으로 『주교요지』의 막을 내린다.

어떤 이가 묻기를 "이제 천주교에 대한 말씀을 들으니 마땅히 믿어 행할 일이로되, 천천히 내년부터 시작하면 어떻겠느냐?"

대답하되, 그른 일을 버리고 옳은 노릇하기를 어찌하여 지금 당장에 못하고 내년을 기다리리오? 슬프다!

오늘 이 시각에도 죽는 사람이 얼마나 되는지를 모르는데, 그 속에서 내년을 기다리다가 지옥에 들어간 이가 무수할 것이니, 너도 내년이란 말을 다시는 말지니라.

사람이 개과천선하면 천주께서 그 죄를 용서함을 허락하시지만, 장래를 기다리고 미루어 가는 사람에게는 훗날을 허락하지 아니하시느니, 오늘부터 곧 시작하여 미루고 핑계하지 말지니라.

「43절 사람이 천주교를 들으면 즉시 믿어 받들어 행할지니라」

정약종의 『주교요지』는 그가 천주교 교리에 해박한 인물이자 독실한 신자임을 잘 말해준다. 그러나 정조 없는 노론의 세상에서 아무에게도 해를 끼치지 않았던 이 사상체계는 저 세상으로 가는 초청장이었다.

정학으로 알았지 사학으로 알지 않았다

순조 즉위년(1800) 12월 19일.

이날은 천주교의 '주님 봉헌축일'이었다.[3] 예수의 모친 마리아가 모세 율법의 정결의식에 따라 아기 예수를 성전에 봉헌한 것을 기념하는 축일이다. 최필공의 동생 최필제崔必悌와 천주교도들은 그날 새벽 서울의 큰길 옆에 있는 약국에 모여 있었다. 봉헌축일 예배를 보기 위해서였다. 이들은 경문을 외우며 가슴을 두드리며 예배를 보았다.

그때 갑자기 포졸들이 뛰어 들어왔다. 투전을 단속하는 '투전금란投錢禁亂'들이었다. 포졸들은 최필제와 교우들이 가슴을 두드리는

3 조선의 천주교 신자들은 '성헌당첨례일聖獻堂瞻禮日'이라고 불렀다.

소리를 투전(노름의 일종인 돈치기)의 장단치는 소리로 여겨 창문을 열고 뛰어들었던 것이다. 당시 투전으로 패가망신하는 이들이 속출하자 정부에서는 투전금란들에게 단속의 전권을 주었다. 투전이 보이지 않자 포졸들은 몸을 수색했는데, 한 교우의 몸에서 축일표祝日表가 나왔다. 첨례표瞻禮表라고도 하는 축일표는 천주교 교회력에 따른 축일을 월일별로 기록한 문서였다. 축일표가 무엇인지 알 수 없었던 포졸들은 글을 아는 관리에게 문의하러 갔다.

이틀 전에 최필공이 이미 체포된 터였다. 그러나 조정의 기류에 어두운 중인 이하 백성들은 그의 체포를 대박해의 시작으로 여기지는 않았다. 최필공은 정조 때도 여러 차례 체포되었고, 작년의 옥사도 미결이었기 때문에 그 때문이라고만 여겼다. 정조는 재위 15년 11월 최필공이 체포되었을 때 "대개 중인의 무리들은 양반도 아니고 상인常人도 아닌 그 중간에 있기 때문에 가장 교화하기 어려운 자들이다."라면서 이들을 각별히 주의하라고 하교하기도 했다.

포졸들이 축일표의 뜻을 물으러 간 사이 이미 날이 밝아 다른 교우들은 모두 도망가고 최필제와 오현달嗚玄達(혹은 오석충)만 남아 있었다. 이들이 천주교도라는 사실을 알게 된 포졸들은 다시 돌아와 둘을 형조의 감옥에 가두었다. 도성 내에 천주교도가 있다는 실증을 잡은 형조는 천주교도에 대한 수색에 나섰다. 이때 포도청의 정보원 노릇을 한 인물이 한때 천주교도였던 김여삼金汝三이었다. 그는 포도대장에게 주문모 신부의 거처를 알고 있다고 고발했다. 그때 주문모는 양반 여교우 강완숙姜完淑의 집에 숨어 있었다. 그러나 강완숙의 집으로 가기로 한 날 김여삼은 병이 들어 포졸들을 안

내하지 못했고 그사이 기미를 눈치 챈 주문모는 다른 곳으로 이주했다.

김여삼은 주문모 체포에는 실패했으나 천주교 총회장 최창현崔昌賢을 체포하게 하는 데 성공했다. 「황사영 백서」는 이때의 상황을 "1월 9일에 총회장 최요한(최창현)이 잡히고 나서부터는 포도부장들이 밤낮없이 돌아다니며 여기저기서 잡아가, 체포된 사람들이 두 포도청에 가득 찼습니다. 이들은 모두 무식한 사람들과 새로 입교한 사람과 여염집 부녀자들이었고, 의지가 강한 사람은 매우 적었습니다."라고 적고 있다.

바로 다음 날인 순조 1년(1801) 1월 10일 사학 엄금 하교, 이른바 자교慈敎가 내려졌다. 이 자교는 천주교도 사냥의 신호탄으로 전국에서 대대적인 천주교도 검거가 자행되었다.

정약종은 검거 선풍이 자신에게도 닥칠 날이 얼마 남지 않았다고 생각했다. 그는 이미 죽음을 각오했으나 문제는 자신이 갖고 있는 문서였다. 그는 자신은 비록 죽더라도 천주교 관계 성물과 문서들은 전해져야 한다고 생각했다. 그래서 정약종은 성물과 문서, 그리고 집안 편지들을 책롱冊籠에 넣어 다른 곳으로 옮기기로 했다.

처음 책롱을 옮긴 곳은 포천 홍교만의 집이었다. 그러나 홍교만의 집이 곧 수색당할 것이란 예상에서 그것을 아현동 황사영黃嗣永의 집에다 옮겨두기로 작정했다. 황사영은 맏형 약현若鉉의 딸 명련命連과 결혼한 조카사위인 데다 과거도 포기하고 전교에 전념하는 독실한 신자였다.

정약종은 충청도 남포藍浦 출신의 머슴 임대인任大仁에게 책롱 운반을 맡겼다. 정약종은 임대인을 나무장수로 꾸미고 농을 마른 솔잎으로 싸서 1월 19일 해질녘에 짊어지고 아현동으로 오라고 말했다. 그런데 농은 크고 이를 덮은 솔잎은 얇아서 아무래도 나뭇짐 같지가 않았다.

임대인이 불안한 발걸음을 옮기는데 때마침 한성부의 별육금란別肉禁亂이 곁을 지나게 되었다. 별육금란은 밀도살을 적발하는 임무를 띠고 있는 관리였다. 별육금란은 소나무 짐을 밀도살 쇠고기로 의심해 임대인을 관가로 끌고 갔다. 관가에서 솔잎을 들추자 책롱이 나왔다. 쇠고기가 분명하다고 여긴 별육금란이 문을 열자 책롱 속에서 수많은 물건과 편지들이 쏟아져 나왔다. 이것이 천주교도 검거에 기름을 부은 책롱사건冊籠事件의 시작이었다.

이 사건이 알려지자 천주교도들은 공포에 휩싸였다. 그러나 사건 발생 십여 일이 지나도록 잠잠했다. 이런 와중인 2월 2일 포도대장 이유경李儒敬을 대신해 신대현申大顯이 포도대장이 되었다. 신대현은 문과에 급제했으나 황해수사, 삼도수군통제사, 총융사 등 무관직을 주로 역임한 특이한 인물인데, 그는 포도대장에 임명되자 뜻밖의 조치를 취했다. 옥에 가득 찼던 천주교도들 중 배교한 이들은 모두 석방했던 것이다. 그래서 옥에는 최필공 형제와 총회장 최창현, 그리고 책롱을 옮기다 잡힌 임대인만 남게 되었다. 나아가 신대현은 더 이상의 체포를 중단했다. 교인들은 정조 때 그랬던 것처럼 이 정도 선에서 마무리되기를 빌었다. 그러나 이는 헛된 바람이었다. 신대현의 조치는 곧 공격받았다. 사헌부는 이가환·이승훈·정약용을 탄핵하면서 신대현을 함께 공격했다.

지금 사학을 금지하는 정사는 자성慈聖께서 내리신 칙교飭敎가 간곡하고 엄중하시니, 마땅히 더욱 자별하게 봉행해야 할 것인데, 포청捕廳에서 추핵함에 있어 장난처럼 하고 있습니다. 청컨대, 전후로 느슨하게 다스린 해당 포장은 드러나는 대로 고발을 받아들여서 아울러 꾸짖어 삭탈하는 법을 베푸소서.

『순조실록』(1년 2월 9일)

정순왕후는 크게 노해 신대현을 잡아 가두고 포도청 옥에 갇혀 있던 최필공 형제 등 네 사람을 의금부로 옮겼다. 의금부로 이첩하는 것은 역률로 다스리겠다는 뜻이었다. 이로써 천주교를 믿는 것은 역적이 되었고, 책롱사건은 다시 살아났다.

주문모 신부에 의해 명도회明道會 회장으로 임명받았던 정약종은 모든 것을 각오하고 서울로 올라왔다. 전부터 알던 역관譯官이 찾아와 그를 만났다. 정약종의 옷 위에서 작은 십자가가 밝게 빛나고 있었다.

"그게 무엇이요?"

정약종은 대답 대신 화제를 바꾸었다. 역관은 그 십자가에서 정약종이 받게 될 고난의 전조를 느꼈다.

2월 11일 정약종이 마재에서 서울로 말을 타고 오는 도중에 금부도사가 지나쳤다. 이상한 생각이 든 정약종은 종에게 일렀다.

"가서 누구를 잡으러 가는 길이냐고 묻고, 혹시 나를 잡으러 가는 길이라면 더 멀리 갈 필요가 없다고 말을 전하라."

금부도사 한낙유韓樂裕는 과연 정약종을 잡으러 가는 길이었다. 곧

바로 옥에 갇힌 정약종은 다음 날 영중추부사 이병모, 영의정 심환지, 좌의정 이시수, 우의정 서용보를 비롯해 판의금부사 등이 위시한 국청에 끌려갔다. 정조가 없는 국청이었다.

2년 전인 정조 23년(1799) 5월에도 정약종은 대사간 신헌조에게 탄핵받은 적이 있었다.

"그 소굴 속에 누구나 다 아는 사람을 말하자면, 조정의 벼슬아치로는 이가환이 있고 경기에는 권철신과 정약종 같은 무리들이 있습니다. 이런 무리들은 취향은 다르나 길을 같이하고 얼굴은 다르나 배짱은 맞는 자들로서 빈틈없이 일을 해나가는 것이 지극히 흉악하고 헤아리기 어려우니, 그들에 대한 근심 걱정이 이루 말할 수가 없습니다."

그러나 미처 다 아뢰기도 전에 정조가 꾸짖었다.

"중신이야 본디 사람들의 지목을 받고 있는 사람이다마는, 그밖의 많은 사람들에 대해서 또 이름을 지적해가며 논열하여 말뜻이 점점 더 과격해지고 있으니, 장차 세상의 절반을 들어서 이런 무리라고 몰아부칠 작정인가?"

정조는 이가환 같은 벼슬아치야 시비대상에서 벗어날 수 없지만 벼슬을 포기한 권철신이나 정약종 같은 인물까지 공격하는 데 분개했던 것이다. 그런 정조는 이미 저 세상 사람이었고, 이 세상은 정조의 정적들이 장악하고 있었다. 그러나 정약종은 두려워하지 않았다.

"저는 본래 이것을 정학으로 알았지 사학으로 알지 않았습니다."

죽음이 목전에 와 있는 국청에서 정약종은 담담하게 진술했다. 그는 자신이 신자라는 사실은 인정했으나 스승과 동료는 없다고 주장했다.

"저는 본래 문자를 조금 알기 때문에 배운 스승이 없으며, 또한 저는 두문불출해서 혼자 지냈기 때문에 동료도 없습니다."

"네가 비록 그 교주와 도당을 감추려 하지만 이미 압수된 문서가 있는데 감히 사실대로 고하지 못하겠느냐?"

"저는 스스로 이해하고 쓸 수 있기 때문에 교주나 도당이 없습니다. 만약 이것이 사학이라면 어찌 감히 그것을 위하겠습니까? 저는 그것을 대공大公이고 지극히 바른 것(至正)이며 진실한 도道라고 생각했기 때문에 몇 년 전에 나라에서 금한 이후에도 바꾸려는 생각이 처음부터 없었습니다. 비록 만 번을 형벌을 받아 죽더라도 조금도 후회하는 마음이 없습니다."

정약종은 국청 자체에 반발했다. 국청에서는 일단 모든 혐의를 부인하기 마련이지만 정약종은 달랐다. 그는 이미 이 세상에 속한 사람이 아니었다.

"너의 집에서 압수한 문서에는 이른바 신부라는 자의 것이 있는데 그자는 누구냐?"

"서양과 중원에는 다 신부가 있지만 이 지방(조선)에는 없습니다."

"네가 이미 이 학學을 진실하다고 말해놓고 사실대로 고하지 않는 것은 무슨 이유냐?"

"비록 진실한 학을 위해 죽는다고 해도 혼자 죽는 것이지 어찌 다른 사람을 끌어들여 증거로 삼겠소."

"너의 학은 죽음을 두려워하지 않는다더니 어찌 타인을 고발하는 것은 두려워하느냐?"

정약종은 목소리를 높였다.

"살기를 좋아하고 죽기를 싫어하는 것은 인지상정이니 어찌 죽는 것을 두려워하지 않겠소. 다만 의義를 배신하고서 살려고 하는 것이니 그렇게 하지 않는 것이오. 천주는 천지의 대군大君 대부大父이니 천주의 도를 섬기는 것을 알지 못하는 것은 천지의 죄인이 되어 살아도 죽는 것만 같지 못합니다. 또 도당徒黨을 고하는 문제는 조정에서 이를 정도正道를 걷는 현인賢人으로 인정하고 관에서 상을 준다면 어찌 고하지 않겠습니까? 그러나 지금은 그렇지 않아서 형륙을 시행하니 어찌 고하겠습니까?"

이런 대답 때문에 정약종에게는 불경죄가 추가되었다. 감히 대왕대비의 하교에 따라 시행되는 조치가 잘못이라고 주장했다는 것 때문이었다. 정약종은 이날 1차로 신장訊杖 13대를 맞았다. 국청에서 사용하는 신장은 일반 태笞나 장杖과는 달랐다. 신장은 가시나무〔荊木〕줄기를 깎아 만들었는데, 사헌부·사간원이나 형조의 삼성추국三省推鞫 때 사용하는 삼성신장은 보통 신장보다 더 굵었다. 반역죄인을 대궐 뜰에서 취조하는 정국庭鞫 때 사용하는 추국신장은 삼성신장보다 배나 더 굵었다. 보통 추국신장은 몇 대만 맞아도 죽거나 불구가 되기 십상이었다.

1차 신장을 맞은 후 곧 2차 심문이 시작되었다. 2차 심문은 그의 형제들을 끌어들이기 위한 것이었다.

"너는 병오丙吾(1786, 정조 10년) 3월 중형仲兄(정약전)에게 사학을 배웠느냐?"

"제가 그 학을 배운 것은 일찍이 배운 것이지 형에게 배운 것은 아닙니다."

"압수된 네 일기에 따르면 병오 3월 중형의 말에 세례를 받았다고 되어 있으니 너는 병오 3월에 중형에게 사학을 배운 것이 아니냐?"

"제가 병오 3월에 중형에게 이 학을 배운 것은 맞습니다. 그러나 저는 지금까지 이 학에 깊숙이 빠져 있지만 중형은 그렇지 않습니다." (「신유사옥 죄인 이가환 등 추안」)

그는 여느 형제들과 달리 천주교를 접하고도 금방 믿지 않았다. 그러나 한번 믿은 뒤에는 흔들리지 않았다. 그는 자기 혼자 모든 고통을 짊어지고 가기로 결심했다. 그는 자신의 길이 옳다고 확신했지만 이 고난의 길에 형제들까지 끌어들이고 싶지는 않았다. 그는 불의한 시대의 모든 짐을 홀로 지고 이 제단에 목숨을 바치기로 결심한 것이다. 천주교를 금하는 것이 잘못이라고 정면에서 반박하자 국청에 참여했던 여러 대신과 금오 당상이 서로 경쟁하듯이 정약종을 당장 죽여야 한다고 주청했다.

"정약종은 결단코 잠시도 용서할 수 없는 자입니다. 이제 이미 사실대로 자백하였으니, 부대시不待時[4]의 율을 적용하는 것이 마땅합니다."

정순왕후는 이를 거절했다. 정약종을 심문해 더욱 많은 천주교도들을 끌어들여야 하기 때문이었다.

4 사형을 집행할 때 만물이 생장하는 춘분春分부터 추분秋分까지는 피하는 것이 원칙이지만, 십악대죄十惡大罪 등 중죄重罪를 범한 죄인은 이에 구애받지 않고 즉각 사형을 집행하는 것을 부대시不待時라고 한다.

정약종의 묘 정약종은 모진 고문에도 굴하지 않고 신앙을 지켰던 조선 천주교사의 대표적인 순교자다.

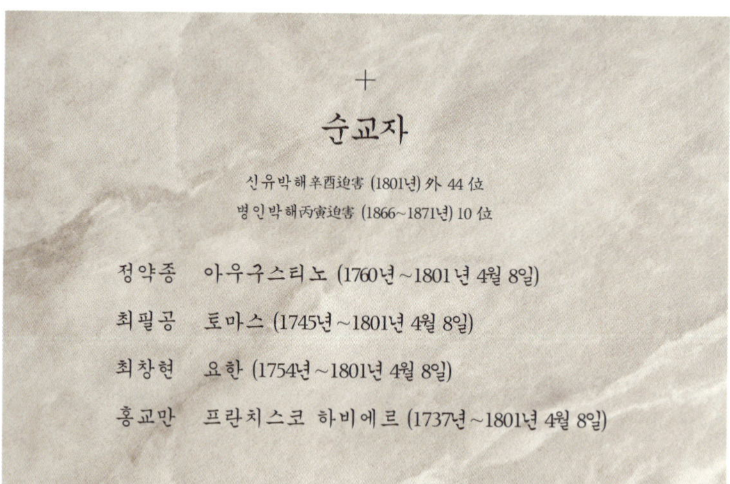

순교 추모비문 정약종 등이 사형당한 서소문 밖 형장에 세워진 추모비문의 일부. 정약종과 함께 사형당했던 중인 신자 최필공과 최창현의 이름도 함께 새겨져 있다.

"그의 정절이 이미 탄로되었으니, 잠시도 천지 사이에 목숨을 붙여둘 수가 없겠지만, 단지 지금 옥사를 다스리는 것이 소홀함을 면하지 못하고 있다. 포졸을 내보내어 체포하게 하였으나 아직도 체포되지 않은 자들이 있고, 체포된 자들도 심문하는 것이 미진하니, 그 소굴을 타파하는 도리에 있어서 앞질러 먼저 법을 적용하는 것은 마땅하지 못하다. 우선 다른 죄인들이 바친 공초를 살펴보고 법을 적용해도 늦지 않을 듯하다."

정순왕후에게 천주교와 남인 공격은 집안에 대한 부흥과 궤를 같이하는 것이었다. 그가 천주교 엄금교서를 내린 1월 10일 그녀의 오라비 김관주金觀柱가 일약 경연관으로 발탁된 것이 이를 말해준다. 김관주는 2월 5일에는 비변사 제조, 2월 10일에는 이조참판으로 승진하면서 천주교도 사냥에 앞장섰다. 이들의 사냥물 앞자리에 정약종이 있었다.

정약종은 국정鞫庭에서 엄중하게 추문推問하는 아래에서도 죽어도 후회가 없다고 하였습니다. 그 요망하고 영악함은 전고前古에 없던 것이지만, 이것은 그에게 있어서 오히려 여사餘事에 속하는 것입니다. 효경梟獍(아비를 잡아먹는 짐승) 같은 심장心腸은 임금과 어버이를 향해 방자하게 흉언을 발설하기에 이르렀으니, 단지 요언妖言으로 많은 사람들을 현혹시킨 율律만 적용할 수는 없습니다. 마땅히 범상부도犯上不道로 결안結案해서 정법正法(사형)해야 할 것입니다.

『순조실록』(1년 2월 25일)

그는 천주교도라는 죄목에 부도죄까지 보태져 사형이 확정되었다. 그는 다음 날 서소문 밖 형장에 끌려갔다. 그는 수레 끄는 사람을 불러 물을 청했다. 끌고 가던 관리들이 나무라자 그는 이렇게 답변했다.

"내가 물을 청한 것은 나의 위대하신 모범을 본받기 위함이요."

그는 행렬을 따르거나 구경하는 사람들에게 크게 외쳤다.

"여러분은 우리를 비웃지 마시오. 사람이 세상에 나서 천주를 위해 죽음은 당연한 일이오. 공심판 때 우리의 울음은 즐거움으로 변할 것이나 여러분의 기쁜 웃음은 변하여 참된 고통이 되리니 여러분은 웃지 마시오."

형장에 도착해서 순서를 기다릴 때에도 그는 위축되지 않았다. 오히려 이를 구경하기 위해 늘어선 사람들을 둘러보며 설교했다.

"당신들은 두려워하지 마시오. 이것은 반드시 행해야 할 일이니, 당신들은 겁내지 말고 이 뒤에 반드시 본받아서 행하시오."

형리들은 그의 말을 중단시키며 형틀에 머리를 대라고 말했다. 그는 다른 사람들과는 거꾸로 목덜미를 형틀에 대고 하늘을 보았다.

"땅을 내려다보며 죽는 것보다 하늘을 우러러보면서 죽는 것이 더 낫다."

생사를 초월한 이 신념의 화신 앞에서 망나니는 두려워 어쩔 줄을 몰랐다. 망나니의 헛칼질에 혼이 빠지면 어느덧 목이 베이는 것인데, 정약종 앞에서는 망나니가 오히려 혼이 빠졌다. 그래서 그런지 망나니의 칼이 빗나가는 바람에 목이 반쯤 밖에 잘리지 않았다. 「황사영 백서」는 이때 정약종이 "벌떡 일어나 앉아 손을 크게 벌려 십자 성호를 크게 긋고는 조용히 다시 엎드렸다."고 적고 있다. 집안에서 가장 늦게 천주교를 접했으면서도 가장 마지막까지, 그리고 온몸과 마음을 다해 믿었던 정약종은 이렇게 불의한 이 세상을 떠나 그가 바라던 저 세상으로 갔다.

書且審平安信息 測捷房此
欣慰深矣此書遠氣光 茅庵之也 之是
深窗寂擁爐 鄉之果 煩事日中之擾
自然淨偶爲有務且終一世稱歲暮勝境之境
且歲一峰住情矣偶面音未遂任之城之氣路
前山有漫治勝所惜唯年積遙之時宜以之
君之路萬是待是顏也對起居康泰右爲細
人之桐細貴桐之心蒼如理書歸雅識平旬
有理其非實有寒居此來寬範躬猶
來海安行後以來矣此存唯一緣之移之懷
不具之拳山鄉叟謝星小錄如日惟業上有

제8장

어둠의 시대

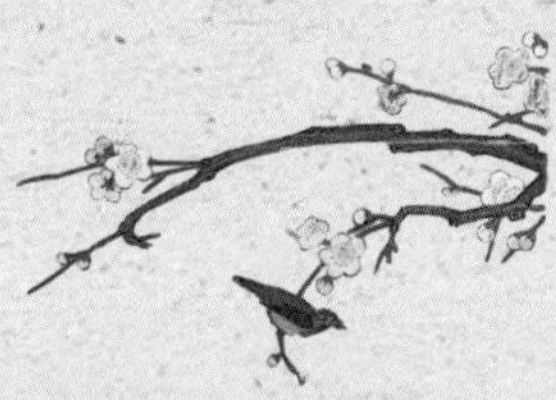

이가환과 이승훈, 정약용이 천주교를 버렸다는
증거는 채택되지 않았다. 정부의 추국은 처음부터
남인의 주요 인물들을 겨냥하고 있었다.

전멸하는 남인들

정약종은 이렇게 세상을 떠났지만 정순왕후나 노론 벽파의 목표는 정약종이 아니었다. 이들의 가장 큰 사냥감은 이가환이었다. 정조가 사망하기 직전에 내린 오회연교에 따르면 이가환은 곧 정승이 될 인물이었다. 그러면 그 뒤를 이어 이승훈·정약용 등이 뒤따를 것이었다. 60세의 나이로 국청에 끌려온 이가환은 자신은 천주교를 확실히 버렸다고 주장했다. 그러나 정순왕후와 노론 벽파가 원하는 것은 그가 천주교를 버렸다는 증거가 아니라 정적이었던 그의 목숨이었다.

이가환에 대해서는 황사영이 「백서」에 서술한 내용이 생생하다. 황사영은 이가환이 천주교를 받아들이는 과정과 배교하고 탄압하는 과정, 그러면서도 내심 천주교를 믿었던 과정 등을 담담하게 전하고 있다.

이가환은 어려서부터 재주와 지혜가 아주 뛰어났으며 성장하자 풍채가 늠름하고 도량이 컸고, 문장은 나라 안에서 으뜸이었으며, 읽지 않은 책이 없었고 기억력이 신과 같았습니다. 또한 천문학과 기하학에도 정통하였는데 일찍이 그는 "이 늙은 몸이 죽으면 이 나라에는 기하학의 씨가 끊어질 것이다."라고 탄식했습니다. 이기학理氣學(이기론)을 약간 믿던 그는 하늘을 쳐다보고 속으로 "이처럼 크나큰 배포에 어찌 주재하는 이가 없다고 할 수 있겠느냐."라고 감탄했습니다. 30세가 넘어 진사에 오르고 대과에 급제했는데, 선왕先王(정조)

이 그 그릇이 큼을 알고 중히 여겼습니다.

갑진년(1784, 정조 8년)·을사년(1785) 무렵에 그는 이벽 등이 성교를 믿는다는 말을 듣고 꾸짖어 "나도 서양 서적 몇 권을 읽어보았는데 그것은 기이한 글이요, 궁벽한 저술에 지나지 않으므로 다만 내 식견을 넓히는 데 그쳤는데, 어찌 생사의 도리를 깨달아 내세에 마음의 편안함을 얻을 수 있는 길이 있겠소."라고 했습니다. 이에 이벽이 이치를 따져가며 답변하니 가환은 말이 막혀 드디어 책을 가져다 자세히 읽어보겠다고 했습니다. 이벽은 그에게 『천학초함天學初函』[5] 책 몇 가지를 주었는데, 그때 『성년광익聖年廣益』[6] 한 권이 있었으나 가환이 믿지 않을까 해서 빌려주지 않았습니다. 그러나 가환은 기어코 달라고 하여, 이벽이 그때 갖고 있던 성교 서적을 모두 가져다가 정신을 쏟아 거듭 읽고는 믿기로 결심하고 말하기를 "이것은 과연 진리요, 정도로다. 진실로 사실이 아니라면 서적 가운데 쓰인 말은 전부 하늘을 모함한 것이요, 하늘을 업신여긴 것이다. 만일 그렇다면 서양 사람이 바다를 건너와 전교할 수 없었을 뿐만 아니라, 반드시 벼락을 맞아 죽었을 것이다."라고 하였습니다. 드디어 그는 제자들을 권유하여 교리를 가르치고 아침저녁으로 이벽 등과 비밀리에 왕래하며 열심히 하였습니다. 그런데 그때 성교를 믿는다고 비방을 받은 사람들은 대부분 가환의 일가 친척들이었으므로 악한 무리가 항상 그를 교주라고 지탄하여 배척하였습니다.

「황사영 백서」

5 1629년 명나라 학자 이지조李芝藻가 편찬한 천주교 서적.

6 1738년 예수회 선교사 마이야Mailla가 중국어로 편찬한 성인전.

황사영은 이어서 이렇게 천주교를 받아들인 이가환이 천주교를 버리고 그 탄압에 앞장선 사실을 기록하고 있다.

신해년(1791, 정조 15년) 박해가 일어나자 그는 광주 부윤으로 있으면서 교우들을 많이 해침으로써 자기 변명의 계책을 삼았는데, 교우들에게 도둑 다스리는 법조문을 적용한 것도 가환부터 시작했습니다. 신해년 이후 선왕이 남인을 많이 기용하자 가환은 그 기세를 타 여러 높은 벼슬을 지내고 공조판서까지 임명되었습니다. 그러나 을묘년[7]에 세 사람이 순교한 후 악한 무리가 주문모 신부의 일은 모른 체 그 죄를 이승훈과 이가환에게 뒤집어씌워 잇달아 상소하고 공격하였으므로, 선왕도 할 수 없이 이승훈을 예산으로 귀양 보내고 가환을 좌천시켜 충주목사를 시켰습니다.

충주에 한 교우가 있어 전부터 다른 사람들에게 비난을 받았는데, 가환은 그를 혹독한 형벌로 다스려 억지로 배교하라고 명령했습니다. 교우들에게 주리형(도둑을 다스리는 독특한 형벌입니다)을 사용한 것도 가환에서부터 시작되었습니다. 그는 또 관의 기생을 받아들여 첩으로 삼았는데, 이런 것은 모두 다 자기에 대한 비방을 벗으려고 한 짓이었습니다. 그러나 그 후부터는 버림을 받아 다시는 등용되지 아니하여, 집에서 글을 가지고 스스로 즐겼습니다. 그런데 그의 아내[8]는 원래 신앙이 깊어 딸과 며느리[9]와 첩과 여종들을 권유하여 감화

7 정조 19년(1795) 주문모 신부와 관련해 장살당한 지황·윤유일·최인길 사건.

8 공조판서를 역임한 정운유鄭運維(1704~1772)의 딸.

9 이기양李基讓(1744~1802)의 딸.

시켰는데, 가끔 서책書冊이 탄로 나도 가환은 조사하거나 금하지 않았습니다.

가환은 무오년·기미년(1798~1799, 정조 22~23년) 사이에 지방에서 박해가 잇달아 일어난다는 말을 듣고 자기의 소신을 은밀히 말하기를 "이것은 비유하면 막대기로 재를 두드리는 것과 같아 두드리면 두드릴수록 더욱 일어나는 것이니, 임금께서 아무리 금할지라도 어찌할 수 없을 것이요."라고 하였습니다.

「황사영 백서」

황사영이 말하는 이가환은 겉으로는 정치적 야망을 위해 천주교를 탄압하면서도 속으로는 천주교를 배척하지 않는 이중의 모습이다.

처음에 의금부에 잡혀 들어갔을 때에는 오히려 스스로를 변명하고 죄를 승복하지 아니했으나 옥사를 다스리던 자들이 모두 평시에 그를 원수처럼 미워하던 사람이라 기어코 그를 사지에 몰아넣으려고 하였습니다. 그래서 스스로 끝내 면할 수 없음을 알고는 마침내 본심을 드러내고 죽음에 이를 때까지 변하지 아니하여, 혹독한 매질과 불로 지지는 형벌 아래 그만 목숨이 끊어졌는데, 이때 나이 60세였습니다.

「황사영 백서」

이가환은 국문에서 자신이 천주교 신자가 아님을 여러 사례를 들어 증명했다. 그러나 순조 1년의 대옥사의 국문 기록이 「신유사옥 죄인 이가환 등 추안」인 점은 이 옥사가 사실상 그를 겨냥하고 있음을 말해준다. 또한 옥사의 기록은 「신유사옥 죄인 이기양 등 추안」인데 이기양 역시 정조 때 사간원 대사간, 승지 등을 역임하고 순조 초에도 승지를 역임했던 남인 영수였다. 이기양의 둘째 아들 이방억李龐億은 이가환의 딸과 결혼한 사돈 사이였다. 순조 1년의 천주교 대박해는 이들 남인들을 조정에서 완전히 축출하기 위해서 일으킨 것이었다. 노론 벽파는 남인들의 재기를 막기 위해서는 이가환 등 영수들의 목숨을 끊어놓는 것이 가장 확실한 방법이라고 믿었던 것이다. 이가환은 국문을 받을 때 이렇게 반박했다.

> 저는 광주부윤으로 제수되자 향교에 첩장帖狀을 보내 정학을 숭상하고 이단을 배척하라는 뜻을 누누이 효유曉諭했으며, 각 면리에 전령을 보내어 장시場市에 사학을 금하는 방을 붙였습니다. 이해(1791) 몇 달 사이에 사학을 하다가 체포된 자가 네댓 명이었는데, 이를 감영에 보고하고 형을 가해 마음을 바로잡겠다는 다짐을 받은 후에 석방했습니다.
>
> 「신유사옥 죄인 이가환 등 추안」

이가환은 또 충주목사로 부임했을 때 사학도에게 주뢰周牢(다리 사이에 주릿대를 끼워 엇비슷이 트는 고문)를 틀었음을 예로 들면서 자신은 사학도가 아니라고 강변했다.

"일찍이 생질甥姪 이승훈李承薰의 집에서 사학의 서책을 빌려왔는데, 거기에 신주神主를 세우지 않고 제사를 지내지 않는다는 말을 보고 놀라움을 금할 수 없었으므로 칼로 긁어서 지워버리고 다시는 가져다 보지 않았습니다."

이가환은 이렇게까지 말했으나 대왕대비 김씨와 노론 벽파가 원하는 것은 자신의 목숨이라는 사실을 알게 되었다. 그는 결국 옥중에서 물고物故(곤장을 맞다가 죽음)되고 말았다. 채제공의 후계자로서 남인의 영수였던 죄목이 물고까지 이르게 한 진정한 사유였다. 옥중에서 물고된 사람은 그뿐이 아니었다. 이미 사망한 권일신의 형 권철신은 국청에 끌려왔을 때 나이 예순여섯이었으나 그 역시 국청에서 고문을 받다 물고되었다.

물고되지 않은 사람들이라고 나을 것은 없어서 부친을 따라 베이징에 갔다가 천주교 서적을 얻어온 이승훈도 46세의 나이로 정약종과 같은 날 사형당한 것을 비롯해 여러 사람들이 고문 끝에 죽어갔다.

홍교만洪敎萬(1737~1801)은 포천 출신 양반으로 권철신의 외숙이었으며 그의 딸은 정약종의 아들 정철상丁哲祥(?~1801)과 결혼한 사이였다. 홍교만은 국문에서 "제가 수십 년 세월 동안 공부하면서 비로소 얻은 것인데 이제 어찌 한마디의 말이라도 억지로 뉘우친다고 하겠습니까?"라며 배교를 거부하고 사형당했다. 정철상은 아버지 정약종이 체포된 후 감옥 근처에 머무르며 옥바라지를 하다가 부친이 사형당한 2월 26일 체포되어 그해 4월 2일 사형당했다. 충청도 예산 출신 홍낙민洪樂敏은 사헌부 지평과 사간원 정언을 역임하다가 정조의 회유로 배교했으나 이때의 국청에서는, "오늘날 형벌을 받는 것은 일찍이 전에 배교했던 죄 때문"이라면서 배교를 거부해 사형당했다.

이때 함께 사형당했던 인물 중에는 중인들도 있었는데, 그중에는 정약용이 금정찰방으로 있을 때 체포했던 이존창도 있었다. 이존창은 정약용에게 체포된 후 연금상태에 있다가 정조 23년 6월 천주교를 확실히 버렸다는 감사의 보고로 석방되었는데, 이때 다시 체포되어 충청도로 압송당해 목이 잘려 죽었다. 그를 충청도에서 죽인 것은 그의 활동 본거지에서 죽임으로써 그곳 사람들에게 두려움을 주기 위함이었다. 이존창과 함께 중인 출신으로서 천주교의 거두였던 최필공도 이때 사형당했다. 서울의 전의典醫 집안 출신인 최필공이 배교하자 정조는 그 보상으로 혼인도 시켜주고 평안도 심약관審藥官(궁중에 헌납하는 약재를 심사하는 혜민서의 관원)으로 임명했으나 이때 체포되자 "나는 결단코 개혁改革할 마음이 없다."라고 배교를 거부하고 사형당했다. 강경책이 오히려 강한 반발을 낳았던 것이다.

정약종과 같은 날 사형당한 또 한 명의 중인은 최창현崔昌顯이었다. 그는 황사영이 「백서」에서 "교우들 중에서 덕망이 제일 높아 그를 사랑하고 신뢰하지 않는 사람이 없었다."라고 평가했던 인물인데, 김여삼의 밀고로 체포되었다. 그는 신장 열세 대를 맞는 동안 기절하여 죽은 것 같았으나 매질이 끝나고 관리가 그의 죄명을 세자 벌떡 일어나 십계명을 외웠다. 관리가 십계명 중의 '네 부모를 공경하라'는 것을 예로 들며 "네가 부모를 공경한다면서 왜 제사를 지내지 않느냐."라고 힐난하자 그는 이렇게 반박했다.

"잘 생각해보시오. 밤에 잠이 들었을 때에는 아무리 맛있는 음식이 있더라도 맛볼 수가 없지 않습니까? 그렇거늘 하물며 이미 죽은 사람이 어떻게 음식을 먹을 수가 있겠소."

천주교의 평신도 총회장이었던 최창현은 이렇게 배교를 거부하다 사형당하고 말았다.

계속되는 비극들

대왕대비 김씨와 노론 벽파에 의해 대검거가 시작된 이래 이들이 체포하려고 가장 광분했던 인물은 신부 주문모였다. 정조 19년(1795) 정월 지황池璜과 윤유일尹有一의 안내로 역부驛夫로 가장해 서울로 잠입한 그는 무려 6년 동안이나 추적을 따돌리며 전교했다. 입국 후 한영익의 밀고로 체포령이 내려지고 포졸들이 숙소를 급습했을 때 역관 최인길이 중국인 행세를 하는 동안 강완숙의 집으로 피신한 그는 아주 조심스럽게 처신했다. 「신유사옥 죄인 이기양 등 추안」에 나오는 그의 공초에 따르면 그가 얼마나 조심스럽게 처신했는지를 잘 알 수 있다.

주문모는 강완숙의 집을 기본 거처로 삼았으나 이곳에만 머문 것은 아니었다. 그는 최인길의 희생으로 겨우 체포의 위험에서 벗어난 1795년 5월 이후 강완숙의 집에 머무르면서 기회를 틈타 남대문 안의 권상문, 사축서동司畜署洞의 김씨 집으로 옮겨 다니다가 지방으로 가서 양근으로 이주한 권상문 집에서 사흘, 연산의 이보현 집에서

주문모 신부의 미사 재현 정조 19년 조선으로 잠입한 주문모 신부는 6년 동안 추적을 따돌리며 전교하다 순조 1년 신유박해 때 자수하여 순교했다. 절두산 순교자 기념관에 있다.

두 달을 머물렀으며, 충청도 이존창의 집과 전주 유항검의 집에서도 기거했다. 물론 이때 많은 교우들에게 세례를 주는 등 의식을 집전하며 교세를 확장했다. 그가 다시 서울로 돌아온 것은 이듬해인 1796년 5월인데 이로부터 약 2년 동안 강완숙의 집을 거처로 정했으나 최창현·홍익만·김이우의 집을 방문해 의식을 집전하기도 했다. 1798년에는 다시 지방에 내려가 6개월 정도 포교하다가 서울로 올라왔는데, 이후로도 서울과 지방을 오가며 전교했다. 이때도 강완숙의 집에 거주하면서 기회를 틈타 황사영과 정약종의 집도 방문했다.

순조 1년 대왕대비 김씨의 하교로 대박해가 일어나자 신부의 안위가 걱정스러워진 서울의 신자 정광수鄭光受는 지방으로 가서 비밀거처 두 곳을 마련해놓고 서울로 올라와 강완숙을 찾았다.

"신부님의 안전한 지방 거처를 마련해놓고 왔으니 한번 뵙게 해주십시오."

"이미 안전한 곳이 마련되었으니 구태여 다시 옮겨갈 필요가 없습니다."

정광수는 여러 번 간청했으나 강완숙은 거절했다. 강완숙은 전국적으로 박해령이 내려진 이상 지방이라고 해서 안전하지는 않다고 생각한 것이었다. 오히려 그녀는 오가작통법에 묶여 있는 지방보다는 서울 여교우의 집이 더 안전하다고 생각했다. 대검거가 시작되자 주문모는 전동典洞에 사는 신자 과부 김씨의 행랑채에 숨었다가 이곳도 위험해지자 북악산으로 달아나 숨었다. 2월 20일에는 양반집 노비인 박파투다朴婆投多의 안내로 양제궁良娣宮으로 거처를 옮겼다. 양제궁은 폐궁廢宮, 혹은 경희궁이라고도 불렀는데 전동典洞에 있었다. 경희궁에는 정조의 이복동생 은언군恩彦君(1755~1801)의 부인 송宋씨와 그 며느리 신申씨가 살고 있었다.

사도세자의 아들이었던 은언군 이인李䄄은 사도세자와 숙빈肅嬪 임林씨 사이에서 태어났다. 정조가 즉위한 후 얼마 되지 않아서 홍국영洪國榮은 정조의 비 효의왕후 김씨가 아이를 낳지 못하자 은언군의 아들 상계군常溪君 이담李湛에게 정조의 뒤를 잇게 하려다가 실패했다. 왕으로 추대되었던 상계군은 사형당하고 은언군은 강화도로 귀양 갔던 것이다. 신하들은 계속 은언군도 사형시킬 것을 요구했으나 정조는 부친의 혈육을 보호하기 위해 목숨을 살려주었다.

강화도에 있는 은언군은 경희궁의 부인 송씨와 며느리 신씨가 천주교를 받아들인 사실을 알고 있었으나 금지시키지는 않았다. 그렇다고 그 자신이 천주교를 받아들인 것은 아니었다. 아들을 형장의 이슬로 바치고 귀양지에서 돌아올 기약 없는 남편만을 둔 부인 송씨나 남편이 사형당한 세상에 아무런 미련이 없었던 며느리 신씨가 내세의 가치를 추구하는 것을 굳이 막을 이유를 은언군은 찾

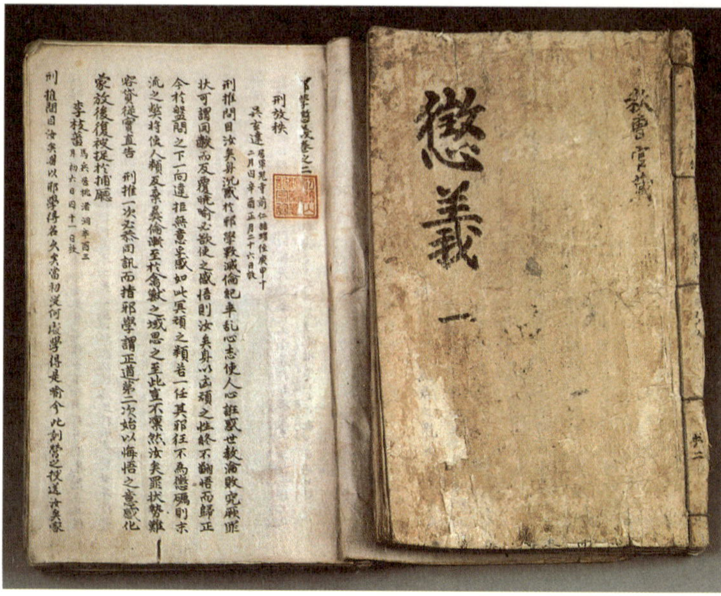

「사학징의」 순조 1년(1801)의 신유박해에 대해 정부 측에서 기록한 책으로 천주교를 사학邪學으로 부른 데서 박해자 측의 시각을 잘 알 수 있다.

지 못했던 것이다. 황사영이 「백서」에서 송씨와 신씨가 "신해년·임자년(1791~1792) 무렵 한 여교우가 그들을 가련히 여겨 권유하여 감화시켰더니 사람들이 모두 우환의 실마리가 여기에 있을 것으로 여겨 그들과 내왕하기를 꺼렸습니다."라고 적고 있듯이 그 아들이 국왕으로 추대받았다가 사형당한 집안과 내왕하는 것은 위험한 일이었다. 두 왕족 여인을 천주교로 인도한 사람은 서소문 안에 사는 조노파인데, 그녀는 경희궁의 궁녀였던 서경의徐景儀의 외조모였다. 대부분의 천주교인들은 조노파가 전교한 두 왕녀를 위험하게 여겨 더 이상 접촉하지 않았으나 황사영이 「백서」에서 "골롬바(강완숙)는 거리낌 없이 주선하여 그들로 하여금 성사를 받게 하였고, 또 명도

회에 가입시키니 이 일을 아는 사람은 모두 근심하고 번민하였습니다."라고 적고 있듯이 강완숙은 이 왕녀들과 서슴없이 접촉했다.

『사학징의邪學懲義』에 기록된 포도청 진술은 "죄인의 처 송씨와 며느리 신씨는 천주교 서적을 즐겨 배웠는데, 홍필주의 어머니(강완숙)가 교리를 잘 알고 있었으므로 종종 와서 두 부인을 가르쳤고, 두 부인 또한 여러 차례 밤중에 홍필주의 집에 갔습니다."라고 기록하고 있다.

주문모 신부는 경희궁에서 이틀을 지낸 후 23일 저녁에는 품팔이 마부와 함께 말을 타고 북쪽으로 노정을 잡았다. 국경을 넘어 청나라로 건너가기 위해서였다. 남대문 밖의 객줏집에서 하룻밤을 잔 주문모는 계속 북으로 향했다.

그사이 정약종은 주문모의 행적을 대라는 심한 고문을 받았으나 끝까지 진술을 거부했다. 그러자 이번에는 강완숙과 그 남편의 전처 아들 홍필주洪弼周를 고문했다. 그러나 이 둘도 모두 죽기를 각오하고 신부의 소재를 대지 않았다. 그러자 이번에는 강완숙의 여종들을 고문하며 주문모의 소재를 물었다. 고문을 이기지 못한 여종 정임丁任이 주문모의 외모에 대해서 진술했다. 관원은 다시 강완숙을 고문했다.

"너희 여종이 다 불었으니 너도 더 이상 숨길 수 없을 것이다. 어서 신부의 처소를 말하라."

그러나 조선 천주교 최초의 여회장 강완숙은 굴하지 않았다.

"그분이 전에는 우리 집에 있었지만 우리 집에서 떠나간 지가 오래되었기 때문에 지금은 그 처소를 모릅니다."

주신부는 국경 근처의 의주까지 갔다가 "네가 양떼를 버리고 어디 가느냐."라는 하늘의 음성을 듣고 돌아온 것으로 알려지고 있는데, 그 자신은 훗날 황해도 황주까지 갔다가 되돌아왔다고 진술했다. 돌아온 그는 경희궁과 그에 딸린 홍익만의 집에 숨어 잠시 사태를 관망하다가 그해(1801) 3월 15일 은신처를 나섰다. 교우가 "어디 가느냐?"라고 묻자 "따라올 필요 없다." 하며 혼자 나간 그는 의금부로 가서 "내가 당신들이 사방에서 헛되이 찾는 그 신부다."라며 자수했다.

조정에서는 곧 주문모를 심문했다. 이미 많은 사람들이 사형당한 뒤였다. 그런데 경희궁의 나인 서경의의 밀고에 따라 은언군의 처 송씨와 며느리 신씨가 주문모와 관련된 사실이 밝혀졌다. 또한 주문모의 공초에 따라 두 여인이 영세까지 받은 것이 드러났다. 그렇지 않아도 사도세자와 관련된 일이라면 병적인 반응을 보이는 노론벽파에게 이는 사도세자의 혈육을 없앨 수 있는 좋은 기회였다. 3월 16일 국청에 참여했던 시임 대신·원임 대신 및 금오 당상은 대왕대비 김씨에게 은언군의 처 송씨와 며느리 신씨에게 사약을 내릴 것을 청했다. 이 경우 아무리 죽이고 싶어도 여자이기 때문에 용서하거나 죽이지 못하겠다고 거부하는 시늉을 하다가 며칠을 계속해 주청하면 마지못해 들어주는 것이 관례였다. 그러나 사도세자를 죽이는 데 앞장섰던 정순왕후는 아직도 남은 저주를 남아 있는 가족들에게 퍼부었다. 정순왕후는 단 한 번의 주저함도 없었다.

"그 집안이 국가의 의친懿親(친척)이지만 먼저 이 무리로부터 법을 적용한 후에야 여항閭巷의 필서匹庶들이 방헌邦憲(나라의 헌법)이 있음을 알고 징계되어 두려워하는 바가 있을 것이니, 경들이 청한 것을 따르지 않을 수 없다."

정순왕후는 이 불우한 왕녀들의 목숨이 자신에게 달린 것을 통쾌하게 여기며 전지를 내렸다.

> 강화부江華府에 안치한 죄인 인䄄(은언군)의 처 송씨와 그 아들 담湛의 처 신씨는 시어미와 며느리가 둘 다 사학에 빠져서 외인外人의 흉추凶醜(주문모)와 왕래하여 서로 만나고, 나라의 금지함이 지엄함을 두려워하지 않고, 염치없이 그를 자기들 집에 숨겨두었음이 명백하다. 이런 중대한 죄를 생각하면 그들을 하루라도 천지간에 용납할 수 없음이 만인에게 명백하다. 그런즉 그들에게 독약을 내려 둘이 함께 죽게 하라.
>
> 『순조실록』(1년 3월 16일)

지상에 희망을 잃고 내세의 행복을 기원했던 불우한 두 왕녀는 이처럼 자신의 시아버지(사도세자)와 시할아버지를 죽이는 데 가담했던 여인에 의해 다시 목숨을 잃었다. 정순왕후의 저주는 이것으로 그치지 않았다. 그녀는 은언군도 그해 5월 29일 먼저 간 부인과 며느리처럼 독약을 내려 죽였다.

살인광풍은 계속되었다. 조정은 주문모가 청국 사람인 것에 놀라 그냥 출국시키려는 움직임도 있었으나 그해 4월 19일 한강의 새남터에서 참형시키는 것으로 결론을 내렸다. 주문모는 이로써 조선 땅을 밟은 최초의 외국인 신부이자 최초의 외국인 순교자가 되었다.

서소문 형장의 순교기념비(왼쪽), 서소문 형장 터(위), 순교 묘지(아래) 서소문 형장은 신유박해 때 정약종 등 300여 명의 신자들이 사형당한 곳이다.

「황사영 백서」는 주문모의 순교 장면을 이렇게 전한다.

사월 보름 후 정부에서는 어영대장御營大將에게 명하여 신부를 군문효시(이것은 사형에 처한 다음에 하는 형벌입니다)하게 하였는데 대장은 병을 핑계로 사흘 동안이나 출근하지 않자 조정은 사흘 후 그를 파면하고 새로 임명한 대장을 내보내 사형을 집행하게 하였습니다. 신부를 옥에서 끌어내어 처음으로 형벌을 가해 문초하고 나서 (무릎을 서른 번 쳤습니다) 떠메고 거리로 나갔습니다. 신부는 길가 좌우 구경꾼들을 두루 둘러보고 목이 마르니 술을 달라고 하자 군졸이 술 한 잔을 바쳤습니다. 다 마시고 나서 성밖 남쪽 10리 되는 연무장(한강 모래밭의 이름은 노량입니다)으로 갔습니다. 귀에 화살을 꿴 후 군졸이 죄목이 적힌 판결문을 주어 읽어보게 하였습니다. 그 조서는 꽤 길었는데 신부는 조용히 다 읽고 나서 목을 늘여 칼을 받았습니다. 때는 4월 19일 삼위일체 대축일 신시申時(오후 3~5시)였습니다. 목을 베자 갑자기 큰 바람이 일고 검은 구름이 하늘을 덮고 천둥과 번개가 번쩍이고 눈부셔서 장안 사람들이 모두 놀라 황겁해하지 않은 사람이 없었습니다. 이때 한 교우는 300리 밖에서 길을 가고 있었고 또 한 교우는 400리 밖에 피난 가 있었는데 바람과 천둥이 심상치 않음을 보고 필연코 이날이 이상한 일이 있으리라고 하여 날짜를 기억해두었는데 그 후에 들으니 신부가 순교한 날이 바로 그날 그 시간이었습니다. 머리를 닷새 동안 거리에 달아놓고 밤낮으로 지켜 사람이 근접하지 못하게 하였습니다. 교우들이 암장한 곳을 두루 찾아다녔으나 아직까지 찾지 못하고 있습니다.

그리고 형을 집행할 때 관리들이 이 사람은 제주 사람이라고 선언하였는데 그것은 중국 정부에 보고하지 아니하고 종적을 덮어버리려 한 것입니다.

옥중에서 주신부의 순교 소식을 전해 들은 강완숙은 치마폭을 찢어 주신부의 업적을 적어서 남겼다고 전해지는데 그 자료는 현전하지 않는다.

강완숙 역시 그해 5월 22일 자신이 전도한 궁녀 출신 강경복姜景福·문영인文榮仁·김연이金連伊·한신애韓新愛 등 다른 네 명의 여성들과 서소문 밖 처형장으로 끌려갔다. 강완숙은 그 전날 원적지原籍地인 충청도로 보내서 사형시킬 예정이었으나 다음 날 서울에서 집행하는 것으로 바뀌었다. 이 중 궁녀 출신 문영인은 타고난 미모로써 국왕의 총애를 받았던 전력이 있어 형리들이 갖은 방법으로 배교하게 하려 했으나 끝내 거부했다. 문영인은 사형장에서 형리들이 구경꾼들을 쫓아내자 "가만히 두세요. 짐승을 죽일 때도 구경하거든 하물며 사람 죽이는 것을 왜 못 보겠소."라며 죽음에 대한 확신을 보였다. 문영인의 잘린 목에서는 신라의 이차돈처럼 젖 같은 흰 피가 흘러 나왔다고 전하기도 한다.

강완숙은 형리에게 "우리는 여자이니 사형수의 옷을 벗기는 규정을 쓰지 말아 달라."고 요구했는데 이승에서의 마지막 요구가 받아들여지자 가장 먼저 형을 받았으며 이때 그의 나이 41세였다.

뿐만 아니라 이날 서소문 밖 처형장에서는 최인철崔仁喆·김현우金

顯禹 · 이현李鉉 · 홍정호洪正浩 등 네 명의 남자 신도들도 사형당했다. 지방에서도 사형 집행이 잇달아 같은 날 공주에서는 이국승李國昇이 사형당했으며, 5월 24일에는 윤점혜尹占惠가 양근에서, 같은 날 정순매鄭順每는 여주에서 사형당했고, 5월 28일에는 고광성高光晟이 평산에서 사형당한 것을 비롯해 전국 각지에서 인간사냥이 계속되었다.

아집에 갇혀 변화를 거부했던 경직된 시대, 소아에 갇혀 개방을 거부했던 폐쇄의 시대, 반대 당파를 공격하기 위해 무고한 사람의 목숨을 서슴없이 죽이던 증오의 시대, 자신과 다른 모든 것을 증오했던 불행한 시대의 유산을 한 몸에 안고 그들은 죽음을 맞이했다. 그들의 죽음은 단지 그들만의 죽음이 아니라 새로운 사회를 지향했던 정조시대 조선의 죽음이기도 했다.

죽음의 땅,
국청에서

순조 1년(1801) 정월 그믐 하루 전날, 이유수李儒修와 윤지눌尹持訥이 급하게 소식을 전했다. 정약용이 뜯어보니 책롱사건에 관한 것이었다. 편지를 보는 정약용의 등에 식은땀이 흘렀다. 자칫하면 씨를 보존하지 못하리라는 두려움이 일었다. 정약용은 떨리는 마음으로 서울로 들어왔다.

이때 이조판서 윤행임尹行恁이 정약용에게 한 가지 방안을 제시했다. 한성부 판윤 이익운李益運과 의논해서 지평 유원명柳遠鳴에게 상소하게 하자는 것이었다. 이 상소를 구실로 정약용을 체포해 천주교와 정약용이 아무런 관계가 없음을 밝혀 화봉禍鋒을 미리 꺾어버리자는 것이었다. 여러 남인들은 묘안이라며 적극 천거했다. 그러나 정약용은 거절했다. 이런 술수까지 사용하며 목숨을 구걸하고 싶지는 않았던 것이다.

그러나 그렇게 여유 부릴 때가 아니었다. 2월 8일 전격적으로 체포된 그가 다음 날 국청에 섰을 때의 위관은 영중추부사 이병모, 영의정 심환지, 좌의정 이시수 외에 우의정 서용보도 끼어 있었다. 암행어사 시절의 일로 그에게 원한을 갖고 있는 서용보가 위관으로서 정약용의 목숨을 쥐고 있었다.

국청에서 죽을지도 모른다는 생각이 들었다. 선왕의 시신이 땅속에서 채 식기도 전에 자신도 그 뒤를 따를지 모르겠다는 생각이 든 것이다. 그러자 오히려 마음이 편해졌다. 그래서 정약용은 담담하게 서술했다.

저도 역시 사람입니다. 비록 누가 나라의 은혜를 입지 않았겠습니까마는 저는 생사生死와 골육骨肉의 은혜를 입었습니다. 저의 이목구비가 다른 사람과 같은데 제가 어찌 사람이 하지 않는 일을 하겠습니까? 제가 전에 선조先朝(정조)께 올린 상소는 꾸며서 했던 것이 아니라 지성 어린 간절함에서 나온 것이었습니다. 그래서 선왕께서는 "착한 마음의 싹이 봄에 솟아나는 새싹처럼 무궁하다."라고 칭찬하셨습니다. 이런 은혜로운 비답을 받은 후에도 한 점의 사심邪心(천주교에 대한 마음)이라도 창자 속에 머물러 있고, 한 점의 사묵邪墨(천주교에 관한 글)이라도 천지 사이에 남겨두었더라면 저의 죄상은 천 번 제 살을 발라내고, 만 번 쪼개진다 해도 아까울 것이 없습니다.

「신유사옥 죄인 이가환 등 추안」

그러나 저들의 목적은 그가 실제로 천주교를 버렸는지 여부를 알고 싶은 것이 아니라 정약용의 목숨을 빼앗는 것이었다. 국청의 심문은 사실상 형식에 지나지 않았다.

"이제 와서 참과 거짓이 모두 드러났다. 허다한 문서가 네 집에서 나와 엄히 추문하는데 '나도 또한 사람의 마음을 가지고 있다'는 따위로 핑계를 대고 있는가? 지금 감추는 것은 아무런 이익이 없으니 사실대로 고하라."

"매번 사학에 관한 일이 나오면 근심하는 마음이 배가되었기 때문에 부자父子가 간혹 경계하는 말을 주고받은 적은 있습니다."

그러나 위관은 "서찰이 있다면 너도 전연 회피할 수 없으리라."며 계속 정약용을 연루시키려 했다. 심지어 편지에 '영슈'자로 표시된 인물이 정약용이 아니냐고 추궁했다. 정약용은 자신이 영슈이 아니라고 말하면서 유명한 항변을 남겼다.

"어찌 감히 위로 임금을 속일 수 있으며, 아래로 형을 증거로 삼을 수 있겠습니까?"

자신이 살기 위해서는 정약종을 비난해야 했는데, 그럴 수는 없다는 말이었다.

"네가 공술한 의도는 이해할 수 있다. 너의 형제가 참으로 울면서 진술한 것은 지극하고 절실하지만 서찰은 이처럼 가볍지 아니하며 다만 근심하고 두려워한다는 말은 네가 반드시 함께 이 학문(천주교)을 하였기 때문에 그러한 것이다."

"형제 사이는 천륜이 중하거늘 어찌 감히 혼자만 착한 척하겠습니까? 오직 같이 죽기만을 원합니다."

위관은 계속 정약용을 엮어 넣으려 했다.

"사학에 현혹되는 원인은 반드시 교주와 예배 장소가 있기 때문이니 네가 남김없이 고하면 죄가 도리어 공이 될 것이니 바로 고하라."

"근래 교주가 많다고 하는데 실제로 누구인지는 모릅니다."

"남들은 너의 부형을 사학의 소굴이라고 말하는데도 너는 처음부터 끝까지 비호하며 말하지 않고 있다."

"국청은 곧 죽음의 땅입니다. 어찌 눈으로 보지 않은 것을 가리켜 말하겠습니까?"

"이 글은 누가 쓴 것인가?"

"황사영이 쓴 것인데, 정사년 11월은 제가 곡산부사로 있을 때이니 제가 쓴 것은 아닙니다."

"글 가운데 권權과 조趙는 누구인가?"

"권철신과 조동섬입니다."

"권철신은 과연 양근의 사학 우두머리인가?"

"권철신은 본래 글을 잘하는 선비인데 권일신 사건 이후 제가 먼저 절교했기 때문에 그가 사학을 하는지 아닌지 자세히 알지 못하겠습니다."

이처럼 9일의 첫 심문 때 정약용은 자신이 천주교 신자라는 혐의를 부인하고 황사영 외에 다른 사람은 일체 끌어들이지 않았다. 정약종 관계에 말이 미치면 "죽기만을 바란다."라며 단호하게 진술을 거부했다.

이틀 후에 열린 11일의 2차 추고에서도 천주교 신자가 아니냐고 심문받자 정약용은 이렇게 반격했다.

"이런 지경에 이르니 사학을 하는 사람들이 저의 원수입니다. 이제 만일 10일을 기한으로 영리한 포교를 입회시켜 내보내준다면 이른바 사학의 소굴을 잡아서 바치겠습니다."

그러면서 정약용은 황사영에 대해서 재차 언급했다.

"다른 사람은 몰라도 황사영은 사학을 했는데, 그는 저의 조카사위이기 때문에 차마 곧바로 고하지 못했습니다. 그는 죽어도 변하지 않으니 조카사위라고 하더라도 곧 원수입니다."

정약용이 황사영을 사학도라고 말하는 이유는 그는 잡혀와도 배교하지 않을 것을 알기 때문이었다. 정약용은 2월 13일의 추국에서 황사영을 비난하며 사학의 소굴을 찾는 방법에 대해 제안했다.

"예배 장소를 알아내는 방법이 있는데 최창현이나 황사영 같은 무리는 계속해서 형벌을 가해도 실토하지 않을 것이니 반드시 그 노비나 어린아이 가운데 사학에 물들었지만 그리 심하게 물들지 않은 자를 잡아서 물으면 혹 그 단서를 찾아낼지도 모르겠습니다."

이때만 해도 정약용은 황사영 때문에 다시 국청에 끌려오게 될 줄은 몰랐겠지만 이때 그를 심하게 비난한 것이 목숨을 건지는 계기가 되었다.

11일의 2차 추고에서 정약용은 1차로 신장 30대를 맞았다.

그러나 다른 사람들이 체포되어 조사하면 할수록 정약용의 혐의는 벗겨져갔다. 정약용은 이미 「동부승지를 사직하는 상소」에서 자신이 천주교를 버렸음을 분명하게 천명했다. 이때 그는 굳이 천주교 관계를 밝힐 필요가 없었음에도 불구하고 스스로 밝힌 것이므로 중요한 증거가 될 수밖에 없었다. 그 후 정약용이 천주교와 관련되었다는 어떠한 문적文蹟이나 관련자 진술도 나온 것이 없었다. 오히려 "화禍의 기색이 박두했으니 이것(서학)을 하라고 종용하는 자가 있으면 내가 손수 칼을 잡겠다."라고 쓴 정약용의 편지가 나타났다. 또한 정약종을 비롯해 천주교도들이 서로 교환한 편지에도 "정약용 영감이 알면 반드시 큰일이 날 것이다."라는 글도 있었다.

이가환이 광주부윤과 충주목사 시절 천주교를 극력 배척하고 천주교도를 탄압했던 사실은 증거로 채택되지 않았고, 이승훈이 진산사건 이후 천주교를 버렸다고 말한 것도 증거로 채택되지 않았다. 정약용은 천주교를 버렸다는 증거가 속속 나타났지만 반대 증거는 나타나지 않았다. 그런 정약용을 죽이면 아무 죄도 없는 인재를 죽였다는 의논이 일 게 분명했다. 그래서 위관들은 이렇게 의논했다.

"초기에는 사학에 감염되었고 약종이 그의 형이니 죽여도 아까울 것이 없으나 지금 다시 추고할 때 가문이 장차 망하려는 것을 아프게 여겼고 약종을 원수처럼 생각하고 그 이름을 지명해 고하니 더 얻어낼 정황이 없으며 진정에서 우러나온 것 같다."

정약용은 정약종이 체포되어 진술한 것을 들은 후에는 약종을 비난했다. 이미 그는 돌아올 수 없는 다리를 건넜다고 생각한 것인데,

이것 또한 정약용에게 유리하게 작용했다. 정약용은 비로소 형틀에서 풀려나 사헌부 안으로 보석保釋되어 처분을 기다리게 되었다. 그러나 안심할 수는 없었다. 이가환·이승훈·정약용 셋은 반드시 죽일 것이라는 소문이 파다했다. 그러나 위관委官 영중추부사 이병모李秉模가 찾아왔다.

"자네는 앞으로 무죄로 풀려날 걸세. 음식도 좀 들며 몸을 아끼게."

이왕 죽이지 못할 것, 말로 인심이나 쓰자는 속셈이었다. 그때서야 살지 모른다는 생각이 들었다. 그런데 영의정 심환지沈煥之가 찾아와 "쯧쯧, 혼우婚友의 운명이 어찌 될지 알 수 없구나."라고 말했다. 다시 죽을지 모른다는 생각이 들었다. 그러나 이는 정약용이 죽을지 모른다는 뜻이 아니라 그의 무죄석방을 서용보가 반대하고 있다는 뜻이었다. 어쨌든 목숨은 건진 것이었다. 국문을 참관했던 승지 서미수徐美修는 기름 파는 노파를 몰래 불러 정약용의 집에 소식을 전하게 했다. 죽을 걱정은 없으니 식사를 하게 조치하라는 것이었다.

이런 사실을 알 리 없는 정약용은 언제 죽을지 모른다는 두려움 속에서 『대학大學』의 성의誠意 두 글자를 붙들고 매달렸다. '그 마음을 바르게 하고자 하는 자는 먼저 그 뜻[意]을 성실[誠]하게 하였다'는 성의라는 두 글자를 수도 없이 헤면서 마음을 다스렸다.

'죽고 사는 것은 명命이 있으니 노심초사勞心焦思한들 무슨 소용이 있겠는가? 성의誠意 두 글자를 죽을 때까지 간직해야 한다.'

이렇게 다짐해도 번뇌가 일었다. 그는 스스로 꾸짖으며 잠이 들었는데 홀연히 꿈속에서 한 노인이 나타나 혀를 차며 말했다.

"자네는 동심動心·인성忍性하는 공부를 더욱 성의誠意로써 해야 되겠네. 옛날 한나라 소무蘇武는 19년(만 18년) 동안 옥에 갇혀 있었어도 참고 견디었는데, 자네는 겨우 19일 동안 옥에 갇혀 있으면서 그렇게 번뇌하는가?"

그 순간 나오라는 소리가 들렸다. 투옥된 지 19일 만이었다. 한 무제 때 인물인 소무는 흉노에 사신으로 갔다가 억류되어 19년 만에 돌아온 사람으로서 의지와 충절의 인물로 꼽힌다. 정약용은 훗날 자신의 귀양 기간도 19년이었다며 이 꿈 또한 우연은 아니라고 말했다.

목숨은 건졌으나 무죄 석방이 아니었다. 정약용은 장기현, 약전은 신지도로 유배형에 처해졌다. 겨우 목숨을 건진 형제는 서로 다른 유배지로 향해야 했다.

귀양지
장기에서

정약용은 풀려난 다음 날 경상도 장기현으로 유배길에 올라야 했다. 형 약종의 사형 소식을 들었으므로 살아도 산 것이 아니었다. 동기同氣의 목 잘린 시신을 수습도 못하고 기약 없는 길을 떠나는 마음은 마음이 아니었다. 약종이 죽던 날 다시 조카 철상이 체포되었다는 소식을 뒤로하고 정약용은 장기에 도착했다. 새재를 넘고 문경을 지나 도착한 장기였다. 장기현에서 그의 숙소는 군교軍校이자 농사꾼인 마산리 성선봉成善封의 집이었다. 바닷가 근처 마산리의 군교집은 요주의 인물을 감시하기에 적격이었다. 그 방은 좁고 천장은 낮았다.

작고 작은 나의 일곱 자 몸	眇小七尺軀
사방 한 길의 방에도 누울 수 있네	可容方丈室
아침에 일어나다 머리를 찧지만	晨興雖打頭
밤에 쓰러지면 무릎은 펼 수 있다네	夕偃猶舒膝

「고시 27」

마산리 풍경 신유박해에서 간신히 목숨을 건진 정약용은 장기로 유배되어 한 군교 집에서 기거했다.

일어날 때 머리를 부딪칠 정도로 낮고 겨우 무릎을 펼 정도의 작은 방에서 기거하는 요주의 인물을 찾는 사대부는 아무도 없었다. 그에게 말을 거는 사람들은 "어린 머슴 괭이 메고 가면서 고향이 어디냐고 묻더라."(「장기의 귀양살이에서 본 풍속 17」)라고 적었던 머슴이나 "이웃집 노인이 때때로 찾아와서 장기를 두자 하네."(「장기의 귀양살이에서 본 풍속 16」)라고 회상했던 촌로村老뿐 사대부는 아무도 그에게 접근하지 않았다.

서학으로 피바람이 분 것이 엊그제였다. 이가환·이승훈은 사형당하고 유일하게 그만 살아남았다는 이야기는 이곳 장기에도 널리 알려진 사실이었다. 어린 머슴과 농담하고 촌로와 장기를 두지만 이것이 소일거리가 될 수는 없었다.

이런 낯선 곳에서 외로운 생활을 하면서 그가 병이 든 것은 당연했다. 그가 "습한 데서 봄을 나니 마비증세 일어나고 / 북녘에서 길들인 입맛 남녘 음식 맞지 않네."(「장기의 귀양살이에서 본 풍속 17」)라고 한탄한 것처럼 정약용은 귀양 온 직후 병이 들었다. 공포증과 몸을 꼿꼿이 세울 수 없는 병이었다.

이런 상태에서 6월이 다가왔다. 정조가 승하한 달이었다. 정약용의 편지는 정조에 대한 그리움이 그대로 묻어난다.

내 병은 약을 먹은 뒤로는 그런 대로 나아지는 듯하고 공포증과 몸을 꼿꼿이 세울 수 없던 증세 등도 괜찮아졌다. 다만 왼쪽 팔의 아픔이 아직 평소 상태로 되지는 못했지만 차차 줄어들고 있다.

다만 이 달에 들어서는 공적으로나 사적으로나 죽은 이에 대한 슬픔이 크고 밤낮으로 가신 이에 대한 그리움을 견딜 수가 없으니 이 무슨 사람의 운명인가. 더 적지 않겠다.

「두 아들에게 부친다」(6월 7일)

정조에 대한 그리움 때문에 더 이상 편지를 쓸 수가 없었다. 정약용은 정조와 나누었던 대화가 떠올랐다. 때로 둘은 격식을 잊고 말장난을 하기도 했다.

정조가 먼저 "말이 마치馬齒(말의 이빨) 하나 둘이리."라고 농을 걸었다. 대구를 하라는 것이었다. 정약용은 즉각 "닭의 깃이 계우鷄羽(닭의 깃) 열다섯이오."라고 응수했다. 정조는 숨 돌릴 틈을 주지 않

다산유배사적비 포항시 남구 장기면 마현리 331번지 소재. 정약용이 장기에 유배된 지 200주년이 되는 해를 기념하여 세워졌다.

고 "보리뿌리 맥근麥根(보리뿌리) 맥근."이라고 다시 문제를 던졌고, 정약용은 "오동열매 동실桐實(오동열매) 동실."이라고 응수했다. 정조가 다시 "아침까치 조작朝鵲(아침까치) 조작."이라고 던지자 정약용은 "낮 송아지 오독吾犢(낮 송아지) 오독."이라고 받았다. 이런 대거리가 끝나면 서로 마주보고 웃는 수밖에 없었다.

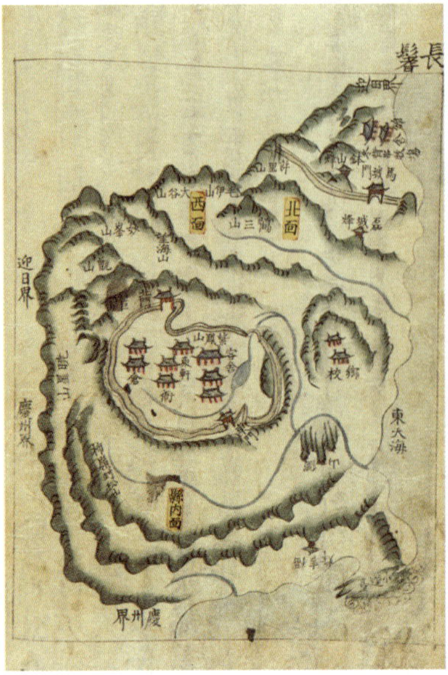

장기 지도 정약용의 귀양지였던 장기는 대체로 낮고 평탄한 산지로 이루어져 있으며 동해와 맞닿아 있다.

한 번은 이런 일도 있었다. 정조와 정약용은 3개 자가 1개 자로 합성한 한자 쓰기 내기를 하게 되었다. 晶(밝을 정), 姦(간사할 간), 森(나무 빽빽할 삼), 磊(돌무더기 뢰), 淼(물 아득할 묘) 등을 쓰는 내기였다.

"전하께서 한 자만은 신에게 미치지 못할 것이옵니다."

"자전에 있는 모든 자를 다 암기하는데 한 자가 미치지 못할 것이란 말이 웬말이냐?"

"그래도 한 자만은 미치지 못할 것이옵니다."

둘이 각자 쓴 것을 교환했더니 과연 정조가 한 자 부족했다. 三(석 삼) 자를 빼놓은 것이었다. 군신君臣은 서로 무릎을 치면서 웃었다.

이런 정조가 죽자마자 광풍狂風이 불었다. 인간사냥의 광풍이었다.

정약용은 몸을 추슬렀다. 이렇게 병에 쓰러지면 자신도 그 광풍에 지고 마는 것이란 생각이 들었다. 그는 병석에서 일어났다.

병석에서 일어나니 봄이 다 지나	病起春風去
수심 많은 여름밤은 길기도 하구나	愁多夏夜長
잠시 베개 베고 대자리에 누우니	暫時安枕簟
문득 집 생각 고향 생각 그립구나	忽已戀家鄕

「밤[夜]」

자리를 털고 일어난 정약용이 쓴 책은 『촌병혹치村病或治』라는 의서였다. 그 서문이 남아 있다.

내가 장기에 온 지 몇 달 지나자 집 아이가 의서 수십 권과 약초 한 상자를 보내왔다. 귀양지에는 서책이 전혀 없었으므로 나는 보내준 책만을 볼 수밖에 없었고, 병이 들었을 때도 보내준 약만으로 치료할 수밖에 없었다.

하루는 객관을 지키고 손님을 접대하는 사람의 아들이 부탁했다.

"장기의 풍속은 병이 들면 무당을 시켜서 푸닥거리를 하고, 그래도 효험이 없으면 뱀을 먹고, 뱀을 먹고도 효험이 없으면 그냥 죽어갈 수밖에 없습니다. 어찌하여 선생이 보신 의서로 이 궁벽한 고장에 은혜를 베풀지 않습니까?"

"좋소. 그대의 말대로 의서 하나를 만들겠소."

장기 읍성(위)과 장기 향교(아래) 정약용은 장기에서 귀양살이를 하면서 농민들의 삶을 더 깊이 이해하게 되었고, 병마에 시달리는 농민들을 위해 『촌병혹치』라는 의서를 저술하기도 했다.

귀양지에서 병이 걸리면 죽기 마련이었다. 그래서 장기에는 정약용이 죽을 것이라는 소문이 퍼졌으나 그는 이런 짐작을 깨뜨리고 일어섰다. 정약용이 의서를 보고 약초를 달여 스스로 병을 고쳤다는 사실이 알려지면서 명의라는 소문이 돌았다. 그래서 이런 부탁이 있게 된 것이다. 정약용은 책의 서문에 이렇게 썼다.

> 이름을 『촌병혹치』라고 했다. '촌村'이란 비속하게 여겨서 하는 말이고, '혹或'이란 의심을 풀지 못하는 뜻에서 한 말이다. 그렇지만 잘만 사용하면 한 사람의 목숨을 살릴 수 있을 것이다. 약제의 성질과 기운을 구별하지 않고 차고 더운약(溫劑)을 뒤섞어서 나열하느라 이쪽과 저쪽이 서로 모순되어 효험을 보지 못하는 세상의 보통 의서와 비교하면 도리어 더 우수하지 않을지 어찌 알겠는가. 약을 이미 간략하게 했으니 반드시 그 주된 처방에서는 효과가 나타남이 뚜렷하지 않겠는가.
>
> 한스럽기는 간략하게 하려면 반드시 널리 고찰해야 하는데 참고한 책이 수십 권에 그쳤다는 점이다. 그러나 뒷날 내가 다행히 귀양에서 풀려 돌아가게 되면 이 범례에 따라 널리 고찰할 것이니, 그때는 '혹'이라는 이름을 고칠 수 있을 것이다.
>
> 상편은 색병色病(남녀관계로 생기는 병)으로 마감했으니 이 또한 세상을 깨우치고 건강을 보호하려는 나의 깊은 뜻이 깃들어 있다고 말할 수 있다.

『촌병혹치』는 애민사상에 바탕한 실학정신의 산물로서 시골에서 잘 걸리지만 치료법이 제대로 알려져 있지 않은 병에 대한 처방을 모아놓은 의서였다. 정약용의 의서 저술은 이번이 처음이 아니었다. 곡산부사로 있던 정조 21년(1797) 겨울에 지은 『마과회통麻科會通』이 그것으로서 홍역에 관한 의서였다. 아들이 홍역으로 연달아 죽은 데 충격을 받고 쓴 책으로서 「종두種痘」편에는 조선 최초로 홍역예방법인 종두법種痘法을 소개하고 있다.

정약용은 장기에서 농민들의 삶을 객체가 아니라 주체로서 바라볼 수 있게 되었다.

내가 장기에 유배가 있을 때 주인인 성모씨成某氏는 다섯 살 정도의 어린 손녀에게 뜰에 앉아 소리를 질러 병아리를 물려고 오는 솔개를 쫓게 했다. 일곱 살짜리에게는 긴 막대를 손에 들고 참새 떼를 쫓게

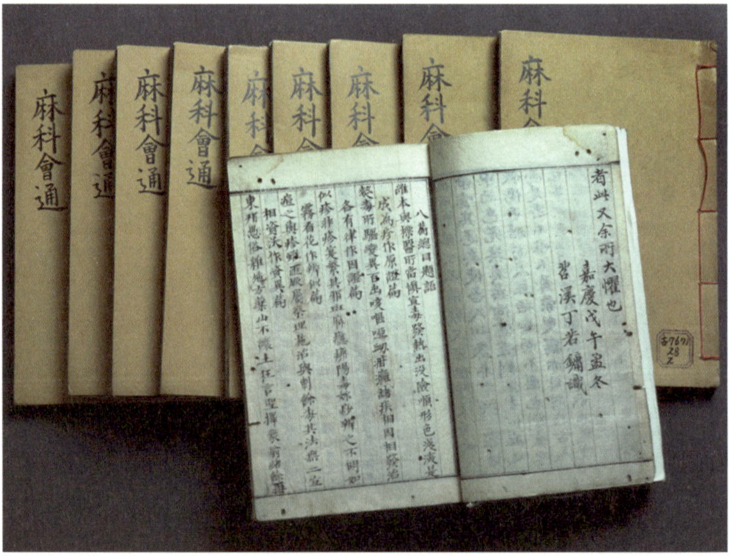

『마과회통』 정약용이 자식을 연달아 홍역으로 잃고 나서 쓴 책으로 조선 최초로 종두법을 소개했다.

했다. 한 솥에서 밥을 먹는 모든 식구들 각자에게 할 일을 맡겼으니 그 점은 본받을 만하다.

이처럼 누구 하나 쉬지 않고 열심히 일하는 농민들이 못사는 이유를 정약용은 관과 지배층의 수탈 때문이라고 생각했다.

새로 돋은 호박 두 잎사귀 탐스러워
밤사이에 덩굴 뻗어 사립문 타고 올라갔네
평생에 못 심을 것은 수박이로다
강퍅한 관노와 다툴 시비가 싫어서

상추쌈에 보리밥을 둥글게 싸 삼키고
고추장에 파뿌리만 곁들여 먹는다네
금년에는 넙치마저 구하기 어려운 것은
모조리 건포 만들어 관가에 바쳤기 때문

송아지가 참외밭에 들어가지 못하도록
서편 뜰 서레 곁에 단단히 매어두었더니,
이정里正이 새벽같이 와서 코를 뚫고 몰아가니
동래에서 세미 싣기 시작했단다
……

보릿고개 험난하기 태항산 같도다

단오 명절 지난 뒤라야 풋보리가 겨우 나와
풋보리죽 한 사발을 어느 누가 가져다가
비변사 대감께 맛보라고 나눠줄까

「장기농가」

장기에서 정약용은 노론과 화해하고 싶었는지도 모른다. 그가 노론 영수 송시열을 제향하는 죽림서원竹林書院을 찾은 것은 이 때문이었다.

죽림서원이 마산리 남쪽에 있는데
쭉 뻗은 대나무와 느릅나무 새잎이 밤비에 젖었네
촛불 들고 멀리서 찾아가도 받지를 않는데
촌사람들은 오히려 송우암(송시열) 이야기만 하는구나[10]

「장기의 귀양살이에서 본 풍속」

촛불 들고 찾아간 정약용을 죽림서원은 거부했다. 노론 영수의 서원에 남인 유배객을 들이지 않겠다는 뜻이었다. 노론의 시대에 그의 자리는 없었다.

그나마 유배 생활도 그에게는 과분한 것이었다. 그해 10월 20일 갑자기 들이닥친 금부도사에게 체포되어 다시 서울로 압송되었다. 황사영이 체포되었기 때문이었다.

10 竹林書院馬山南 / 脩竹新榆宿雨含 / 蠟燭遙來投不受 / 村人猶說宋尤庵

황사영 백서사건

정약현의 사위였던 황사영은 신유박해가 시작되자 도피했다. 그는 이 사악한 정권에 제 발로 걸어 들어가 죽을 필요가 없다고 생각했다. 2월 11일 정약종과 권철신이 체포되고, 그다음 날 조동섬이 체포된 뒤에도 황사영이 잡히지 않자 13일에는 3일 내로 황사영을 체포하라는 특별명령이 내려졌다.

그러나 그는 연동連洞 변득중의 집에 숨었다가 강완숙의 도움으로 홍필주 집에 숨는 등 잘 피해 다녔다. 특별검거령이 내린 2월 보름경에도 정동井洞 송재기의 집에 사흘간 묵었는데, 그는 장기 피신해서 전세를 역전시킬 방안을 강구해야 한다고 생각했다. 그래서 김의호와 그 방법을 상의했다.

"삭발하고 중이 되는 것이 가장 좋을 것이요."

"그 방법은 천주교의 교리와 어긋나므로 할 수 없소."

"상복으로 갈아입고 피신하는 것은 어떻겠소?"

"그게 좋겠소."

황사영은 2월 15일 수염을 깎고 최설애와 김한빈의 딸 성단聖丹이가 만들어준 상복을 입었다. 창의문을 빠져나온 그는 평구역平丘驛(남양주시 와부면 덕소리)에서 김한빈을 만나 그의 소개로 여주, 원주를 거쳐 제천의 배론리 김귀동의 집에 도착했다. 김한빈과 김귀동은 황사영이 머물 토굴을 팠고, 황사영은 상주로 가장했다. 토굴 앞에는 은폐를 위한 옹기를 겹겹이 쌓았고, 지붕 위로는 흙을 덮어 멀리서 보면 비탈진 언덕 모습이었다.

조정은 그의 체포에 광분했다. 2월 26일 포도청에 다시 한 번 체포를 독촉하는 명령이 내려졌고, 29일에는 대왕대비 김씨가 황사영을 10일 이내 체포하라고 명령했다. 또한 국내를 빠져나갈 것을 염려해서 국경 지방을 엄하게 방비했다. 조정의 독촉이 하도 엄하다 보니 가짜 황사영이 만들어지기도 했다. 4월 17일 함경도 장진부사 이여절李汝節은 황씨 성의 사학도를 붙잡아 40여 차례 주리를 트는 심한 고문 끝에 황사영이라는 자백을 받아냈다. 함경감사 이병정李秉鼎은 즉시 이 사실을 조정에 보고한 후 이 사내를 감영 뜰에서 다시 추핵推覈했다. 그러자 그는 자신이 황사영이 아니고 황기운黃基雲이라고 말을 바꾸었다. 이에 분개한 대왕대비는 이병정을 태안군에 정배

배론학당 전경 을유병인 당시 남겨진 사진이다. 배론학당 앞에서 찍힌 어린 학동들과 청년들의 모습이 이색적이다.

定配했다.

5월 20일 대왕대비는 "황사영을 기필코 잡아들이라."고 다시 한 번 재촉했다.

제천 배론에 은거한 황사영은 김한빈을 서울로 보내 그간의 상황을 알아오게 했다. 7일 만에 돌아온 김한빈이 가져온 소식은 비참한 것이었다. 2월 26일 정약종·이승훈·홍낙민 등 여섯 명이 참수당했다는 소식과 이가환과 권철신 등이 장사杖死했으며, 지방에서도 천주교도 사냥이 계속되고 있다는 비보였다.

비보를 접한 황사영은 살육의 전말을 베이징 주교에게 알리는 것이 최선책이라고 생각했다. 베이징 주교가 혹시 청나라 조정을 움직일 수 있다면 학살을 끝낼 수 있으리라고 믿었던 것이다. 그래서 그는 「황사영 백서」라 불리는 그 유명한 편지를 작성하기 시작했다. 황사영이 배론의 토굴 속에서 "저희 토마스(황심) 등은 눈물을 흘리며 주교님께 호소합니다."로 시작되는 장문의 「백서」를 작성하는 동안 그와 함께 있던 김한빈이 제천 읍내에서 체포되기도 했다. 그러나 과거 군인이었던 김한빈은 죄인들을 압송했던 지난 경험을 살려 원주 안창에서 탈출해 6월 4일 배론으로 돌아올 수 있었다.

8월 26일에는 황심이 찾아와서 주문모 신부가 순교했다는 소식을 알려주고 다음 날 춘천으로 되돌아갔는데, 그가 9월 15일 체포되면서 황사영도 체포되게 되었다. 고문에 못 이긴 황심이 9월 26일 황사영의 거처를 실토한 것이다. 황사영은 자신의 거처를 아는 신도들에게 "일이 극단에 이르면 자기를 밀고하라."고 말해왔지만 황심이 체포된 지 열흘 동안 황사영의 거처를 숨긴 것은 초인적 인내였다.

배론학당의 현재 모습 제천시 봉양면 구학리 배론성지는 천주교 신자들이 박해를 피해 숨어 살던 곳으로 1855년에 조선 최초의 신학교인 배론학당이 설립되었다.

황사영 토굴 정약현의 사위였던 황사영은 천주교 박해를 피해 충북 제천시의 이 토굴에 은거하며 베이징 주교에게 보내는 그 유명한 백서를 작성했다.

배론으로 달려온 포졸들은 황사영을 발견하지 못했다. 옹기로 위장한 토굴을 찾지 못했기 때문이다. 그러다 토굴 위를 걸을 때 커다란 옹기들이 내는 둔탁한 소리 때문에 토굴 속에 숨은 황사영을 발견할 수 있었다.

그 누구에게도 해를 끼친 적이 없는 황사영의 체포에 조정은 환호했다. 체포 당시 스물일곱의 청년이던 황사영은 한때 신동으로 소문났던 인물이었다. 그는 열여섯 살 때인 정조 14년(1790) 사마시司馬試에 급제해 진사가 되어 정조를 만났는데, 이때 정조는 이렇게 일렀다.

"네가 스무 살이 되거든 나를 만나러 오너라. 내가 어떻게 해서든 네게 일을 시키고 싶다."

남인을 정계에 진출시키고 싶어 하던 정조 아래서 황사영의 출세는 보장된 길이었다. 그러나 바로 그해 정약현의 딸 명련과 결혼하면서 그의 인생은 전혀 다른 길로 접어들었다. 정약현은 비록 천주교도가 아니었지만 그 주변은 천주교로 둘러싸여 있었다. 정약현의 첫 부인은 이벽李蘗의 누이였고, 황사영의 셋째 동서는 정약종과 함께 사형당한 홍낙민洪樂敏의 아들 홍재영洪梓榮이었다. 황사영은 결혼한 해 천주교에 입교해 알렉시오란 세례명을 받았는데, 이후 많은 신도들이 배교할 때도 그는 굳게 신앙을 지켰다. 체포된 황사영의 옷 속에서 둘둘 말린 채로 「백서」가 발견되자 노론 벽파는 환호성을 질렀다. 「황사영 백서」에 대해 『순조실록』은 이렇게 세 가지를 적시해 비난하고 있다.

서폭書幅에 꽉 찬 흉악하고 참람한 말은 주문모 이하의 여러 죄인이 복법伏法되었다는 일을 서양인에게 상세히 보고하려 한 것으로서, 그 중에 세 조항의 흉언이 있는데 하나는 황지皇旨(황제의 지시)를 획득해 조선에 교유하여 서양인을 가까이 교제하도록 함이었고, 하나는 안주安州에 무안사撫按司를 열어 친왕親王이 국생國生을 감시하고 교훈敎訓을 모으도록 명하게 하여 틈을 타서 행동하려 함이었고, 하나는 서양국에 통하여 큰 선박 수백 척에 정병精兵 5, 6만 명을 꾸며 보내고 대포 등 이해되는 병기를 많이 싣고 와서 동국東國(조선)을 깜짝 놀라게 하여 사교가 행해지도록 함이었다.

『순조실록』(1년 10월 5일)

황사영은 「백서」에서 교황이 청나라 황제에게 서한을 보내 황제로 하여금 조선에 서양 선교사를 받으라고 권하는 칙서를 보내게 해 달라고 요구했는데, 이것이 '황지를 획득해 조선에 교유'하려는 흉언이라는 것이었다. 그러나 대왕대비 김씨나 노론 벽파가 이를 흉언이라고 말할 자격은 없었다. 순조 1년 10월 15일, 대왕대비가 영의정 심환지와 나눈 논의가 이를 말해준다.

대왕대비 김씨는 이렇게 하교했다.

"오늘 경 등을 보고자 한 것은 바로 국옥의 일 때문이다. 이미 주문모의 일이 있었으니, 이같이 큰일을 어찌 황제로 하여금 알지 못하게 할 수가 있겠는가? 반드시 주문奏聞(황제에게 보고함)한 다음에야 뒷날의 폐단이 없을 듯하니, 경 등은 다시 충분히 수의하여 주달하는 것이 좋겠다."

영의정 심환지는 조선의 잘못이라고 말했다.

"피인彼人(주문모)이 몰래 들어온 것은 우리나라 변방의 일이 소활疏闊한 데에서 말미암았으니, 이는 곧 탈이 생기게 된 단서입니다."

대왕대비의 생각은 조금 달랐다.

"조가朝家(조정)에서 몰래 들어오라고 시킨 일이 없었으니 처음부터 우리의 실수는 아니었고, 설령 실수한 바가 있다 하더라도 이 일은 당연히 주문해야 할 것이다. 만일 주문하지 않고 주문모를 죽였다고 우리를 책망한다면 진실로 말썽이 있을 것이다. 피인彼人이 몰래 들어온 실수는 우리가 한 것도 아닌데, 먼저 그 탈이 있을 것을 염려하여 숨기고 주문하지 않았다가 후일의 탈을 어떻게 감당하겠는가? 또 이미 주문하려고 한다면, 이번 절사節使(동지사)의 인편을 내

「황사영 백서」 황사영이 베이징의 구베아 주교에게 신유박해의 참상과 그 대처 방안을 전달하기 위해 작성한 백서. 여기에 외국배를 이용하자는 내용이 있어 정부 측을 격노하게 했다.

버려두고 다시 어느 인편을 기다리겠는가?”

심환지가 답했다.

“소신이 쇠약하고 혼미한데 큰일을 혼자 담당하게 되니, 망연히 할 바를 알지 못하겠습니다. 영부사 이병모는 정사呈辭하고 향리에 내려가서 아직까지 돌아오지 않았으며, 좌상 이시수는 병으로 기동을 못하고 단지 신과 우상이 있을 뿐입니다. 그러므로 신 등이 속히 곧바로 올라오라는 뜻으로 방금 사사로운 서찰을 영부사가 있는 곳에 왕복하였는데, 주상主上께서 부르실 것 같으면 더 좋겠습니다.”

이에 대왕대비가 하교했다.

“사관史官을 보내어 내 말로써 부르도록 하라.”

심환지는 “삼가 마땅히 하교를 따라서 하겠습니다.”라고 답했다. (『순조실록』, 1년 10월 15일)

대왕대비 김씨는 같은 해 10월 27일 진주정사陳奏正使 조윤대曹允大 등 세 사신을 만나 불안에 차 당부했다.

“금번에 황상皇上이나 예부에서 혹시 캐묻게 되면 세 사신이 모름지기 미리 서로 말을 맞추어 잘 대답하도록 하라. 또 혹시 뜻밖에 탈을 잡아서 묻는 일이 있게 되면 모름지기 사세事勢가 그렇게 하지 않을 수 없었다는 뜻으로써 사리에 의거하여 대답하는 것이 옳을 것이다. 저들이 만일 변금邊禁(국경 금지)이 엄하지 못하여 그 죄와 책임이 변신邊臣(평안감사)에 있다 하면서 대국大國 사람이 혹시 주륙誅戮을 당하였다고 한다면, 그 소국小國의 도리에 있어서 대단히 불안하다. 이러한 경우에 도달하게 되면 갈등이 생기기 쉬우니, 반드시 모름지기 자세한 곡절을 잘 말해서 대국 사람의 마음을 언짢게 하지 않는 것이 옳을 것이다."

정사 조윤대가 대답했다.

"옹정황제雍正皇帝 11년(1733)에 저 나라(청) 사람이 혹시 국경을 넘었다가 우리나라에 붙잡히는 자가 있으면 즉시 목을 베라는 뜻의 유조遺詔(황제의 명령)가 있었습니다. 처음에 유조의 말을 주문 가운데에 삽입하였는데, 영부사領府事와 부사副使가 모두 말하기를, '유조는 빼내는 것이 좋을 듯하다'고 하기 때문에 소신小臣이 그렇게 해야 될 까닭을 물었습니다. 그러자 답하기를 '옹정의 유조는 이따위 일을 이른 것이 아니라, 곧 강변칠읍江邊七邑에서 인삼을 캐가는 무리를 지칭한 것으로, 축출하여도 가지 않거든 활과 병기 등으로 그 자리에서 참륙하라는 일을 말한 것이다' 하니, 그 유조의 뜻은 이것과는 조금 다릅니다. 그러니 주문모의 일에 대하여는 처음에 동국 사람으로 알고서 죽였는데, 지금에 와서 황사영의 초사招辭에 소주蘇州 사람이라고 이르기 때문에 진주하게 된 것이라고 한다면, 말이 정당하고 사리에 맞을 것입니다."

대왕대비가 이에 답했다.

"유조는 빼내는 것이 좋을 듯하다. 저들이 만일 탈을 잡아서 힐문하거든 그때에 유조로써 대답하여도 또한 불가할 것이 없을 것이다."

조윤대는 계속 주문모를 조선사람으로 알고 죽였다고 말하자고 주장했다.

"비록 인삼을 캐려고 보통으로 국경을 넘는 무리도 그 자리에서 목을 베는 것이 마땅하다는 유조를 내렸는데, 하물며 주문모처럼 복장을 갈아입고 종적을 묘연하게 하면서, 그 요사스러운 교를 선동하여 인도하였고 우리 예의의 풍속을 그릇되게 한 자는 오죽하겠습니까? 주문모는 동국의 옷을 입었고 동국의 언어를 말하여서 그 형적을 살펴보아도 처음부터 수상하지 않았기 때문에 단지 동국 사람으로 알고 정법正法하였으나, 지금에 와서 황사영의 초사에 이미 화인華人(중국인)이라 일컫고 또 문적文跡이 있으나, 사실인지 아닌지를 아직까지 확실히 알지 못하여 다만 주문하는 것이라고 말한다면 좋을 듯합니다."

부사 서미수도 거들었다.

"처음에는 화인이란 것을 알지 못하였는데, 끝에서야 들어서 알았다고 말한다면 말이 정당하고 문체가 간결할 것입니다."

"의관과 복색이 이미 동국의 사람이었으니, 당초에 동국 사람이라고 인정한 것은 일의 형세로 보아 그러함이 당연하다. 어찌 그 무리의 난초亂招에 한 말을 주문에다 진주陳奏할 것이 있겠는가? 이는 속이는 것이 아니고 본래의 그 형세다."(『순조실록』, 1년 10월 27일)

수많은 백성들을 살육하는 데는 아무 거리낌 없었던 학살자들이 두려워하는 것은 주문모가 청나라 사람이었다는 사실을 청나라에 보고하는 일이었다. 그런데 황사영은 「백서」에서 조정의 이런 사대성을 꿰뚫어보고 있었다.

또 어떤 이는 이와 같이 하면 그것이 중국에 보고되어 베이징 천주당에 해가 미칠 것이라고 합니다만 저는 이것은 아주 쉬운 일이라고 말합니다. 편지 가운데 설명하기를 "교황께서 일찍이 신부 아무개에게 명하여 귀국에서 전교하게 하였는데, 귀국이 이를 용납하지 않을 뿐만 아니라 도리어 학살했습니다. 이제 또 전교사를 받아들이지 않으면 우리는 마땅히 사절을 보내어 귀국의 죄를 중국에 알리고, 우리가 포악한 임금을 토벌하여 백성을 위로하는 뜻을 밝히겠습니다." 라고 한다면 이 나라는 사사로이 중국 선비를 죽인 죄가 탄로 나서 중국의 문초를 당하게 될까봐 감히 보고조차 못할 것이니 걱정할 것이 없습니다.

「황사영 백서」

황사영은 청나라 사람 주문모를 죽인 것을 두고 조정이 전전긍긍하고 있다는 사실을 미루어 짐작할 수 있었던 것이다.

'안주에 무안사撫按司를 열어 친왕親王이 국생을 감시'하게 하려 했다는 것은 황사영이 「백서」에서 조선은 '이씨李氏(왕실)가 미약하여 끊어지지 않음이 겨우 실오리 같고 여군女君(정순왕후)이 정치를 하니 세력 있는 신하들이 권세를 부리므로 국정이 문란하여 백성들이 탄식하고 원망'한다며 안주와 평양 사이에 안무사를 설치해 친왕을 임명해 조선을 '감독 보호하게 하되 은덕을 후히 베풀어서 인심을 굳게 단결시켜' 놓으라고 주장한 것을 뜻한다.

서양 선박에 군사 5~6만 명을 싣고 와 조선을 위협해 사교가 행해지도록 하려 했다는 흉언은 「백서」의 다음 내용이다.

이 나라의 병력은 본래 잔약하고 모든 나라 가운데 맨 끝인 데다가 태평세월이 2백 년을 계속해왔으므로 백성들은 군대가 무엇인지 모롭니다. 위에는 뛰어난 임금이 없고 아래로는 좋은 신하가 없어 불행한 사태가 일어나기만 한다면 흙더미처럼 무너지고 기왓장처럼 흩어질 것이 틀림없습니다.

만일 할 수 있다면 군함 수백 척과 정예군 5~6만 명을 얻어 대포 등 정교한 무기를 많이 싣고, 글과 사리에 밝은 중국 선비 서너 명을 데리고 곧바로 해안에 이르러 국왕에게 서한을 보내되 "우리는 서양의 전교하는 배로서 여자와 재물을 탐내어 온 것이 아니고 교황의 명령을 받고 이 지역의 생령生靈을 구원하러 온 것입니다. 귀국에서 한 사람의 전교사를 기꺼이 받아들이신다면 우리는 더 이상 요구할 것도 없고 절대로 대포 한 방이나 화살 하나 쏘지 않고 티끌 하나 풀 한 포기 건드리지 않을 뿐만 아니라 영원한 우호 조약을 체결하고는 북 치고 춤추며 떠나갈 것입니다. 그러나 만약 천주의 사신을 받아들이지 않는다면 반드시 천주의 벌을 집행하고 죽어도 발길을 돌리지 않을 것입니다. 왕께선 한 사람을 받아들여 나라의 벌을 면하게 하시려는지 아니면 나라를 잃더라도 그 한 사람을 받아들이지 않으시려는지, 그중 하나를 택하시기 바랍니다. 천주 성교는 충효와 자애를 가장 힘쓰고 있으므로 온 나라가 봉행하면 실로 왕국에 한없는 복이 올 것입니다. 우리에게는 아무런 이익도 돌아오지 않습니다. 왕께선 부디 의심치 마옵소서."라고 할 것입니다.

그뿐만 아니라 서양 여러 나라가 참된 천주를 흠숭하므로 오래 태평하고 길게 통치하는 결과를 동양 각국에 미치게 될 것이니 서양 선교사를 용납하여 맞아들이는 것은 매우 유익하며 결코 해되는 것이 없다고 거듭 타이르면 반드시 온 나라가 놀라고 두려워 감히 따르지 않을 수 없을 것입니다. 군함의 척수와 군대의 인원수가 앞에서 말씀드린 바와 같은 숫자면 대단히 좋겠지만 힘이 모자란다면 배 수십 척에 군인 5~6천 명이라도 족할 것입니다.
수년 전에 서양 상선 한 척[11]이 이 나라에 동래에 표류하여 왔을 적에 한 교우[12]가 배에 올라 자세히 보고 돌아와서 말하기를 그 배 한 척이면 우리나라 전함 백 척은 족히 대적할 것이라고 했습니다.

이 세 부분이 「백서」에서 논란이 된 내용이지만 이는 「백서」의 끝부분에 언급된 내용들이고, 「백서」의 대부분은 주문모를 비롯해 박해로 사형당하거나 형벌을 받다 죽은 정약종·강완숙·이가환·이승훈·최필공·홍교만 등 천주교 신자들의 신앙과 박해에 관한 내용이었다. 황사영은 조정에서 천주교를 해치는 것은 두 가지 이유가 있다고 보았다.

하나는 당파끼리의 논쟁이 몹시 심하여 이런 것을 빙자하여 남을 배척하고 모함하는 자료로 삼기 때문이요, 다른 하나는 견문이 넓지 못해 아는 것이 오직 송학宋學(주자학)뿐이므로 자기와 조금만 다른 행위가 있으면 그것을 천지간의 큰 괴변으로 보기 때문입니다.

황사영은 책문 안에 중국인 신자에게 가게를 차리게 해 연락선으

11 정조 21년(1797) 9월 동래 용당포 앞바다에 영국인 브루턴Broughton이 이끄는 북태평양 탐험선이 표류한 것을 말하는데, 이 배는 16문의 포를 장착하고 있었다.(『정조실록』, 21년 9월 6일)

12 천주교 신자 현계흠玄啓欽을 뜻하는데 역관 출신으로 약방을 경영하던 그는 황사영 사건과 관련되어 1801년 11월 5일 서소문 밖에서 참수당했다.

로 삼자고 요청하고 일부 재일齋日을 지키지 않아도 죄가 되지 않도록 해달라고 요청하는 것으로 「백서」를 마무리하고 있다.

> 책문柵門 안에 가게를 차리는 일이 현재로선 가장 요긴하고 시급한 일로 빨리되면 될수록 더욱 다행하겠습니다. 그 외의 계획도 3~4년 안에 시행하여야 성공을 바랄 수 있겠습니다. 이때를 지나면 세상이 또 어떻게 변할지 모르겠습니다. 저희는 하루를 보내기가 한 해와 같은데 스스로 행할 힘은 없고 바라는 마음만이 심히 간절합니다. 불쌍히 여기시어 속히 구원하여 주십시오.
>
> 금년 박해에 이름이 알려진 교우로서 화를 면한 사람이 극히 적은데, 남아 있는 사람은 숨을 죽이고 엎드려 아주 멸망하여 없어진 듯이 보여야만 성교가 보존되겠으므로, 교우들은 장사꾼이 되어 돌아다니고 혹은 살던 곳을 떠나 다른 데 이사를 가는 등 길에서 헤매는 사람들이 허다합니다. 또한 재일齋日을 당할 때마다 신자라는 것이 탄로 나기 쉬우므로 감히 간청하오니, 현재 이 나라 교우들로서 여행하는 자에게는 대·소재를 막론하고 일체 면제해주셔서 남의 눈에 띄지 않도록 숨겨 생명을 보존하게 하심이 어떠하겠습니까.

재일은 소재小齋와 대재大齋로 나뉘는데, 당시 천주교회법은 만 7세부터 죽을 때까지 매주 금요일은 고기를 먹지 않는 소재였고, 사순절의 금·토요일과 성령 강림, 성모 승천, 모든 성인의 날 등은 만 21세부터 60세까지 매일 한 끼씩만 먹는 대재였다. 이 재일의 계율을 지키다 보면 특이하게 보여 체포될 수 있었으므로 이를 지키지 않아도 죄가 되지 않게 해달라는 요청이었다.

국청에 끌려와 혹독한 심문을 받은 황사영은 11월 5일 대역부도의 죄로 서소문 밖에서 온몸이 찢기는 능지처사를 당했다. 뿐만 아니라 그의 가족 모두가 큰 불행을 당했다. 모친 이윤혜와 부인 정명련은 노비가 되어 각각 거제도와 제주도 대정현으로 끌려갔으며, 두 살이었던 아들 황경한은 영광군 추자도로 귀양 갔고, 숙부 황석필은 함경도 경흥으로 귀양 갔다. 심지어 집안의 종들도 피해를 입어 종 육손은 갑산, 돌이는 삼수, 여종 판례는 위원渭原, 복덕은 흥양興陽으로 귀양 갔다. 여종 고음연은 단성丹成으로 귀양 갔다가 이듬해 물고物故되었다. 여종의 남편 박삼취도 거창으로 유배되었다.

조정은 황사영을 죽인 다음 날 그 집을 헐어버리고 웅덩이를 파서 물이 고이게 했다. 시대는 더욱 깊은 어둠 속으로 수몰되었다.

書且此日平安信息 潤[illegible]屐此
時至深矣此素氣光 [illegible]屐之也之甚
[illegible]窗諸衛[illegible]鄉之界燭壽日仲夏[illegible]
自然淨消雨有[illegible]且[illegible]世移歲暮勝時之切
且成矣[illegible]矣但西首來蓮[illegible]一城之氣[illegible]
[illegible]山有[illegible]治勝[illegible]情雅華[illegible]差之恨家以之
君之品節是倩是[illegible]也對起居康泰右[illegible][illegible]
今之相知貴相知心有如[illegible]書歸雅識其可
有理業[illegible]此雲之之賓客出來定顏[illegible]指[illegible]
未須海衣[illegible][illegible]以來矣姑存惟[illegible][illegible]之[illegible]之[illegible]
而其之[illegible]山[illegible]此游[illegible]小錄[illegible]日惟業上[illegible]

제9장

유배지에서

총명한 선비가 지극히 곤궁한 지경을 만나
사람 소리가 없는 곳에서 외롭게 지낸 뒤에야
경전의 정미한 뜻을 비로소 깨달을 수 있다.

거듭되는 이별

황사영이 체포되던 그해 가을 정약용은 유배지 장기에서 세상 속박에서 벗어나고 싶은 마음을 노래했다.

가을 바람이 흰구름을 날려	秋風吹白雲
푸른 하늘 가린 것 없구나	碧落無纖翳
홀연히 이 몸도 가볍게 여겨져	忽念此身輕
표연히 이 세상에서 나가고 싶네	飄然思出世

「백운白雲」

그러나 정약용은 이 세상에서 나가기는커녕 이 세상의 지옥에 다시 끌려와야 했다. 죽음에 땅 국청에 다시 선 것이다. 황사영이 체포되자 노론 벽파와 홍낙안 등은 쾌재를 불렀다. 정약용을 연루시켜 죽일 수 있으리라고 믿었기 때문이다. 황사영의 처삼촌이니 빠져나갈 방도가 없으리라고 생각했다. 게다가 정약용을 그렇게 죽이려고 하는 홍낙안이 사헌부 집의가 되었으니 정약용이 살아나기는 어려웠다.

그해 10월 13일 사헌부 집의 홍낙안과 사간원 헌납 신구조가 연명으로 차자를 올려 황사영의 「백서」 제작 배후에 정약전·정약용·이치훈·이학규·신여권 등이 있다며 이들을 다시 체포해 심문하라고 주청했다. 이에 따라 정약용과 정약전은 장기와 신지도에 들이닥친 금부도사에 의해 다시 서울로 압송당했다. 두 형제는 이번에는 살아나기 어렵다는 사실을 직감했다.

실제로 국문장에서 위관委官은 「황사영 백서」를 보여주며 협박했다.

"반역의 변이 이 지경에까지 이르렀으니, 조정에서 또한 어떤 생각인들 하지 못하겠느냐? 무릇 서교西教에 관한 서적을 한 자라도 본 사람이면 살아남지 못할 것이다."

두 형제는 다시 심한 형문을 받았으나 황사영과 관련되었다는 아무런 증거가 나타나지 않았다. 그러나 심한 고문으로 억지 자백을 받으려 할 수도 있었다. 정약용도 죽음을 각오하고 있는데, 뜻밖에 황해도에서 돌아온 정일환鄭日煥이 정약용을 두둔하고 나섰다.

"정약용이 곡산을 다스릴 때 끼친 칭송이 아직도 그곳에 자자한데, 만약 사형으로 논한다면 반드시 옥사를 잘못 처리했다는 비방을 불러일으킬 것입니다."

이 때문에 노론 벽파는 정약용 형제를 죽이지 못했다. 곡산에서 베푼 선정이 그를 살린 셈이었다. 황사영이 사형당한 순조 1년 11월 5일 정약전은 나주목 흑산도黑山島에, 정약용은 강진현康津縣으로 유배형이 확정되었다. 2월의 국문 때는 친동기 정약종을 잃더니 이번에는 조카사위가 능지처사되고 친조카 명련은 종이 되어 귀양갔다. 그러나 이 무렵 벌어진 한 사건은 정약용이 목숨을 건진 자체가 기적이었음을 말해준다.

국문 중에 교리 윤영희尹永僖가 정약용의 생사를 탐지하기 위해 대사간 박장설을 찾아갔다. 때마침 정약용을 죽이기 위해 혈안이 되어 있던 홍희운(낙안)이 박장설을 찾아와서 윤영희는 옆방으로 피해 들어갔다. 홍희운은 말에서 내려 방에 들어와 발끈 성을 내며 소리쳤다.

"천 사람을 죽여도 정약용 하나를 죽이지 못하면 아무도 죽이지 않는 것만 같지 못한데 공은 어찌 힘써 다투지 않소."

"그가 스스로 죽지 않는데 내가 어떻게 그를 죽이겠소."

홍희운이 돌아간 뒤 박장설은 윤영희에게 말했다.

"답답한 사람이다. 죽여서는 안 될 사람을 죽이려고 두 번이나 큰 옥사를 일으키고도 나보고 다투지 않았다고 하니 답답한 사람이로다."

이처럼 탄핵권을 가진 사헌부 집의가 반드시 죽이려고 했으나 살아난 자체가 기적 같은 일이었다. 두 형제는 함께 유배길에 올랐다. 음력 11월 초 동작나루를 건너 과천을 지나는데 눈까지 내렸다.

동작나루 서쪽의 갈고리 같은 달	銅雀津西月似鉤
한 쌍의 놀란 기러기 모래섬을 넘네	一雙驚雁度沙洲
오늘 밤은 눈 덮인 갈대숲에서 함께 자지만	今宵共宿蘆中雪
내일이면 머리 돌려 따로 날아가리	明月分飛各轉頭

「놀란 기러기[驚雁]」

기러기 한 쌍은 바로 정약용 형제였다. 그것도 '놀란 기러기 한 쌍'이었다. 금강을 건넌 두 형제는 11월 21일 나주읍 북쪽 5리 지점의

나주 율정점 약용과 약전은 함께 유배길에 올라 여기서 헤어지는데 이것이 그들의 마지막 만남이었다.

율정점에 이르렀다. 율정점의 초가 주막에 들어 밤을 보냈으나 여느 밤과 달랐다. 이 밤이 지나면 각자 길을 가야 했다. 정약용은 영산강을 건너고 월출산을 넘어 강진으로, 정약전은 무안을 거쳐 흑산도로 가야 했다. 이제 헤어지면 언제 다시 만날지 아무런 기약이 없었다. 정조 같은 임금이 다시 나오지 않는 한 귀양이 풀릴 기약은 없었다. 정약용은 동이 트지 않기를 바랐으나 끝내 동녘이 밝아오기 시작했다.

초가 주막 새벽등 푸르스레 꺼지려 해서	茅店曉燈靑欲滅
일어나 샛별 보니 이별할 일 참담하구나	起視明星慘將別
두 눈만 뜬 채 묵묵히 두 입 다 할 말 잃어	脈脈嘿嘿兩無言

강진 읍성의 동문 밖 강진에서 거처를 구하지 못하던 정약용은 이 동문 근처에 있던 주막집 노파의 방 한 칸을 빌려 겨우 기거할 수 있었다.

애써 목청 다듬건만 나오는 건 오열뿐	强欲轉喉成嗚咽
흑산도 머나먼 곳 바다와 하늘뿐인데	黑山超超海連空
형님께서 어찌 그곳으로 가시겠소	君胡爲乎入此中

「율정점의 이별[栗亭別]」

형제가 죽음의 문턱에서 신음하고 있던 그때 형제를 죽음으로 몰고간 홍희운(낙안)은 승승장구했다. 순조 1년(1801) 10월 15일 대왕대비 김씨는 "이때 이 사람에게는 마땅히 발탁하는 조치가 있어야 할 것이니, 집의 홍희운에게 동부승지를 제수하여 국좌에 나와서 참여하도록 하라."고 지시했다. 홍희운은 수많은 사람들을 죽음으로 몬 대가로 정조 때 정약용이 사직 상소를 냈던 바로 그 자리에 제수되었던 것이다.

이런 어둠의 시대에 정약용의 자리는 유배지일 수밖에 없었다. 더구나 유배지의 인심은 차가웠다.

신유년(1801) 겨울, 나는 영남(장기)에서 체포되어 서울에 올라왔다가 다시 강진으로 귀양 가게 되었다. 강진은 옛날 백제의 남쪽 변방으로 지역이 비루하고 풍속이 색다르다. 그 당시 그곳 백성들은 유배 온 사람 보기를 마치 큰 해독으로 보아 가는 곳마다 모두 문을 부수고 담장을 무너뜨리고 달아나 버렸다.

『상례사전서喪禮四箋序』

강진에서는 고달픈 몸 하나 누일 방도 구할 수가 없었다. 정약용은 『상례사전서』에서 "한 노파가 나를 불쌍히 여기고 자기 집에서 살도록 해주었다."라고 쓴 대로 한 노파의 동정으로 몸을 누일 수 있었다. 강진의 동문 밖에 있던 그 노파의 집은 밥도 팔고〔賣飯〕, 술도 파는〔酒家〕 주막이었다. 그곳에서 정약용은 "이윽고 나는 창문을 닫아 걸고 밤낮으로 혼자 앉아 있게 되었다. 누구와도 이야기할 사람이 없었다."라고 적은 대로 스스로를 안치한 채 세상과 절연했다.

두 번이나 국청에 선 그를 만나려는 사람은 아무도 없었다. 그는 화태禍胎(재앙의 근원)였다. 연산군 때 화태라 불렸던 조광조趙光祖를 사람들이 꺼렸던 것처럼 정약용 또한 살아 있는 화태였다. 그와 관련된 많은 사람이 죽었고, 그 역시 언제 죽을지 몰랐다.

실제로 세상과 절연한 정약용을 죽이려는 시도가 있었다. 정약용의 강진 유배 이듬해(1802) 강진현감이 된 이안묵李安默은 순조 즉위 초 사헌부 장령으로서 천주교도를 탄핵하고 홍낙임을 탄핵해 사형시킨 노론 벽파 골수분자였다. 그는 순조 2년(1802) 여름 정약용이 임금을 원망한다고 무고했다. 그러나 세상과 절연하고 아무도 만나지 않은 그가 임금을 원망할 수는 없었다. 이런 세태 속에서 정약용의 피안의 세계는 학문이었다. 그는 오직 학문에만 매진했다. 새벽부터 밤까지 쉬지 않았다. 그러자 왼쪽 어깨 마비증세가 나타나고 시력도 급격히 나빠졌다. 그러나 그는 안경에 의지해 학문에 몰두했다. 1815년 문산 이재의李載毅에게 보낸 편지에서 정약용은 자신을 이렇게 표현했다.

"한번 고향을 떠난 이후로 다시 천지 사이에서 더욱 외로운 홀몸이 되어 이 몸과 서서 이야기할 자도 없게 되자, 문을 닫아걸고 죄수처럼 머리도 빗지 않고, 오로지 옛 성인聖人이 세운 학설의 미묘한 뜻을 찾았습니다."

이처럼 정약용은 유배지에서 세상을 향한 '문을 닫아걸고' 학문의 세계에만 침잠했다. 그러나 그런 정약용에게 불행은 잇달았다.

강진으로 유배 온 이듬해(1802) 겨울 넷째 아들 농장農牂이 죽었던 것이다. 불과 네 살짜리였다. 항상 마음속에 빛으로 생각하고 있던 막내였다. 벌써 네 번째로 잃는 아들이었고 딸까지 합치면 다섯 번째였다. 귀양지의 정약용이 할 수 있는 일은 두 아들에게 편지를 쓰는 것뿐이었다.

우리 농아農兒가 죽었다니 참혹하고도 슬프구나! 참혹하고도 슬프구나! 그 애 생애가 불쌍하구나. 내가 더욱 쇠약해질 때 이런 일까지 닥치다니, 정말 슬픈 마음을 조금도 누그러뜨릴 수 없다. 너희들 아래로 무려 사내아이 넷과 계집아이 하나를 잃었다. 그중 하나는 낳은 지 열흘 남짓해서 죽어버려 그 얼굴 모습도 기억나지 않지만, 나머지 세 아이는 손 안의 구슬처럼 재롱을 부리다가 모두 세 살 때 죽고 말았다. 이 세 아이들은 모두 나와 네 어머니의 손에서 죽었기에 운명이라고 생각할 수도 있었던 것이다. 그래서 이번같이 가슴이 저미고 찌르는 슬픔이 북받치지는 않았다.

능히 생사고락生死苦樂의 이치를 어설프게나마 깨달았다는 내가 이런데 품속에서 꺼내어 흙구덩이 속에 집어넣은 네 어머니야 어떻겠느냐? 그 애가 살아 있을 때 말 한 마디, 행동 하나하나가 기특하고 어

정약용의 산수화 험난한 세상에서 벗어나 자연 속에 은거하고자 하는 다산의 희구가 잘 드러나 있다. 서강대 박물관에 소장돼 있다.

여쁘게 생각되어 귓가에 쟁쟁하고 눈앞에 어른거릴 것이다.

「두 아들에게 답한다[答兩兒]」(1802년 12월)

정약용은 두 아들에게 어머니를 위로할 것을 당부했다. 남편이 귀양 간 뒤에 자식마저 잃은 부인 홍씨의 아픔을 두 아들이 달래라는 것이었다.

아무쪼록 너희들은 마음을 다 바쳐 어머니를 섬겨 그 삶을 온전토록 하거라. 이 뒤부터 너희들은 정성스런 마음으로 곁에서 부축하고 이끌되, 두 며느리로 하여금 아침저녁으로 부엌에 들어가 맛있는 음식을 장만하고 방이 차고 따뜻한가를 보살피며, 한시라도 시어머니 곁을 떠나지 않게 할 것이며, 상냥하고 부드럽고 기쁜 낯빛으로 온갖 방법을 다해 기쁘게 해드려라.

시어머니가 더러 쓸쓸해하고 편치 않아 하더라도 기쁘게 받아들이고, 더욱 정성스런 마음으로 힘을 다해서 기어이 그 기쁨과 사랑을 얻도록 하여라. 마음에 조금의 틈도 없이 오래 화합하면 자연히 믿음이 생겨 안방에서는 화평의 기운이 한덩이로 빚어지고 자연스레 천지의 화응을 얻어 닭이나 개, 채소나 과일 따위도 또한 각기 번성하여 물건을 억눌러 막음이 없고 일에 억눌러 맺힌 게 없으면 나 또한 임금의 은혜라도 입어 자연히 풀려 돌아가게 될 것이다.

「두 아들에게 답한다」(1802년 12월)

정약용은 가족이 서로 화목해 천지의 화응을 얻고 싶었다. 그렇게 맺힌 것이 풀려야 귀양에서 풀려날 수 있다고 생각했다. 그러나 이는 정약용의 바람일 뿐이었다. 대왕대비와 노론 벽파의 관심사는 천지의 조화에 응하는 것이 아니라 남인들을 완전히 제거하고 일당독재 체제를 구축하는 것이었다. 이를 위해서 다산은 유배지에 갇혀 있어야 했던 것이다.

유배지에서 시킨 자녀 교육

벼슬길과 학문의 길

유배지에서 정약용은 세상과 절연했지만 그럴 수 없는 곳이 있었다. 가족이었다. 고향에 남겨진 자식들에 생각이 미치면 밤잠을 이룰 수 없었다.

어떻게 교육시킬 것인가?

이것이 문제였다.

정약용은 자신이 귀양에서 풀려 돌아가기를 바라는 오직 한 가지 이유가 두 아들과 그 종형제(4촌)들의 교육에 있다고 말할 정도로 2세 교육에 걱정이 많았다.

> 이제 너희 사촌들이 대여섯 명이나 되는데 내가 만일 임금의 은혜를 입어 살아서 고향 땅에 돌아가게 된다면 오직 이 대여섯 애들을 가르치되 모두 효孝와 제悌에 근본을 두고 또 경사經史와 예악禮樂, 병농

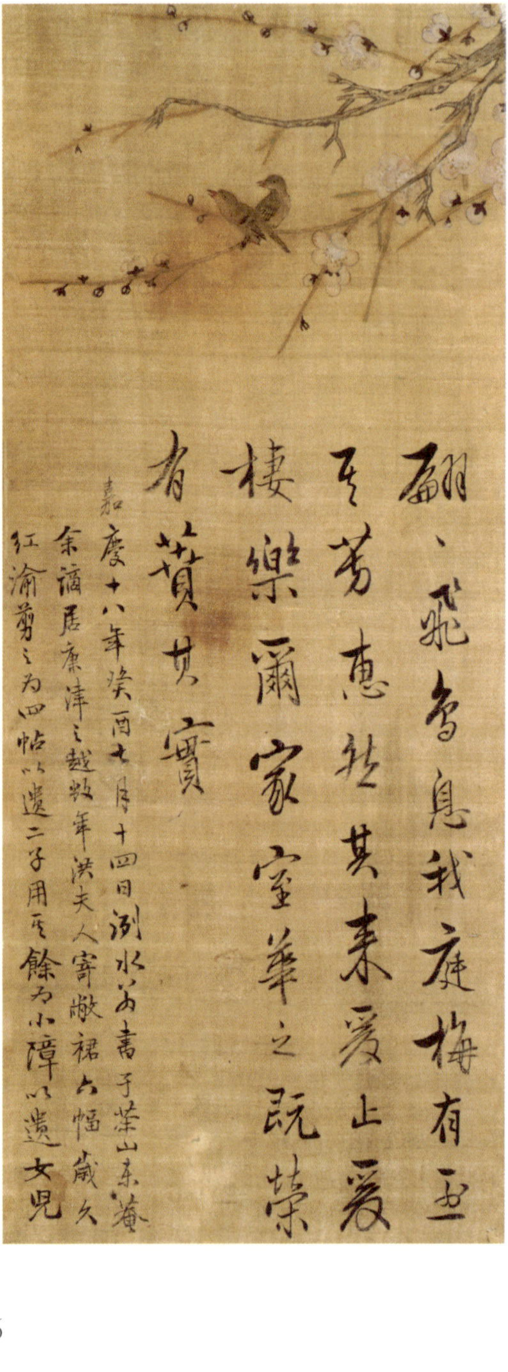

매화병제도 다산은 아내가 보내온 색 바랜 다홍치마에 매화와 참새 한 쌍을 그려 한 해 전 시집간 딸에게 보냈다. 오랜 유배생활의 역경 속에서도 딸에 대한 애정을 억누르기는 힘들었던 모양이다. 고려대박물관에 소장돼 있다.

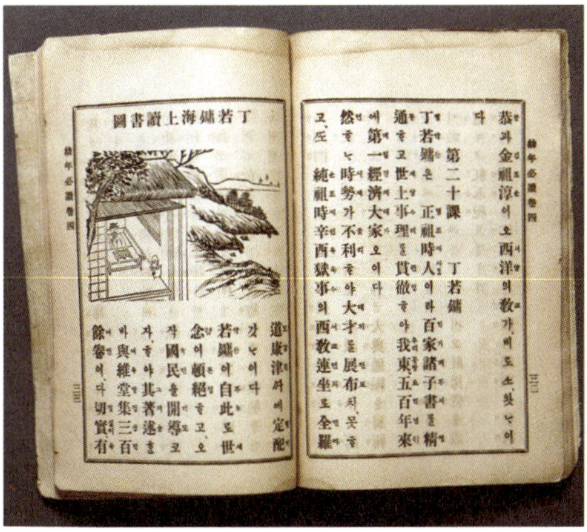

「유년필독」 1907년 사학자 현채가 펴낸 초등학교용 교과서인 『유년필독』에서 정약용을 소개한 부분이다. '정약용 해상 독서도'라는 그림 설명이 재미있다.

兵農과 의약醫藥의 이치를 투철하게 알게 해주는 일이다. 이렇게 할 수 있다면 아마 4~5년이 못 되어 그 향기가 짙어짐을 볼 수 있어 비록 폐족임을 면하지는 못하겠지만 아버지의 가르침은 징험이 있을 것이니 이것이 내가 아침저녁으로 북쪽을 바라보며 반드시 빨리 귀양이 풀려 돌아가고자 하는 까닭인 것이다. 이것에 나의 큰 계획의 도리가 있다.

「두 아들에게 부친다[寄兩兒]」(1802년경)

이 무렵 큰아들 학연이 와서 근친覲親했다. 이미 스무 살의 청년이었다. 백부는 대역죄로 사형당하고 또 다른 백부는 외딴 섬 흑산도로 귀양 간 상황이었다. 양반사회에서 과거길이 끊어진 사대부가의 자손들이 할 수 있는 일은 없었다. 정약용은 정약종을 대역죄로 죽인 것은 자신을 겨냥한 것이라고 생각했다. 그는 「자찬 묘지명」에서

"이때(1801) 악당들이 내가 죽지 않는다는 것을 알고는 …… 마침내 약종에게 극형을 추가함으로써 내가 재기할 수 있는 길까지 막아버렸다."라고 비판했다. 한집안에 대역죄인이 나오면 그 집안 사람들 모두의 벼슬길이 막히는 것을 이용한 것이라는 생각이었다. 과거길이 막힌 자식들에게 무슨 말을 권할 수 있으랴.

정약용은 과거보다 더 큰길을 자식들에게 제시했다. 바로 학문의 길이었다.

이제 너희들은 망한 집안의 자손이다. 만일 망해버린 자손으로 잘

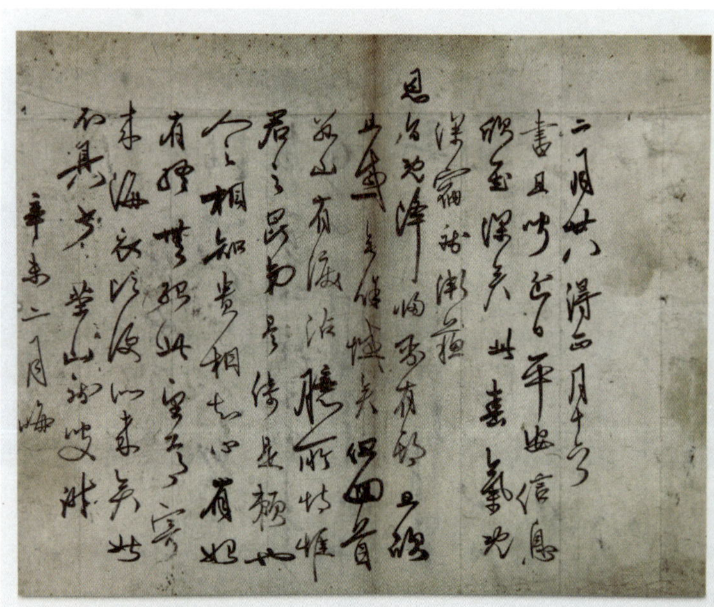

정약용의 편지 1810년 큰아들 학연이 부친의 억울함을 상소하여 해배의 움직임이 있자, 한 제자에게 자신이 강진을 떠나면 흑산도에 있는 형 약전을 부탁한다는 내용의 편지다. 자산(흑산도)으로 머리를 돌리면 눈물이 가슴을 적신다는 말에서 형에 대한 다산의 그리움을 짐작할 수 있다.

처신하여 처음보다 훌륭하게 된다면 이것이야말로 기특하고 좋은 일이 되지 않겠느냐? 폐족廢族으로서 잘 처신하는 방법은 오직 독서하는 한 가지 방법밖에는 없다. 독서라는 것은 사람에게 있어서 가장 중요하고 깨끗한 일이며, 호사스런 집안 자제들에게만 그 맛을 알도록 인정한 것도 아니다. 또 촌구석 수재秀才들이 그 심오함을 넘겨다볼 수도 없는 것이기 때문이다. 반드시 벼슬하던 집안의 자제로서 어려서부터 듣고 본 바도 있는 데다 중년에 죄에 걸린 너희들 같은 사람들만이 독서를 할 수 있는 것이다. 그네들이 책을 읽을 수 없다는 것이 아니라 뜻도 모르면서 그냥 책만 읽는 것이니 이를 두고 책을 읽었다고 할 수 없는 것이다.

「두 아들에게 부친다」(1802년 12월)

정약용은 과거를 볼 수 없게 된 것을 오히려 다행으로 여기라고 타일렀다.

네가(학연) 곡산에서 공부하다 집으로 돌아간 뒤 내가 네게 과거공부를 하라고 한 적이 있었다. 그 당시 너를 아끼는 문인이나 시를 짓던 선비들은 본격적인 학문을 시킬 일이지 과거공부를 시키느냐고 모두 나의 욕심이라고 나무랐고 나 또한 마음이 허전했다. 이제 너는 과거에 응시할 수 없게 되었으니 그런 걱정은 안 해도 되겠구나.
내가 보기에 너는 이미 진사도 되고 과거에도 급제할 실력이 된다. 식자識者로서 과거의 폐단에서 벗어나는 것과 진사가 되고 급제하는 것 중에서 어느 것을 택하겠느냐? 너는 진실로 독서할 때를 얻었다.

내가 이미 말했듯이 폐족이 되었기 때문에 오히려 더 좋은 처지가 된 게 바로 이런 것이 아니겠느냐.

「두 아들에게 부친다」(1802년 12월)

학연이 근친 왔을 때 다산이 누누이 이른 것은 이런 학문의 길이었다. 그러나 이는 세상사 쓴맛 단맛 다 본 정약용의 깨달음이지 학연의 것은 아니었다. 이제 20세의 학연에게 그런 말이 와 닿을 리가 없었다. 학연에게는 과거도 못 보는 글은 해서 무엇하느냐는 자포자기가 배어 있었다. 그래서 정약용은 벼슬보다 학문이 더 중요하다고 가르쳤다.

마융馬融과 정현鄭玄은 비록 학자라고는 하나 권력이 당세에 무거워 외당外堂에서 제자들과 더불어 강론하면서 내당內堂에서는 노래하고 춤추는 여자를 두고 즐겼다. 그 화려하고 호사스러움이 이와 같았으니 당연히 경전을 연구함이 정밀하지 못했다. 그 뒤에 공안국孔安國과 가공언賈公彦 등도 모두 유학에 통달했으나 심기心氣가 정밀하지 못해서 논한 바가 대부분 어두웠으니, 곤궁한 뒤에야 비로소 책을 지을 수 있다는 사실을 알 수 있다.
반드시 가장 총명한 선비가 지극히 곤궁한 지경을 만나서 종일토록 사람 소리나 수레바퀴 소리가 없는 곳에서 외롭게 지낸 뒤에야 경전과 예서禮書의 정미한 뜻을 비로소 깨달을 수 있을 뿐이다. 천하에 이런 공교로움이 있겠느냐.

「두 아이에게 답한다」

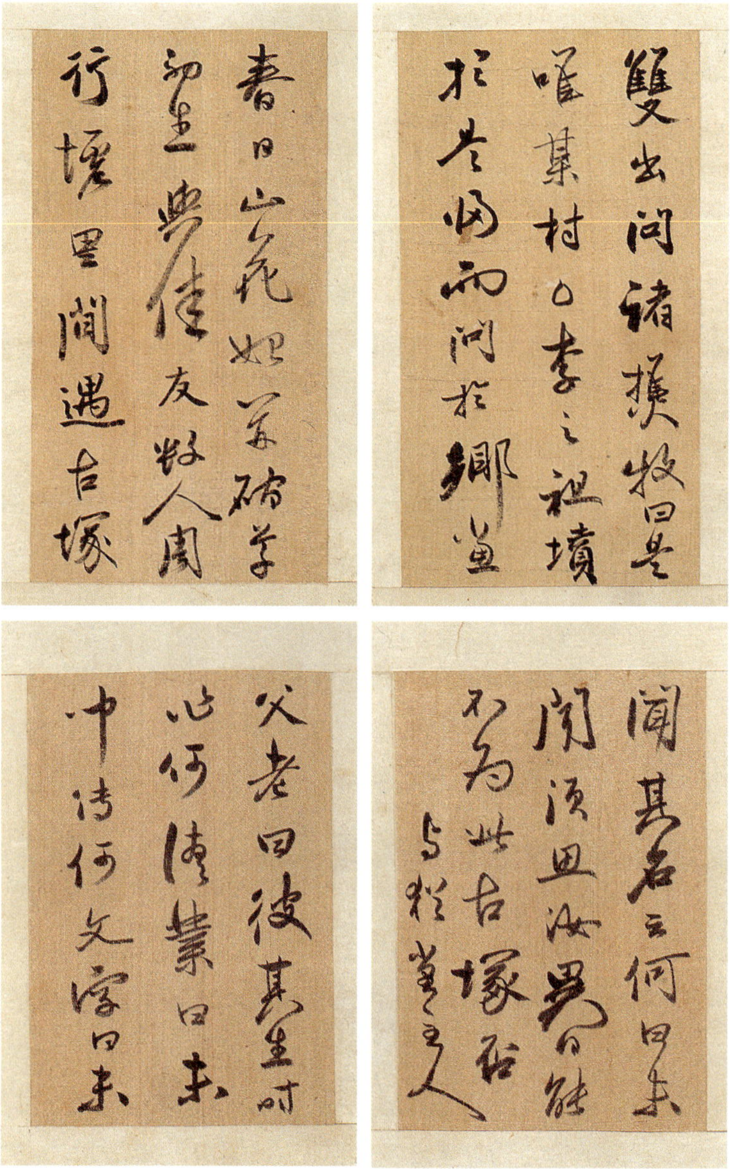

다산이 여식에게 보낸 글 하나뿐인 딸에 대한 애정을 엿볼 수 있는 다산의 편지들이다. 현재 실학박물관에 소장돼 있다.

정약용은 마융과 정현 등 당대에 권력을 쥐었던 학자들이 바로 그 권력 때문에 훌륭한 학자가 되지 못했다며 가난이 학자에게는 오히려 복이라고 가르친 것이다. 다산은 효도하기 위해서라도 학문을 하라고 권유했다.

> 내가 전에도 여러 차례 얘기했듯이 청족清族(명문가)은 비록 독서를 하지 않더라도 스스로 존중받을 수 있으나 폐족으로서 거칠어지면 더욱 밉게 보이지 않겠느냐? 사람들이 천시하고 세상에서 깔보는 것도 슬픈 일인데, 지금 너희들은 스스로를 천시하고 깔보고 있으니 이는 스스로를 비참하게 만드는 것뿐이다. 너희들이 마침내 배우지 않고 스스로 포기해버린다면 내가 쓴 저술과 편찬한 책들은 장차 누가 거두어 모아서 책으로 엮고 다듬고 교정을 하며 정리하겠느냐. 이 일을 이루지 못하면 내 책들은 끝내 세상에 전해지지 않을 것이고, 내 책이 후세에 전해지지 않으면 후세 사람들은 단지 사헌부司憲府의 계문啓文과 옥안獄案에 기대어 나를 평가할 것이다. 그렇다면 나는 장차 어떤 사람이 되겠느냐?
>
> 「두 아들에게 부친다」(1802년 12월)

유배지에서 정약용이 학문에 몰두한 이유는 단지 현실의 괴로움을 잊기 위한 수단만은 아니었다. 그는 자신의 정당성을 그 시대에 인정받으려 하지 않았다. 어차피 현실은 벽파의 것이자 자신을 죄인으로 규정지은 사헌부의 계문과 국청의 옥안에 있었다. 정약용은 이런 현실에 무모하게 맞서는 대신 자신의 글을 남겨 후세인들에게 평가를 받으려 했다. 그것은 바로 역사의 평가였다.

그러나 이제 스무 살의 학연이나 열일곱의 학유에게 정약용의 이런 구상이 다가올 리 없었다. 자식들이 학문을 소홀히 하고 있는 것은 유배지에서도 훤히 알 수 있었다. 그가 준 숙제에 대한 답변이 전혀 없었던 것이다. 그래서 이듬해(1803) 정월 초하루에 다산은 두 아들에게 다시 편지를 썼다.

> 새해가 밝았구나. 군자는 새해를 맞이하면 반드시 그 마음과 행동을 일신하려 한다. 나는 소싯적에 새해를 맞을 때마다 꼭 1년 동안 공부할 과정을 미리 계획해보았다. 가령 무슨 책을 읽고 어떤 글을 뽑아 적어야겠다는 식으로 작정을 하고 나서 실천했다. 때론 몇 개월 지난 뒤에 사고가 발생해 계획대로 되지 않을 때도 있었지만 좋은 일을 행하고자 했던 생각이나 앞으로 나아가고 싶은 마음은 스스로 그치지 않을 수 있었던 것이다.
>
> 내가 지금까지 앞뒤로 너희들의 공부에 대해서 몇 번씩 글과 편지로 다그쳤다. 그러나 아직 한 조목의 경전經典이나 예악禮樂에 대해 질문을 해오지 않고 역사책에 관한 논의도 내게 보여주지 않고 있다. 어찌해서 너희들은 내 이야기를 이렇게 대수롭지 않게 듣느냐? 지난해에도 이런 걱정에 병이 나서 여름 내내 앓으며 세월을 허송했다. 마음속에 참으로 조금의 성의만 있다면 비록 난리 속이라도 반드시 진보할 곳이 있는 법이다. 집에 책이 없느냐? 몸에 재주가 없느냐? 눈이나 귀에 총명이 없느냐? 어째서 스스로 포기를 하려 하느냐?

「두 아들에게 부친다」(1803년 정월 초하루)

결국 정약용은 두 아들에게 희망을 제시하는 것이 가장 중요하다고 생각했다. 그래서 이런 길을 제시했다.

폐족이라 생각해서 그러느냐? 폐족은 과거에 나가는 것이 기피될 뿐이지 성인聖人이 되는 길이야 기피되지 않는다. 문장가가 되는 길이나 지식과 이치에 통달한 선비가 되는 길은 기피되지 않는다. 기피되지 않을 뿐만 아니라 과거의 폐단이 없어서 크게 낫기도 한 것이다.
그리고 또 빈곤하여 가난의 어려움을 겪으면 마음과 뜻이 단련되어 지혜와 생각을 넓힐 수 있게 되어 인정人情이나 사물의 진실과 거짓의 모습을 두루 알 수 있게 되는 것이다.
성호 이익 선생도 화를 당한 집안에서 명유名儒가 되었는데 …… 폐족에게 재주 많은 걸출한 선비가 많은 것은 하늘이 재주 있는 사람을 폐족에게만 많이 태어나게 한 것이 아니다. 부귀영달하려는 마음이 근본정신을 가리지 않았기에 독서하고 궁리窮理하여 진면목과 바른 뼈대를 얻을 수 있었던 것이다.

「두 아들에게 부친다」(1803년 정월 초하루)

정약용은 벼슬길이 막혀 실의에 빠진 자식들에게 유교사회의 최고 이상인 성인聖人이 되는 길을 제시했다. 그러면서 다산은 그렇게 열심히 공부하다 보면 혹시 중흥中興의 날이 올지도 모른다고 제시하고 있다.

마루에 오르고 방에 들면 거문고 하나, 투호投壺 하나, 붓과 벼루, 책상과 책들이 보기에 품위 있고 깨끗해서 흡족할 만한 때에 마침 손님이 찾아오면 닭 한 마리 잡고 생선회 쳐서 탁주 한 잔에 맛있는 나물로 흔연하게 먹으면서 서로 고금의 일을 끌어다 논한다면, 비록 폐족이라도 장차 안목 있는 사람들은 부러워할 것이고, 이렇게 1년, 2년의 세월이 흐르다 보면 중흥되지 않으리라고 어떻게 단정 지을 수 있겠느냐? 너희들은 이런 것을 생각해보아라. 차마 이런 것도 하지 않겠느냐?

「두 아들에게 부친다」(1803년 정월 초하루)

정약용은 순조의 성장을 기다리고 있는지도 몰랐다. 대왕대비와 노론 벽파에게 둘러싸여 있는 순조가 성인이 되어 친정을 하면 부왕의 뒤를 따를 것이라는 믿음이었다. 그때가 되면 그의 집안은 다시 한 번 일어설 수도 있었다.

학문하는 방법과 일상에서의 행실

그보다 중요한 것은 학문이었다. 그래서 정약용은 두 아들에게 학문하는 자세와 방법을 가르쳐주었다. 먼저 겉으로 드러나는 태도와 행실을 엄하게 다잡으라는 것이었다.

근래 일종의 학술로서 반관反觀[13]이란 것이 이름을 얻어 외모를 수식하는 자를 가짜라고 지목하고 있다. 제멋대로 굴며 구속을 싫어하

13 송나라 학자 소옹邵雍이 주장한 객관적 견지의 학문태도.

는 젊은애들은 이를 듣고서 크게 기뻐하며 기거 동작의 예절도 제멋대로 하고 있다. 나도 전에 이런 풍조에 깊이 물들었기 때문에 늙어서도 예절이 몸에 익지 않아 비록 후회하여 고치고자 해도 어려우니 깊은 회한일 뿐이다. 전에 너희들이 옷깃을 여미고 무릎 꿇고 앉아서 단정 장중하고 엄숙한 얼굴빛을 가꾸는 것을 한 번도 보지 못했으니 이는 내 습관이 한 번 굴러서 너희 것이 된 것이리라. 이는 성인들이 사람들을 가르칠 때 먼저 외모부터 단정히 해야 마음을 안정시킬 수 있다고 하신 이유를 전혀 모르기 때문이다.

세상에서 비스듬히 드러눕거나 비뚜로 서고, 상소리를 내뱉으며 어지러운 것을 보면서 경건한 마음을 가질 수 있는 사람은 없다. 때문에 몸을 움직이는 것〔動容貌〕, 말을 하는 것〔出辭氣〕, 얼굴빛을 바르게 하는 것〔正顔色〕, 이 세 가지는 학문을 하는 데에 가장 우선적으로 마음을 기울여야 하는데, 이 세 가지도 하지 못하면서 다른 일에 힘쓴다면 비록 하늘의 이치에 통달하는 재주가 있고 다른 사람보다 뛰어난 식견을 가졌다 할지라도 결국은 발뒤꿈치를 땅에 붙이고 바로 설 수 없게 되어 어긋난 말씨, 잘못된 행동, 도적질, 대악大惡, 이단異端이나 잡술雜術 등으로 흘러 건잡을 수 없게 될 것이다.

「두 아들에게 부친다」(1803년 정월 초하루)

정약용은 '몸을 움직이는 것과 말을 하는 것과 얼굴빛을 바르게 하는' 이 세 가지를 고향집 서재의 이름으로 삼아 항상 실천하라고 권한다.

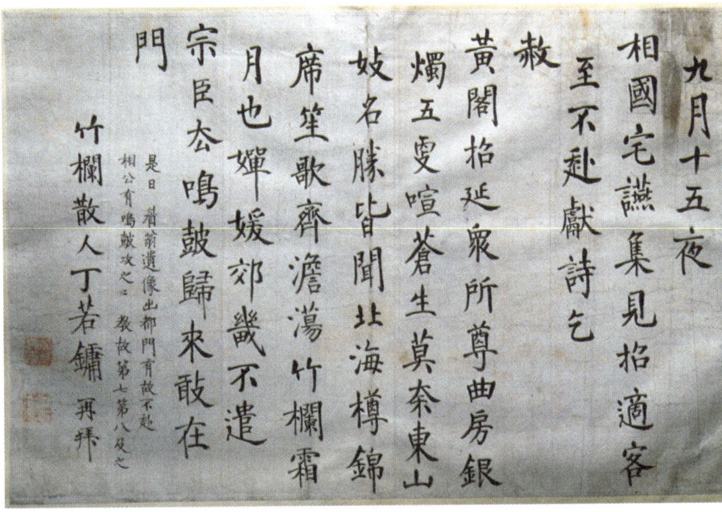

九月十五夜
相國宅讌集見招適客
至不赴獻詩乞
赦
黃閣招延衆所尊曲房銀
燭五更喧蒼生莫奈東山
妓名勝皆聞北海樽錦
席笙歌齊澹蕩竹欄霜
月也嬋娟郊畿不遣
宗臣去鳴鼓歸來敢在
門
是日 省翁遺像出都門有故不赴
相公有鳴鼓攻之之 教故第七第八及之
竹欄散人丁若鏞 再拜

정약용의 시 정조 18년(1794), 서울의 죽란서옥竹欄書屋에서 죽란사竹欄社라는 시사詩社가 결성되었다. 다산을 비롯하여 채제공·이가환·윤지범·정약전·한치응 등이 참여했다. 이 시는 어느 해 9월 15일 저녁 채제공의 집에서 열린 잔치에 손님 때문에 참석하지 못한 마음을 읊고 있다.

나는 이 세 가지[三斯]로써 서재書齋의 이름을 삼고 싶다. 다시 말해 이 세 가지는 폭만暴慢을 멀리하고, 비루하고 이치에 어긋난 것을 멀리하고, 미더움을 가까이 한다는 뜻이다. 이제 너희 덕성의 발전을 위해서 삼사재三斯齋라는 이름을 선물하니, 너희들의 당호堂號로 삼고 삼사재기三斯齋記를 지어 다음 오는 편에 부쳐라. 나도 또한 너희를 위해 기記를 하나 짓겠다.

너희들이 할 또 하나의 일은 이 세 가지에 대한 잠언箴言을 지어 삼사잠三斯箴이라고 이름하는 것이다. 이것은 정부자程夫子(송나라 학자)의 사물잠四勿箴의 아름다운 뜻을 계승하는 일이 될 것이니, 그렇게 되면 더할 나위 없이 큰 복이 될 것이다. 간절히 바라고 또 바란다[深望深望].

「두 아들에게 부친다」(1803년 정월 초하루)

정약용은 두 아들이 겉으로는 이 세 가지를 중시하고, 안으로는 성의誠意와 성신誠信에 힘쓰라고 권유했다.

이후로는 모름지기 착한 마음을 불러 일으켜 바야흐로 『대학大學』의 「성의장誠意章」과 『중용中庸』의 「성신장誠信章」을 벽에다 써 붙이고 크게 용기를 내고 굳건히 딛고 서서 빠른 여울물에서 배를 타듯이 성의 공부에 힘써 나아감이 지극히 옳을 것이다.
성의 공부는 모름지기 거짓말하지 않는 일부터 노력해야 한다. 한마디 거짓말이 세상에서 가장 악하고 큰 죄가 되는 것이니 거짓말을 하지 않는 것이 성의 공부에서 머리가 될 곳이다.

「두 아들에게 부친다」(1804년경)

정약용은 학유에게 독서하는 방법에 대해 자상하게 일러주고 있다.

무릇 남자가 독서하고 행실을 닦으며 집안일을 다스릴 때에는 한결같이 거기에 전념해야 하는데, 정신력이 없으면 아무 일도 되지 않는다. 정신력이 있어야만 근면하고 민첩함이 생기고, 지혜도 생겨서 업적을 세울 수가 있다. 참으로 마음을 견고하게 잘 세워 똑바로 앞을 향해 나아간다면 비록 태산이라도 옮길 수 있다.
내가 몇 년 전부터 독서에 대해서 자못 깨달았는데, 헛되이 그냥 읽기만 하는 것은 하루에 천 번 백 번을 읽더라도 오히려 읽지 않은 것과 같다. 무릇 독서하는 도중에 한 자라도 모르는 것이 나오면 모름지기 널리 고찰하고 세밀하게 연구하여 그 근본 뿌리를 깨달아 글 전체를 이해할 수 있어야 한다. 날마다 이런 식으로 읽는다면 한 가지 책을 읽더라도 겸하여 수백 가지 책을 엿보는 것이다. 이렇게 읽어야 책의 의리義理를 훤히 꿰뚫어 알 수 있으니, 이 점을 꼭 알아야 한다.

「학유에게 부친다[寄游兒]」

정약용은 독서 도중 한 자라도 모르는 곳이 나오면 널리 고찰하는 방법을 '기조취도旣祖就道'라는 단어의 예를 들어 설명한다. 기조취도는 먼 길을 떠나기 전에 노신路神에게 제사를 지낸다는 뜻인데, 사마천의 『사기史記』「자객열전刺客列傳」에 나오는 고사성어다.

가령 『사기』「자객전」을 읽을 때 기조취도라는 한 구절을 만나 "조祖는 무슨 뜻입니까?"라고 물으면, 스승은 "이별할 때 지내는 제사다."라고 답할 것이다. 다시 "그런 제사에 꼭 조祖라는 글자를 쓰는 이유는 무엇입니까?"라고 물었는데 스승이 "잘 모르겠다."라고 대답하면 집에 돌아와 사전에서 조祖라는 글자의 본뜻을 찾아봐라.

「학유에게 부친다」

'조祖'라는 글자가 제사의 뜻이 된 것은 옛날 황제의 아들 누조累祖가 여행을 좋아하다가 길에서 죽었기 때문에 길에다 제사를 지낸다는 뜻으로 사용되었다. 정약용은 '조'라는 한 글자로 얼마나 깊게 공부할 수 있는지를 계속 설명한다.

또 사전의 뜻을 근거로 다른 책을 들추어 그 글자를 어떻게 해석했는지를 고찰해보고, 그 근본적인 뜻과 지엽적인 뜻도 뽑아두고, 또 『통전通典』이나 『통지通志』 『문헌통고文獻通考』 등의 책에서 '조제祖祭'의 예를 모아 책을 만들면 문득 없어지지 않는 책이 될 것이다.

이렇게 하면 전에는 한 가지도 모르고 지냈던 네가 조제의 내력까지 두루 아는 사람이 되어 비록 이름난 큰 학자라도 조제에 대해서는 너와 다투지 못하게 된다. 이 어찌 큰 즐거움이 아니겠느냐?

「학유에게 부친다」

정약용은 역사책을 많이 읽으라고 권한다. 그것도 그냥 읽는 데서 그치지 말고 학유에게 정씨 가문과 조선, 중국역사 연표를 스스로 제작해보라고 권한다.

『고려사高麗史』에서 빨리 뽑아 보내지 않으면 안 되겠다. 거기에서 가려 뽑는 방법은 네 형에게 자세히 가르쳐주었으니, 이번 여름 동안에 너희 형제가 전심專心으로 힘을 쏟아 『고려사』에서 가려 뽑는 일을 끝마치기 바란다.

네가 아직도 『사기』를 읽고 있다니 좋은 일이다. 그런데 옛날 고염무顧炎武는 『사기』를 읽을 때 본기本紀나 열전列傳을 읽을 때는 손을 대지 않은 듯 대충 읽었지만, 연표年表나 월표月表를 읽을 때는 손때가 까맣게 묻었다 하는데, 이야말로 역사책을 제대로 읽는 법이다.

아무쪼록 범례를 상세히 읽어보고 『국조보감國朝寶鑑』에서 연표를 뽑아 만들고 더러는 『대사기大事紀』나 『압해가승押海家乘』[14]에서 뽑아 연표를 만들고 중국의 연호年號와 역대 조정의 임금들이 왕위에 오른 연도를 자세히 고찰하여 책으로 만들어놓고 비교하면, 아마도 우리나라의 일이나 선조先祖들의 사실에 대해 그 큰 줄거리를 알고 시대의 앞과 뒤를 구별할 수 있을 것이다.

「학유에게 부친다」

정약용은 특히 우리나라 사적을 중시했다. 장남 학연에게 우리나라 역사서를 보고 지방에 대해서 공부하라고 강조했다.

우리나라 사람들은 걸핏하면 중국의 사실을 인용하는데 이 역시 비루한 일이다. 아무쪼록 『삼국사기三國史記』 『고려사』 『국조보감』 『신증동국여지승람』 『징비록』 『연려실기술』과 동방의 다른 문자와 사실을 수집하고 그 지방을 고찰한 뒤에 시에 인용해야 후세에 전할 수 있는 좋은 시가 나올 것이며, 세상에 명성을 떨칠 수 있다. 유득공의 『16국國 회고시懷古詩』를 중국 사람들이 책으로 간행했던 이유는 우리나라 사실을 인용했기 때문이다.

「학연에게 부친다[寄淵兒]」(1808년 겨울)

자식들을 가까이에서 가르치지 못하다 보니 정약용은 때로 잔소리라고 싶을 정도의 일까지 경계했다. 술에 관한 경계가 바로 그런 예다.

14 정약용이 1799년에 지은 정씨 집안의 족보.

너의 형이 왔을 때 시험 삼아 술을 마시게 했더니 한 잔盞에 취하지 않는구나. 물었더니 너는 형보다 배倍라고 하는구나. 어찌 책은 아비의 버릇을 잇지 않고 술만 이 아비를 훨씬 넘어서는 거냐? 이는 좋지 않은 소식이구나.

너의 외할아버지 절도사공節度使公(홍화보)은 능히 일곱 잔을 마셔도 취하지 않으셨지만 평생 술을 입에 가까이 대지 않으셨다. 벼슬을 그만두시고 늘그막에 세월을 보내실 때 비로소 수십 방울 정도 들어갈 술잔으로 입술만 적셨을 뿐이다.

나는 평생 크게 마신 적이 없어서 나 스스로 주량을 모른다. 성균관 학생이었을 때 중희당重熙堂에서 세 번 일등을 했다고 임금께서 소주를 옥필통玉筆筒에 가득 따라 하사하시기에 사양하지 못하고 다 마시면서 혼잣말로 "내가 오늘이 죽는 날이다."라고 했는데, 그리 심하게 취하지 않았다.

또 춘당대春塘臺에서 임금님을 모시고 과거를 채점할 때 큰 주발에 술을 하사받았는데, 그때 여러 학사들이 술에 취해 남쪽을 향해 절을 하거나 자리에 드러누웠으나 나는 내가 채점할 답안지를 다 읽어 과거 시험을 마칠 때까지 착오가 없었다. 다만 퇴근하였을 때 조금 취기가 있었을 뿐이다. 그러나 너희들은 지난날 내가 반 잔 이상 마시는 걸 본 적이 있느냐?

참으로 술이란 입술을 적시는 데 있다. 소처럼 마시는 사람들은 입술과 혀를 적시기도 전에 직접 목구멍으로 넣는데 그래서야 무슨 맛이 있겠느냐? 술을 마시는 정취는 살짝 취하는 데에 있는 것이지 얼굴이 붉은 귀신처럼 되고 토악질을 하고 잠에 곯아떨어져 버린다면 무슨 정취가 있겠느냐.

요컨대 음주를 좋아하는 사람들은 병에 걸리면 폭사하는 사람들이 많은데, 주독이 오장육부에 배어 들어가 하루아침에 썩어버리기 때문이니 이야말로 크게 두려워할 일이다. 너처럼 배우지 못하고 식견이 적은 폐족 집안의 사람에게 못된 술주정뱅이라는 이름이 더해지면 장차 어떤 등급의 사람이 되겠느냐.

경계하는데 절대로 술을 가까이하지 말거라. 제발 이 천애天涯의 애처로운 아비의 근심하는 말을 따르거라. 술병은 등에서도 나고 뇌에서도 나며 치루痔漏가 되기도 하고 황달이 되기도 한다. 기괴한 병이 한번 나오면 백약이 무효로다.

바라고 바라노니 입에서 딱 끊고 마시지 말거라.

「학유에게 부친다」

정약용은 자식들이 학문 이전에 기본 행실을 바로잡을 것을 강조했다. 두 아들에게 고향의 이복큰형 약현에게 효도하라고 권하는 것도 먼저 인간이 되라는 권유였다.

너희들이 먼저 아버지를 섬기듯 큰아버지와 작은아버지를 섬기는 모범을 보인 다음에야 봉륙封六(약전의 외아들 학초學樵)이나 칠복七福(약현의 아들 학수學樹)이도 비로소 나를 자기 아버지처럼 섬기게 될 것이다. 참으로 너희들이 좋지 않은 본보기를 보여 마음속에 너의 아버지만 아버지이고 큰아버지나 작은아버지는 집안사람 가운데 조금 더 가까운 사람 정도라고 말하며, 경사나 예악을 아직도 와서 배우

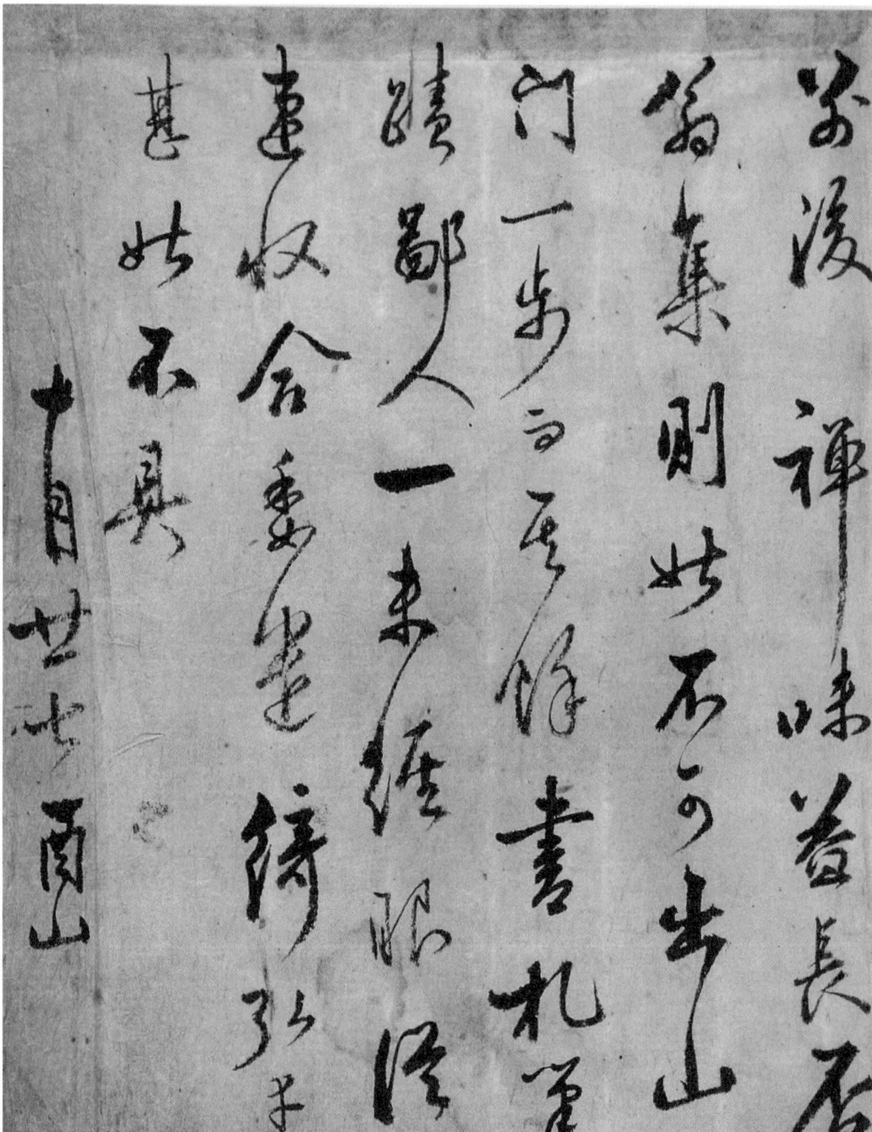

정학연의 글씨 정약용은 유배지에서 맏아들 학연, 둘째 아들 학유와 편지를 주고받는 형식으로 교육을 시켰다. 현재 서강대박물관에 있다.

려 하지 않는데, 어떻게 효나 제의 행실을 가르쳐줄 수 있겠느냐? 너희들에게 바라는 나의 큰 계획의 도리는 큰아버지 섬기기를 아버지 섬기듯이 해서 봉륙이나 칠복이나 친척의 여러 형들에게 모범이 되는 것이다. 나의 이 계획은 참으로 큰 것이니 비록 너희들 마음에 여러모로 내키지 않더라도 힘써 이 뜻을 따라주기 바란다.

「두 아들에게 부친다」

다산은 두 아들에게 귀양 간 정약전의 가족도 보살필 것을 권유하고 있다.

더구나 신지도薪智島에서 귀양살이하시는 형님의 일을 생각하면 가슴이 미어진다. 반 년 동안이나 소식이 막히니 어디 한세상에 같이 살아 있다고 하겠느냐? 나는 육지에서 생활해도 그 괴로움이 이러한데 신지도의 섬 생활이야 오죽하겠느냐?

형수님의 정경 또한 측은하기만 하구나. 너희는 그분을 네 어머니같이 섬기고 사촌동생 육가六哥(정약전의 아들 학초)를 친동생처럼 지극한 마음으로 보살피는 것이 좋을 것이다.

「두 아들에게 부친다」(1801년 9월)

어머니에 대한 효도도 여러 차례 강조했다. 정약용은 두 아들뿐만 아니라 두 며느리도 시어머니를 지성으로 섬길 것을 강조한다.

요즘 세상에 사대부 집안에서 부녀자들이 부엌에 들어가지 않은 지

오래다. 네가 잠시 생각해보거라. 부엌에 들어간들 무엇이 그리 손해가 되겠느냐? 다만 잠깐 연기를 쏘일 뿐이다. 연기 좀 쏘이고 시어머니의 환심을 얻으면 효부孝婦라는 명성을 얻고 법도 있는 집안임을 드러내는 것이니 이 어찌 효성스럽고도 지혜로운 일이 아니겠느냐? 또 만일 너희 형제는 새벽이나 늦은 밤 겨울에는 방이 따뜻한지, 여름에는 시원한지 항상 점검해라. 자리 밑에 손을 넣어보고 차면 따뜻하게 몸소 불을 때어 드리되 이런 일은 남녀 종들을 시키지 말도록 해라. 그 수고로움 또한 잠깐 연기를 쏘이는 일에 지나지 않는 것이지만 네 어머니는 술을 마신 듯 기뻐할 텐데, 너희들은 어찌 이런 일을 즐겨하지 않느냐?

두 아들이 효자가 되고 두 며느리가 효부가 된다면 나는 유배지 강진에서 늙는다 해도 도리어 유감이 없겠다. 힘써 효도하거라.

「두 아들에게 부친다」(1801년 12월)

정약용은 또한 자식들에게 노동의 중요함을 강조했다.

시골에 살면서 과수원이나 채소밭을 가꾸지 않는다면 세상을 버리는 일이다. 나는 지난번 국상國喪으로 분망한 가운데서도 만송蔓松 열 그루와 노송나무[栝] 한 쌍을 심어두었다. 내가 지금까지 집에 있었다면 뽕나무 수백 그루, 접붙인 배나무 몇 그루, 옮겨 심은 능금나무는 몇 그루는 됐을 것이고, 닥나무는 지금쯤 이미 밭을 이루었을 것이다. 옻나무도 다른 밭 언덕으로 뻗어나갔을 것이고, 파초도 이미 서너 본은 되었을 것이다. 불모지에는 버드나무를 대여섯 그루 심었을 테고, 유산酉山(마재 뒷산, 학연의 호이기도 함)의 소나무도 이미 수척尺으로 자랐을 것이다.
너희는 이런 일을 하나라도 했는지 모르겠구나. 너희들이 국화를 심었다고 들었는데 국화 한 이랑은 가난한 선비의 몇 달 동안의 식량이 충분히 될 수도 있는 것이니 한낱 꽃구경뿐만이 아니니다. 생지황生地黃, 반하半夏, 길경桔梗(도라지), 천궁川芎 같은 것이나 쪽풀, 꼭두서니 같은 것들도 모두 마음을 기울여 잘 가꾸도록 하여라.

「두 아들에게 부친다」(1802년경)

정약용은 농사짓는 방법에 대해서도 자상하게 설명하고 있다.

채소밭을 가꾸는 데는 모름지기 땅을 매우 반반하게 고르고 이랑을 바르게 하고, 흙을 다스릴 때는 아주 가늘게 부수고 깊게 갈아 분가루처럼 부드럽게 해야 한다. 씨는 매우 고르게 뿌려야 하며, 모종은 아주 성글게 해야 한다. 아욱 한 이랑, 배추 한 이랑, 무 한 이랑씩 심어두고 가지나 고추 종류도 각기 마땅히 따로따로 구별하여 심어놓고 마늘이나 파 심는 일에도 힘쓸 것이며, 미나리도 또한 심을 만한 채소다.
한여름 농사로는 참외만 한 것도 없겠다. 절약하고 본 농사에 힘쓰면서 아울러 부업으로 좋은 평판을 얻을 수도 있는 것이 이 채마밭 가꾸는 일이다.

「두 아들에게 부친다」(1802년경)

정약용은 실학자답게 학문과 노동을 동일시했다. 이런 견지에서 지식영농, 과학영농을 주창했다. 둘째 학유에게 보낸 편지가 이를 말해준다.

네가 양계를 한다고 들었는데, 양계란 참으로 좋은 일이긴 하지만 여기에도 품위 있는 것과 비천한 것, 깨끗한 것과 더러운 것의 차이가 있다. 참으로 농서農書를 많이 읽어서 좋은 방법을 가려 시험해보거라. 더러 빛깔 종류를 구별해 길러도 보고, 또는 닭의 보금자리와 홰를 다르게 하여 다른 집 닭보다 살찌고 잘 번식할 수 있도록 길러야 한다. 또 때로는 가끔 닭의 정경을 시로 지어보면서 그 생태를 파악해보아야 하는데, 이것이야말로 책을 읽은 사람만이 할 수 있는 양계인 것이다.

만일 이익만 보고 의義를 보지 못하며, 가축을 기를 줄만 알지 그 취미를 모르면서, 애쓰고 억지 쓰면서 이웃 채소 가꾸는 늙은이와 아침저녁으로 다투기만 한다면 이는 바로 서너 집밖에 없는 산골에 사는 못난 사람들의 양계인 것이다. 너는 어떤 방식으로 마음을 기울이고 있는지 모르겠구나.

이미 닭을 기르고 있다 하니 앞으로 많은 책 중에서 닭 기르는 이론을 뽑아내어 차례로 정리해 『계경鷄經』을 짓는다면 육우陸羽의 『다경茶經』이나 유득공柳得恭의 『연경煙經』같이 하나의 좋은 책이 될 것이다. 세속적인 일에 종사하면서도 선비의 깨끗한 취미를 가지고 지내려면 모름지기 늘 이런 식으로 해야 한다.

「학유에게 부친다」

닭 기르는 것도 지극한 경지에 이르러 『계경』이란 책을 지을 정도가 되어야 한다는 것이니 양계에 관한 한 프로가 되라는 주문인 것이다. 2백여 년 전에 제시한 것이지만 많은 문제를 안고 있는 오늘날 한국 농촌현실에 적용해도 좋을 논리라고 하지 않을 수 없다.

시대를 아파하는 것이 아니면 시가 아니다

정약용은 그 어느 사대부보다 많은 시를 지었다. 그의 시는 여느 사대부들과는 달랐다. 보통 사대부들의 시가 음풍농월吟風弄月을 담고 있다면, 정약용의 시에는 생생한 현실이 담겨 있다. 이는 정약용 자신의 확고한 시론詩論에서 뒷받침된 것이다.

> 얼마 전 성수醒叟 이학규李學逵의 시를 보았다. 그가 너의 시를 논한 것은 잘못을 절절하게 지적한 것이니 너는 마땅히 따라야 할 것이다. 그러나 그의 시는 비록 뛰어나지만 내가 좋아하는 바는 아니다. 『시경詩經』 이후의 시는 마땅히 두보杜甫를 스승으로 삼아야 할 것이다. 모든 시인의 시 중에서 두보의 시가 왕좌를 차지하게 된 것은 『시경』에 있는 시 3백 편의 의미를 이어받았기 때문이다. 『시경』의 시는 충신·효자·열녀·양우良友들의 측은하고 아픈 마음과 충후한 마음이 형상화된 것이다.
>
> 임금을 사랑하고 나라를 근심하지 않는 시는 시가 아니며, 시대를

아파하고 세속에 분개하지 않는 시는 시가 아니며, 아름다운 것을 아름답다고 하고 미운 것을 밉다고 하며, 착한 것을 권장하고 악을 징계하는 뜻이 담겨 있지 않은 시는 시가 아니다.

뜻이 세워져 있지 못한 데다 학문은 설익고, 삶의 대도大道를 아직 배우지 못하고, 임금을 도와 백성에게 혜택을 주려는 마음이 없는 사람은 시를 지을 수 없는 것이니 너도 그 점을 힘써라.

두보의 시는 역사적 사실을 인용하는 데 있어 흔적이 보이지 않아 스스로 지어낸 것 같지만 자세히 살펴보면 다 출처가 있으니, 이야말로 두보가 시성詩聖이 되는 까닭이다.

한유韓愈의 시는 글자 배열법에 모두 출처가 있게 하였으나 어구는 스스로 많이 지어냈으니 그것이 바로 시의 대현大賢이 된 까닭이다.

소동파蘇東坡의 시는 구절마다 역사적 사실을 인용하되 인용한 흔적이 있는데 얼핏 보아서는 의미를 깨달을 수 없고 여러모로 살펴서 인용한 출처를 안 다음에야 그 의미를 통할 수 있으니, 이것이 그가 시의 박사博士가 된 까닭이다.

소동파의 시는 우리 삼부자의 재주로 죽을 때까지 시만 공부한다면 그 근처까지는 가겠지만, 할 일도 많은 이 세상에서 무엇 때문에 그런 짓이나 하고 있겠느냐. 역사적 사실을 전혀 인용하지 않고 음풍농월이나 하고 장기나 두고 술 먹는 이야기를 주제로 시를 짓는다면 이것이야말로 시골의 서너 집 모여 사는 촌구석 선비의 시인 것이다. 이후로 시를 지을 때는 모름지기 역사적 사실을 인용하는 일에 주안점을 두어라.

「학연에게 부친다」(1808년 겨울)

정약용은 「두 아들 보거라(示兩兒)」라는 편지에서도 "다만 자신의 이해利害에만 얽매인다면 그 시는 시라고 할 수가 없다."라고 말하고 있는데, 그의 시는 실제로 시대를 아파하고 있으며 이는 곧 백성들의 고통에 분개하는 것이다.

백성들 뒤주에는 해 넘길 것 없는데	村粻無卒歲
관가 창고에는 겨울 양식 풍성하네	官凜利經冬
가난한 백성 부엌에는 바람, 서리뿐인데	窮廚風箱重
부잣집 밥상에는 고기, 생선 가득 하네	珍盤水陸供

'장편 13운' 중에서

흉년에 굶주리는 백성들을 노래한 장편 「기민시飢民詩」는 시가 무엇이며, 어떻게 시를 지어야 하는지를 잘 보여준다.

인생이 만약 초목이라면
물과 흙으로도 살아가련만

허리 구부려 땅의 털을 먹으니
이것이 바로 콩과 조로구나

콩과 조는 주옥보다 더 귀하니
그것인들 어찌 넉넉히 먹었으랴

마른 목은 여위어 따오기 모양이요
병든 육신 주름져 닭살 같구나

우물물 있다마는 새벽물 긷지 않고
땔감 있다마는 저녁밥 짓지 못해

사지四肢는 아직도 움직일 수 있건만
굶은 다리 제대로 걸을 수 없네

해 저문 넓은 들에 부는 바람 서글픈데
애처러운 저 기러기 어디로 날아가나

고을 원님 어진 정사 베풀어
없는 백성 구한다며 쌀 준다기에

가다가다 고을 문에 이르러 보니
옹기종기 입만 들고 죽솥으로 모여든다

개 돼지도 버리고 거들떠 안 볼 텐데
굶주린 사람 입엔 엿보다도 달구나

어진 정사 한다는 말 당치도 않고
주린 백성 구한다니 당치도 않네

관가의 상자 속은 악한 놈이 엿보거니
그 어찌 우리가 굶주리지 않을소냐

관가 마굿간의 마소들도 살찌는데
이건 바로 우리 살이로다

슬피 울며 고을 문을 나서고 보니
눈앞이 캄캄하여 앞길이 안 보이네

누런 풀 언덕 위에 잠시 발 멈추어서
무릎을 펴고 앉아 어린것 달래면서

고개 숙여 머리 붙은 서캐를 잡노라니
두 눈에선 폭포 같은 눈물이 쏟아지네
……

이고 지고 나섰으나 오라는 곳 어디메뇨
갈 곳을 모르니 어디로 향할쏘냐

골육도 보존치 못하겠으니
두렵지만 천륜도 어겨버리네

상농군도 이제는 거지가 되어

집집마다 문 두드리며 구걸을 하네

가난한 집 구걸 가면 더욱 슬프고
부잣집에 구걸 가면 더욱 피하네

날짐승 아니니 벌레 쪼아 못 먹고
물고기 아니니 헤엄칠 수 없네

얼굴은 부어올라 누렇게 뜨고
머리는 흩어져 어지러이 날리누나

벼슬아치 집안에는 술과 고기 풍성하고
거문고, 피리 소리 예쁜 계집 맞이하네

희희낙락 즐거운 태평세월 모습이여
대감님네 그 모습은 우람하고 풍성하다

「기민시」

정약용에게 시는 자신의 사상을 실천하는 한 방법이었다. 아이 낳은 것을 후회하며 생식기를 베어버린 사내의 부인의 슬픔을 노래한 「애절양哀絶陽」은 다산의 이런 시론에서 나온 절창絶唱이다.

갈밭 마을 젊은 여인 울음도 서러워라

관아 문 향해 울부짖다 하늘 보고 통곡하네
징발당한 사내 못 돌아옴은 일찍부터 있었건만
자고로 남절양男絶陽(생식기를 자르는 것)은 들어보지 못했다네
시아버지 죽어서 이미 상복 입었고
갓난아인 배냇물도 떼지 못했건만
삼대三代의 이름이 군적에 올랐구나
달려가 호소하려 해도 관가의 문지기 호랑이 같은데
이정里正이 호통하며 소마저 끌고 가네
남편 문득 칼을 갈아 방 안으로 뛰어드니 자리에 선혈이 낭자한데
스스로 한탄하길 "아이 낳은 죄로구나."
잠실蠶室 음형淫刑(생식기를 자르는 형벌)도 지나친 형벌이고
민땅의 거세풍속〔閩囝去勢〕[15]도 애처로운데
자식 낳고 사는 것은 하늘의 이치여서
건도乾道는 아들 낳고 곤도坤道는 딸 낳는다
말 돼지 거세함도 오히려 가여운데
하물며 후손 이루려는 사람에게 있어서랴
권세가들은 평생 동안 풍악이나 즐기면서
쌀 한 톨, 베 한 치도 바치지 않는구나
모두 같은 나라의 백성이건만 어찌 후박이 이리 고르지 못한가
내 시름겨워 객창에 홀로 앉아 시구편鳲鳩篇[16]을 읊노라

「애절양」

15 중국 복건성 민지방의 거세하던 풍속.
16 백성에 대한 차별대우를 풍자한 『시경』의 편명.

「애절양」에 대해 정약용은 이렇게 후술했다.

이것은 가경嘉慶 계해년(1803) 가을, 내가 강진에 있을 때 지은 시이다. 갈밭 마을(蘆田)에 사는 한 백성이 아이를 낳은 지 사흘 만에 군보軍保에 등록되고 이정이 소를 빼앗아가니 그 사람이 칼을 뽑아 자기의 생식기를 자르면서 "내가 이것 때문에 곤액을 당한다."라고 말했다. 그 아내가 생식기를 관가에 가지고 가니 피가 아직 뚝뚝 떨어지는데 울며 하소연했으나 문지기가 막아버렸다. 내가 듣고 이 시를 지었다.

『목민심서』 권8, 「첨정」

가난한 백성들은 병역의무가 있어 군포軍布를 납부한 반면 부유한 양반들은 면제되었던 세속에 대한 분노가 낳은 절창이 「애절양」이었다. 백성이 모든 권력의 원천이라는 정약용의 생각은 이런 분노 속에서 나온 것이었다.

하늘이 일반 백성을 내고 먼저 그들을 위해 전지田地를 마련해서 그들로 하여금 먹고살도록 하고, 이미 또 그들을 위해 임금을 세우고 목민관牧民官(지방관)을 세워서 임금과 목민관으로 하여금 백성의 부모가 되게 하여, 그 산업을 골고루 만들어서 다 함께 살도록 하였다.

「전론田論」

정약용은 백성을 위해 임금이 있고, 목민관이 있는 것이지 임금이나 목민관을 위해서 백성들이 있는 것이 아니라고 생각했다. 그는 "임금의 정치가 퇴폐하면 백성이 곤궁하게 되는데, 그러면 나라가 가난하게 된다. 나라가 가난하면 부세賦稅의 징수가 가혹하게 되는데, 그러면 인심이 떠나가고, 그러면 천명天命이 가버리게 되니, 그런 까닭으로 시급한 것은 정치에 있다."〔원정原政〕라고 말했다. 모든 권력의 원천인 천명은 바로 백성들의 마음인 것이다. 천명이 떠나면 그 왕조는 멸망하는데, 멀쩡한 백성의 생식기를 잘라야 하는 나라에 붙어 있을 까닭이 없었다.

다산은 「감사론監司論」에서 감사를 가장 큰 도적이라고 말했는데, 한 도道의 우두머리인 감사를 '가장 큰 도적'이라고 지칭한 것은 한 나라의 '가장 큰 도적'은 임금이라고 생각한 까닭인지도 모른다. 정조 사후의 조선은 이미 천명이 떠난 나라였다. 그래서 감사나 임금은 도적에 지나지 않는 것이었다.

書且收舍白平安信息
照金澤矣此書又氣此
澤窗諸鄉蕉極
白光澤鳴有有移且經
丹盛與催性矣
前山有殺治騰游特性華
君之品節是待是類也
令之桐知貴桐知心有如
有興禁粗此雲之宗石心未定
未海衣得後心未矣姑存惟了緣之新之據
不具弟黃山謝波謝星小錄於日堆某上有
澗雄辰此
募鹿之也之其
郵之果煩秀日中之據
世移藏書勝情之切
首末蓮裕一代之氣
理之嗔安之
誰各康泰左嬌
理書難羅藏中月
羅棧指書

제10장

주역의 세계로 나아가다

선의에서 나온 정책이 하늘의 뜻에도 맞는지 불분명할 때 천명을 청하는데, 이때 천명을 미리 알 수 있게 하는 천상의 문이 『주역』이다.

상례를 연구한 이유

유배 초기 시절 정약용은 예기禮記와 상례喪禮, 특히 상례를 집중 연구했다. 이런 연구 결과는 나중 『상례사전喪禮四箋』으로 집대성되는데, 정약용이 상례를 집중 연구한 이유는 천주교도들이 부모의 신주를 불태우거나 제사를 폐지한 것에 대한 자기변호의 성격이 강했다. 즉 자신은 천주교와 절연한 유학자임을 분명히 하기 위한 것이었다.

사실 정약용은 예학의 대가였다. 남인으로서는 윤휴와 허목 이후 최고 대가였다. 정약용은 현종과 숙종 때 벌어졌던 두 차례의 예송논쟁에 대한 자신의 이론을 갖고 있었다.

효종의 국상 때 인조의 계비 자의대비 조씨의 상복 착용기간을 두고 벌어진 제1차 예송논쟁에서 서인 송시열宋時烈 등은 대비가 1년복을 입어야 한다고 주장한 반면, 남인 윤휴尹鑴·허목許穆 등은 3년복을 입어야 한다고 주장했다. 효종비의 국상 때 자의대비 조씨의 상복 착용기간을 두고 벌어진 2차 예송논쟁에서 송시열 등 서인들은 9개월복을 입어야 한다고 주장한 반면, 윤휴 등 남인들은 1년복을 입어야 한다고 주장했다. 대체로 남인들은 국왕에게 후한 예론을 전개했다면 서인들은 국왕에게 박한 예론을 전개한 것이다.

1차 논쟁에서는 서인들이 승리했으나 2차 논쟁에서는 남인들이 승리해 비로소 남인들이 정권을 잡는 계기가 되었다. 그러나 이 논쟁으로 두 당은 서로 적당敵黨으로 돌변해 서로 죽고 죽이는 살육전

이 전개되었던 것이다.[17]

1차 예송논쟁에서 서인들이 1년복설을 주장한 이유는 효종이 인조의 장자가 아니라는 데에 있었다. 마찬가지로 2차 예송논쟁에서 9개월복을 입어야 한다고 주장한 이유도 효종비가 맏며느리가 아니라는 이유에 있었다.

정약용이 이 문제에 대한 자신의 견해를 피력한 때는 장기 유배시절이었다. 정약용의 생각에 그 기준은 고대 주周나라 때의 고례古禮라고 생각했다. 장기 유배시절 그는 이에 대해 책을 썼으나 「황사영백서」 때문에 서울에 끌려와 국문을 받을 때 소실되었다. 이를 장기본長鬐本이라고 하는데 이것이 노론 측에 넘어가지 않은 것이 다산으로서는 다행이었다. 정약용의 견해는 당시 정국에서 폭발성을 갖고 있었기 때문이다.

정약용의 연보인 『사암선생연보俟菴先生年譜』에는 예송논쟁의 핵심 사안이었던 정체전중正體傳重에 대한 다산의 견해가 실려 있다. 정체전중이란 '종통宗統을 잇는 질서의 중함'이라는 뜻이다.

> 적서嫡庶라는 이름은 종법宗法에서 나오고, 종법은 공족公族에게서 나온다. 공족이 귀한 까닭은 그들이 임금의 자손이기 때문이다. 임금은 귀하고 존엄한 근본이 되는 것이므로 '성서聖庶는 적통嫡統을 빼앗을 수 있다'고 하는 것이다. 임금이 되면 종宗이 거기에 있게 되고, 적통이 거기에 있게 되며, 중함이 거기에 있게 된다.
>
> 『사암선생연보』(순조 5년조)

17 이덕일 저, 『송시열과 그들의 나라』 참조.

성서聖庶란 장자가 아닌 임금을 뜻하는데 '성서는 적통을 빼앗을 수 있다'는 말은 효종의 국상 때 자의대비는 3년복을 입어야 했다는 주장이었다. 반면 서인들은 왕가는 특수한 신분이 아니라 사대부 중의 제1사대부에 불과하기 때문에 인조의 장자가 아닌 효종의 국상 때 대비는 1년복을 입어야 한다고 주장한 것이다. 그러나 정약용은 임금의 예와 사대부의 예는 다르다고 생각했다.

천자·제후의 예를 어찌 사士의 예로써 단정할 수 있겠는가? 다행히 효종이 정적자正嫡子(소현세자)의 바로 다음 동생이었으니 망정이지 만일 서자庶子(첩의 자식)거나 혹 적손嫡孫·서손庶孫이었다면 태비의 복제服制가 기년복朞年服(1년복) 혹은 대공복大功服(9개월복)이 되었을 것이다.[18] 이때를 당해서 허목의 뜻이 설 곳을 얻었다. 아! 임금의 자리가 이미 바르게 되었고 대통大統이 이미 계승되었으니, 이에 적자가 되고 종자宗子가 된 것이다.

주나라 문왕의 장자 백읍고伯邑考(왕이 되지 못했음)는 태사의 궁에서 자랐는데도 '주종周宗(주나라의 종통)'이라 할 수 없고, 한漢나라 문제文帝는 한 고조高祖의 측실側室(후궁)인 박희薄姬 소생인데도 '유씨劉氏의 서자'라고 할 수 없는 것이다.

그 의리가 나누어지는 것은 오직 대통을 이어 왕위를 계승하는 선후에 달려 있는 것인데, 도리어 구구하게 육경毓慶(세자)의 자리만 다투는 것은 너무 부질없는 것이 아니겠는가.

18 서손의 경우 대공복을 입는다.[정약용의 원주]

적손嫡孫이 대통을 이었다가[19] 불행히 먼저 죽었을 경우에도 태비의 복은 3년에 해당하고, 서손庶孫이 대통을 이었다가 불행히 먼저 죽었을 경우에도 태비의 복은 3년에 해당되며, 어진 동생이 대를 이었다가 불행히 먼저 죽었을 경우에도 태비[20]의 복은 3년에 해당되고, 종실의 먼 후예가 들어와 대통을 이었다가 먼저 죽었을 경우에도 태비의 복은 3년에 해당된다.

『사암선생연보』(순조 5년조)

정약용의 견해는 일단 왕위를 계승했으면 그가 장자든 서자든, 혹은 종실의 먼 후예든 상관없이 3년복을 입어야 한다는 것이었다. 왕조국가에서 왕이 된다는 것은 인간의 질서를 뛰어넘는 천지신인天地神人의 주인이 되기 때문이라는 것이다.

효종대왕이 봉림대군으로 있을 때는 인조의 서자에 불과했다. 그러나 대통大統을 이으면서 곧 천지신인의 주인이 되었다. 서자가 되고 적자가 되는 것은 태어나기 이전에 이미 정해진 것이다. 비록 소현세자昭顯世子(인조의 장자)에게 짧은 명을 주어 왕위를 계승하고 죽었더라도 후에 효종이 뒤를 이었을 것이다.

태비太妃(자의대비)의 복이 3년이 되어야 마땅한 것은 어째서 그런가? 천자·제후의 예에 대통을 이어 그 지위를 계승하면 바로 종적宗嫡(종가의 적통)이 되기 때문이다. 적통嫡統에서 적통으로 서로 계승하여 그

19 왕이 되다는 뜻이다.[정약용의 원주]
20 태비는 바로 형수다.[정약용의 원주]

이름을 바르게 하는 것이기 때문에 천지신인의 주인이 되고서도 서庶라고 이름한 사람은 아직까지 없었다. 우암尤菴 송시열이 이 문제에 대해서는 꽉 막혀 깨닫지 못한 바가 있었다. 비록 그렇지만 그의 말은 질박하여 꾸밈이 적었다. 이 때문에 임금을 깎아내리려 한다는 죄명이 더해졌으니 당파싸움이 그러한 폐단을 낳았던 것이다. 개인적으로 보면 애석함을 금치 못하겠다.

『사암선생연보』(순조 5년조)

천지신인의 주인이 된 국왕에게 장자·서자 여부를 따지는 것이 그르다는 것이 정약용의 견해였다. 그럼에도 불구하고 정약용은 1년복설을 주장한 송시열에게 임금을 깎아내리려 한다는 죄명이 더해진 것은 '당파싸움 탓'이라고 비판했다. 그러나 같은 문제가 정조 국상 때에도 발생했다.

제3차 예송논쟁의 조짐

정조가 승하했을 때 예관들은 대왕대비 김씨의 상복을 1년복으로 의정해 올렸다. 정조는 대왕대비의 적자嫡子가 아니라 적손嫡孫이므로 '정이부체正而不體'가 된다는 것이다. 당나라 학자 가공언賈公彦은 『의례의소儀禮義疏』에서 3년복을 입지 않아도 되는 네 가지 경우를 들었는데, 아버지가 아닌 할아버지에게 승통을 받은 경우 정이부체로서 3년복을 입지 않아도 된다고 규정했는데 이에 따라 1년복이라고 의정한 것이다. 이에 대해 정약용의 친구들 중 허목을 추종하던 남인들은 정약용을 찾아와 대왕대비의 복제에 대한 불만을 털어놓았다.

허목의 초상 허목은 효종에 대한 조대비趙大妃(인조의 계비)의 복상기간이 잘못되었으므로 바로잡아야 한다고 상소해 예송논쟁을 시작하였다. 당시 송시열 등 서인은 『경국대전』에 의거해 맏아들과 중자衆子의 구별 없이 조대비는 기년복(1년복)을 입어야 한다고 건의해 그대로 시행되었다.

"태비는 마땅히 3년복을 입어야 하는데 예관禮官이 잘못해서 1년복으로 정했으니, 상소해서 다투는 것이 마땅하오."

정약용이 논리를 갖춰 상소를 올리면 제3차 예송논쟁이 일어날 판이었다. 그렇지 않아도 노론 벽파에서 남인들을 주륙할 기회를 엿보고 있는 터에 예송의 그릇됨을 거론한다면 그 화가 어디까지 미칠지 몰랐다. 그러나 정약용은 이런 위험성 때문이라기보다 1차 예송 당시 허목의 논리에 문제가 있다고 판단했다.

"그렇지 않소. 오늘날의 예는 미수眉叟(허목의 호)가 만든 것이기도 하오."

정약용은 허목의 논리의 문제를 낱낱이 지적했다.

"정이부체와 체이부정은 본래 가공언의 교묘한 설이오. 허미수가 당시 '장將' 자 한 자를 가지고 그 송사를 결단했어야 하오. 장차 임금의 자리를 전해 받는 경우에는 3년복을 입을 수도 있고 안 입을 수도 있지만, 이미 임금의 자리를 전해 받았다면 어떤 경우든 3년복을 입지 않으면 안 되는 것이오. 이 말이 지름길이며 간결하고 엄격하여 8방으로 통할 수 있는데, 쓸데없이 적처嫡妻 소생이니 첩妾의 소생이니, 장자로 태어났느니 차자로 태어났느니 하고 다투어 화살 떨어진 곳에 표적을 세우고 각주구검刻舟求劍(뱃전에 물건 떨어진 자리를 표시하는 것) 식으로 했으니 어찌 길이 합치되기를 바라겠소."

장차 임금의 자리를 이어받을 사람이 그전에 죽었을 경우에는 3년복을 입을 수도 있고 안 입을 수도 있지만, 이미 임금의 자리를 이어받았을 경우에는 아무런 조건을 따질 것 없이 모두 3년복을 입어야 하는데 논란을 벌인 것 자체가 틀렸다는 것이다. "임금의 상에는 무조건 3년이요."라고 했어야 한다는 논리다.

"효종을 체이부정이라고 한 데 대해서 갑은 '서자'라고 하고 을은 '적자'라고 하는 것은 혹 다툴 만한 점이 있다고 하겠지만, 정조를 정이부체라고 하는 것에 대해서는 할아버지(영조)를 '할아버지'라고 하고 손자(정조)를 '손자'라고 하는 것이니 실상 논박할 수 없는 일이오."

1차 예송논쟁 때 효종을 서자라고 한 데 대해 서자가 첩의 자식을 뜻하는지 장자 이외의 아들을 뜻하는지는 논란의 여지가 있지만 정조가 영조의 손자인 것은 논란의 여지가 없다는 것이다. 정약용은 친구들을 꾸짖었다.

"그대들은 어떻게 하려고 그러는가? 정조는 장헌세자의 적자이지만 장헌세자는 영조의 서자이다. 정조가 장헌세자에게는 적자이지만 영조에게는 서손庶孫이 아닐 수 없다. 만약 가공언의 논리대로 한다면 '임금의 자리를 이었지만 정체政體는 아니다'라고 할 것이오.

지금 예관들이 '정이부체'라고 의논한 것도 또한 삼가고 두려워하며 정중하고 공경하는 정성에서 나온 것인데, 그대들은 도리어 이를 허물하려는가?"

자칫하면 정조를 영조의 적손嫡孫으로 보고 정이부체라고 의정한 것이 서손庶孫 논란으로 번질 수 있다는 것이었다. 그랬다간 조정에 어떤 피바람이 불지 알 수 없었다.

"옛날 허미수(허목)가 말하기를 '장자에게서 태어난 둘째 아들이 들어와 대통을 이은 경우에는 3년복을 입을 수 있다'고 했지만 지금 대행대왕大行大王(정조)은 장자에서 나온 둘째 아들이 아니니 어떻게 그를 위해 3년복을 입어야 한다고 주장할 수 있겠는가? 허미수가 당시 1년복에 대해서 마음속으로 불안하게 여긴 것은 효종이 나라의 임금이었기 때문이었소. 마음속의 불안이 나라의 임금이라는 데서 일어났지만 막상 송사訟事에 이르자 적출嫡出이니 첩출妾出이니 장자니 둘째니 다투다가 그분이 나라의 임금이었다는 것조차 잊어버렸소. 이것이 허미수의 진정眞情인 것이오."

정약용은 임금의 상에는 왜 3년복을 입어야 하는지를 반복했다.

"대체로 나라 임금의 상에 오속伍屬(친소에 따라 다섯 가지 상복을 입는 친척)의 친척 중 3년복을 입지 않는 자가 있으면 그 사실을 아는 신하나 백성이 마음속으로 부끄럽고 불안하게 여겨 반드시 3년 동안 복을 입은 뒤에야 마음의 안정을 되찾게 되는 것이오. 이렇게 본다면 임금을 위해서 참최복(3년복)을 입는 것은 큰 표준이며 큰 법이오. 천지지간 어느 곳에 세워놓아도 어긋나지 않으며 백세百世 후의 성인聖人을 기다리더라도 의혹되지 않을 것이니, 다른 설로써 어지렵힐 수 없는 것이오."

정약용이 이렇게 주장하자 남인들 일부에서 일던 논의는 중지되었다. 허목의 이론에 기초한 자신들의 3년복설에 치명적 결함이 있을 뿐만 아니라 자칫하면 사태가 어디에 이를지 알 수 없었기 때문이다.

그러나 문제는 여기에서 끝나지 않았다. 정조의 어머니 혜경궁 홍씨의 복제도 역시 1년으로 의정했기 때문이다. 어머니가 장자의 상에 3년복이 아니라 1년복을 입게 된 것이다. 여기에는 좀 복잡한 사정이 개재되어 있었다.

영조의 장자는 효장세자였는데 그가 일찍 죽자 장헌세자(사도세자)를 세자로 책봉했다. 사도세자가 비명에 간 후 영조는 정조를 효장세자의 후사로 입적시켜 그를 보호했다. 정조는 종법상으로는 효장세자의 양자가 된 것이다. 영조가 죽자 정조는 양부 효장세자를 진종대왕眞宗大王이라고 추존해 태묘太廟(종묘)에 올렸지만 생부 장헌세자는 경모궁에 별도로 제사를 지냈다. 혜경궁 홍씨는 정조의 친어머니지만 정조의 법적인 어머니는 효장세자빈 조씨가 된 것이다. 그래서 3년복이 아닌 1년복이 된 것인데, 이에 대해 정약용은 경전에 비추어 설명했다.

"경經에 이르기를 '남의 후사가 된 사람은 자기를 낳아준 부모를 위해 지팡이를 짚지 않는 1년복을 입는다'라 하고, 그 전傳에 이르기를 '어째서 1년복을 입는가. 3년복(참최)을 두 번 입지 못하기 때문이다. 왜 참최는 두 번 입지 못하는가. 대종大宗에 중함을 두기 위해 소종小宗을 강등하기 때문이다. 남의 후사가 된 사람은 누구를 잇는가. 대종을 잇는 것이다. 왜 대종의 후사가 되는가. 대종은 존귀한 적통嫡統이기 때문이다. 남의 후사가 된 뒤에 복服을 강등하는 법은 본래 그가 소종으로부터 대종이 되었으므로 그 소종을 강등하는 것이다'라 했소. 지금 효장·장헌 모두 영조의 적사嫡嗣로 영조를 계승했소. 옛 전적典籍을 찾아봐도 이런 예는 없었소. 그러나 진종眞宗(효장세자)은 형이고 장헌은 동생이며, 또한 영조가 명한 것이 있으니 정조가 본래 낳아준 부모를 위해서 강복降服(복을 깎아 1년복을 입는 것)하는 것이 옳겠소."

혜경궁 홍씨는 정조의 친모지만 정조가 효장세자에게 입적했으므로 양모 효장세자빈을 위해 3년복을 입고 생모 혜경궁 홍씨를 위해 1년복을 입어야 하듯이 혜경궁 홍씨도 마찬가지로 1년복을 입어야 했다.

물론 정약용은 이것이 문제가 있다는 것을 알고 있었다.

"혜빈(홍씨)은 이미 총부冢婦(세자의 부인)로서 위로는 영조를 받들었으니 공경을 옮길 곳이 없소. 이제 정조의 상에 있어서 강복하여 1년복을 입기는 끝내 미안한 듯하고 그렇다고 만약 3년복을 입어야지 강복해서는 안 된다고 하면 정조가 남(효장세자)의 후사가 된 점에 대해서는 불분명한 점이 남게 되어 더욱 미안한 듯하오. 이럴 경우에 임금을 위해서는 5속의 친척이 모두 참최 3년복을 입어야 한다고 했다면 어찌 저토록 많은 논란을 불러일으키겠는가?"

확실히 태비와 태빈(혜경궁 홍씨)을 1년복으로 의정한 것은 문제가 있었다. 3년복은 검은빛 대지팡이를 짚고 앞 항렬에 서지만, 1년복은 지팡이도 짚지 않고 뒤 항렬에 서 있어야 했다. 국상 때 종친의 여러 부녀들과 청연·청선 두 군주郡主(정조의 이복누이들)와 외가 쪽의 외숙모·이모와 영조의 7옹주와 자녀들은 모두 참최복(3년복)에 검은 대지팡이를 짚고 앞 항렬에 서 있는데, 태비와 태빈은 지팡이도 짚지 않은 채 성긴 상복을 입고 뒤 항렬에 서 있어야 하는 이상한 문제가 생긴 것이다.

더 큰 문제는 1년 후의 소상小祥 때 다른 친척들은 모두 상복을 입고 있는데 태비와 태빈은 길복吉服으로 갈아입어야 하는 것이다. 상복의 착용 여부는 그 친소親疎 관계로 따지는 것인데 가장 가까워야 할 할머니와 생모가 소원한 친척처럼 1년복으로 끝내는 것은 문제가 있었다. 이런 점에서 정약용은 임금의 상에는 모두 3년복을 입어야 한다고 주장했던 것이다.

그러나 정약용은 이런 주장을 할 수가 없었다. 이미 정권은 벽파에게 돌아갔으며 그들은 남인들을 제거할 꼬투리를 찾고 있었다. 만약 3년복을 주장하고 나설 경우 '영조에게 불경한 일'이라고 공격하고 나올 것은 뻔한 일이었다.

그래서 정약용은 예송논쟁 때 허목이 임금의 국상에는 무조건 3년이라고 주장하지 않고 효종의 경우에 국한해 논리를 전개한 것이 이런 결과를 낳은 한 원인이라고 생각했던 것이다. 그는 예송이 중요하기는 하지만 이것이 당파싸움에 이용되어서는 안 된다고 생각했다.

그러나 이 문제를 제기하면 당파싸움이 제기될 것은 분명했다. 그래서 정약용은 문제제기를 포기하고 친구들을 설득했던 것이다.

『주역』의 세계로

정약용은 상례를 연구하다가 『주역周易』의 세계로 빠져 들어갔다. 흔히 다산의 최대 역작을 '1표 2서', 즉 『경세유표』와 『목민심서』 『흠흠신서』를 꼽는다. 그러나 이는 정약용의 수많은 저서 중 법정서法政書 분야의 대표작이고, 철학서의 대표작은 『주역사전周易四箋』이었다. 그런데 정약용이 『주역』에 빠져든 것은 운명 같은 것이었다.

정약용은 상례 연구에 가장 중요한 것은 그 기준이 되는 주나라 고례古禮를 고증하는 것이라고 생각했다. 주나라 고례는 노론도 거부할 수 없는 원칙이 될 수 있었기 때문이다. 그러나 주나라 고례를 고증하는 것은 쉬운 일이 아니었다. 그 예를 쉽게 찾을 수 없기 때문이다. 그래서 다산이 착안한 것이 『춘추春秋』에서 주나라 고례를 추출하는 것이었다. 그는 고례를 추출하기 위해 『춘추좌씨전春秋左氏傳』

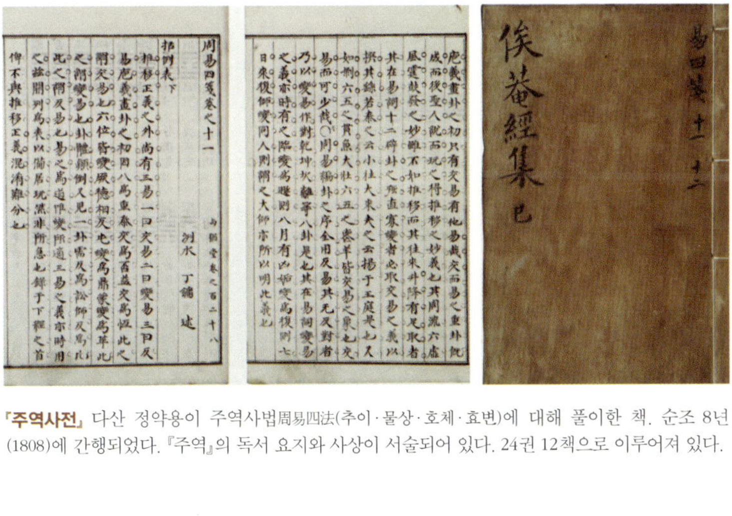

『주역사전』 다산 정약용이 주역사법周易四法(추이·물상·호체·효변)에 대해 풀이한 책. 순조 8년(1808)에 간행되었다. 『주역』의 독서 요지와 사상이 서술되어 있다. 24권 12책으로 이루어져 있다.

을 통독했다. 그러다가 『춘추좌씨전』에 실려 있는 관점官占을 읽게 되었고, 그것을 통해 운명처럼 『주역』에 빠졌던 것이다. 정약용이 『주역사전』에 「춘추관점보주春秋官占補註」를 부연한 것은 이 때문이다.

마침내 『춘추』 관점의 법칙에 대해 때때로 깊이 생각하게 되었습니다. 진陳나라 경중敬仲의 후손이 제齊나라에 가면 번창하리라는 서점筮占[21]이나 진晋나라 헌공獻公이 백희伯姬를 진秦나라에 시집보낼 때 친 서점筮占[22] 같은 경우, 상하 맥락을 헤아려 보노라면 갑자기 깨닫는 바가 있는 듯하다가도 도리어 황홀恍忽하고 어렴풋해져서 그 문을 찾을 수가 없었습니다.

의심과 분한 생각이 마음속에 교차되어 거의 식음을 전폐하려고 하다가 이에 여러 예서禮書들을 거두어 치워놓고 오로지 『주역』 일부一部만을 가져다 책상 위에 놓고 마음을 가다듬고 깊이 생각하며 밤을 낮으로 삼아 보았습니다. 대개 계해년癸亥年(1803) 늦봄부터 눈으로 보는 것, 손으로 잡는 것, 입술로 읊조리는 것, 마음으로 사색하는 것, 필묵으로 적는 것에서부터 밥상을 대하고 변소에 가고 손가락을 퉁기고 배를 문지르는 것에 이르기까지 그 어느 것 하나 『주역』 아닌 것이 없을 정도였습니다.

「외심 윤영희에게 드립니다[與畏心尹永僖]」

진나라 경중의 후손이 제齊나라에 가면 번창하리라는 서점 등

21 장공莊公 22년.[정약용의 원주]

22 희공僖公 15년을 뜻한다.[정약용의 원주]

이 어떻게 나왔는지 알 듯 모를 듯해서 거기에 천착하게 되었다는 것이다. 그러나 정약용이 『주역』을 접한 것은 이번이 처음은 아니었다. 정약용은 정조 시절 이가환에게 『주역』에 대해서 물어본 적이 있었다. 천재 이가환이 『주역』이라고 모를 리 없다는 생각에서였다.

정약용이 하루는 이가환에게 이렇게 물었다.

"다른 경서는 대략 통할 수가 있으나 『주역』만은 알 수 없으니 어떻게 하면 알 수 있겠습니까?"

이가환이 답했다.

"내가 『주역』에 대해서는 이미 알 수 없는 것으로 판단했으니 비록 죽을 때까지라도 서로 묻지 말게."

"성옹星翁(이익)의 『역경질서易經疾書』는 어떻습니까?"

"내 집안의 책이라 일찍부터 친숙하게 보아왔지만 『주역』은 알 수 없었네."

"정산貞山(이가환의 숙부 이병휴)의 『심해心解』는 어떻습니까?"

"내 집안의 책이라 일찍이 보았지만 『주역』은 알지 못하겠네."

"내의선來矣鮮(명나라 학자 내지덕)의 『주역집주周易集註』는 어떻습니까?"

"『주역』은 알 수 없었네."

"오징嗚澄(원나라 관리·학자)의 『역찬언易纂言』은 어떻습니까?"

"알 수 없었네."

"주진朱震(송나라 관리·학자)의 『한상역전漢上易傳』은 어떻습니까?"

"알 수 없었네."

"이정조李鼎祚(당나라 관리·학자)의 『주역집해周易集解』는 어떻습니까?"

"그것은 조금 낫지만 여전히 『주역』은 알 수 없었네."

이가환은 이어서 수십여 명의 『주역』에 대한 학설을 들어 이야기하고는 "모두 보아도 『주역』은 알 수 없더군."이라고 말했다.

「정헌 이가환 묘지명」

천재 이가환도 모르는 것이 『주역』이었다. 그가 한때 천주교를 받아들였던 것은 『주역』의 세계를 이해할 수 없었기 때문인지도 모른다. 그 복잡한 하늘의 법칙을 천주교는 간단명료하게 정리하고 있었던 것이다. 이가환은 나아가 정약용에게 『주역』은 공부하지 말라고 권유했다.

자네는 『주역』에 뜻을 두지 말게. 무릇 역학易學이란 반드시 흐릿한 사람이 하는 건데, 자네는 명쾌한 사람이니 결코 역학은 할 수 없을 걸세. 궁색한 시골 변두리 지방에서 죽는 날까지 『주역』만 읽어서 마침내 별명이 '노주역盧周易', '최주역崔周易'이 된 사람들이 셀 수 없이 많은데 자네도 앞으로 그렇게 될 건가?

「정헌 이가환 묘지명」

이 말에 정약용은 한바탕 크게 웃고 말았는데, 이때만 해도 자신이 『주역』을 평생의 과제로 삼게 될 줄은 몰랐을 것이다. 그때 정약용이 이가환의 충고대로 『주역』을 포기한 것도 아니었다. 공부 욕심이 많은 다산에게 주역은 오랜 숙제였다. 다산은 한때 학자군주였던 정조에게 『주역』을 배우기를 원했다.

옛날 선군先君(아버지)께서 벼슬을 내놓고 집에 계실 때 하루에 한 괘씩 『주역』을 읽으셨습니다. 당시 제가 옆에서 참관했는데, 무릎을 치며 감탄하시는 것을 보았을 뿐 질문은 하지 못했으니, 이는 임진壬辰·계사癸巳 연간의 일이었습니다. 그 후 외람되이 경의진사經義進士가 되어 누산樓山(회현방)에 옮겨 살게 되었을 때 개연히 한탄하면서 "명색이 경의진사면서 『주역』을 읽지 못한단 말인가? 이미 읽기는 했지만 읽지 않은 것과 같구나."라고 자책했습니다.
그 후 내각內閣에 속하게 되어 사서삼경四書三經을 과제로 매일 향안香案(임금의 책상) 앞에서 가르침을 받게 되었을 때 흔연히 "이제서야 성인聖人(정조)에게서 『주역』을 배우게 되었구나."라고 자축하였습니다. 그러나 『대학』부터 강론을 시작해 『상서尙書』에 이르게 되었을 때 불행히도 선군先君의 상을 당해 마침내 선대왕의 가르침을 한 말씀도 듣지 못했고, 상복喪服을 마치자 각과閣果의 명단에서 삭제되어 매번, "이 세상에서는 끝내 이 책을 알지 못하겠구나."라고 생각했습니다.
무릇 천하에서 사고四庫의 많은 책, 이유二酉(중국 호남성의 책이 많은 동굴)의 장서藏書 등 그 이름이 책이라는 것에 대해서는 일찍이 낙담해서 책을 덮은 적이 없었는데, 유독 『주역』만은 멀리서 바라만 보아도 기가 꺾여 탐구하고자 하면서도 감히 손도 대지 못한 것이 여러 번이었습니다.

「외심 윤영희에게 드립니다」

임진·계사년은 정약용이 11~12세 때였으므로 아주 어릴 적부터 『주역』을 접했던 것이다. 그 후 바쁜 벼슬살이 때문에 『주역』을 연구하지 못하다가 시간만 남아돌던 귀양지에서 『주역』과 씨름하게 되었던 것이다.

성인들이 『주역』을 쓴 이유

정약용은 『주역』에 대해 저술하고는 여러 번 고쳤다. 정약용은 『주역사전』 무진본(1808년)에서 얼마나 여러 차례 손질했는지를 밝혔다.

> 내가 갑자년 동짓날[23] 강진 유배지에서 『주역』을 읽기 시작했다. 이해 여름에 비로소 차록箚錄해놓은 공부가 있어서 겨울이 되어 완성하였는데 모두 8권이었다. 이것이 갑자본이다.
> 이 갑자본은 4의四義가 비록 갖추어지긴 했지만 거칠고 소략하여 완전하지 못해서 마침내 없애버렸다. 그다음 해 개정하여 찬수撰修했는데 또한 8권이었다. 이것이 을축본(1805년)이다.
> 을축년 겨울에 큰아들 학연이 와서 함께 보은산방에 기거하면서 앞의 책에서 양호兩互 · 교역交易의 상象을 취하지 못했기 때문에 모두 개정하여 봄이 되어 끝마쳤다. 모두 16권이었는데, 이것이 병인본(1806년)이다. 원고가 완성되지 않았는데 아들이 북쪽으로 돌아갔으므로

23 계해년(1803) 겨울이다. [정약용의 원주]

이정李靖[24]에게 완성하게 하였다. 모두 24권이었는데, 이것이 정묘본(1807)이다. 정묘본은 말의 이치가 정밀하지 못하고 상象의 뜻이 잘못된 점이 많아 무진년(1808) 가을 내가 다산에 있을 적에 둘째 아들 학유로 하여금 탈고脫稿하게 했는데, 또한 24권이었다. 이것이 이른바 무진본이다.

『주역사전』「제무진본題戊辰本」

1803년에 본격적으로 시작한 『주역』 연구가 1808년에 일단 완성된 것이었다.

무엇이 정약용을 『주역』에 몰두하게 했을까? 그것도 일반적으로 점치는 책으로 인식되고 있는 『주역』을.

정약용 역시 『주역』의 그런 기능을 무시하지는 않았다. 그러나 정약용이 『주역』에 몰두한 이유는 단지 점을 치기 위해서가 아니었다. 『주역』은 문왕·주공·공자 세 사람을 주요 저자로 보고 있는데 유교사회에서 성인으로 이 세 사람이 『주역』을 지은 이유에 대해 정약용은 이렇게 서술했다.

『주역』은 무엇 때문에 지은 것일까? 성인이 천명에 청하여 그의 뜻에 순응하기 위해서였다. 대체로 일이 공정한 선의에서 나왔는데 하늘이 반드시 그를 도와서 이루어지게 하며, 그에게 복을 주기에 넉넉한 것이라면 성인은 이를 다시 천명에 청하지 않는다. 일은 공정

24 이정은 다산의 강진 유배시절 제자로서 읍내 아전 출신의 중인이었다. 이정은 1806년경 자신의 집에 다산을 모실 정도로 극진히 따랐다.

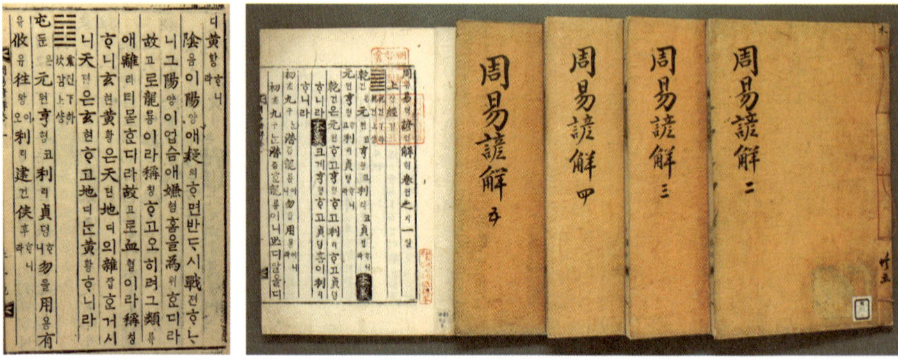

「주역언해」 『주역』에 한글로 토를 달고 우리말로 직역한 책. 원문을 앞에 싣고 뒤에 언해를 붙였는데, 원문에는 한글토와 한자음이 있고 언해문에도 한자와 한자음이 표기되어 있다. 9권 6책으로 이루어져 있다.

> 한 선의에서 나왔지만 시세가 불리하여 반드시 그 일은 실패로 돌아가고 하늘의 복도 받을 수 없음이 뻔한 것이라면 성인은 다시 천명에 청하지 않는다. 일이 공정한 선의에서 나오지 않아서 천리를 거스르고 인기人紀를 손상하게 하는 것이라도 비록 그 일이 반드시 성사되어 눈앞에 복을 받는 것이라면 성인은 이를 다시 천명에 청하지 않는다. 오직 일은 공정한 선의에서 나왔지만 그 일의 성패화복은 역도逆睹(사물의 결말을 미리 내다봄)하여 헤아릴 수 없는 것이니 이에 비로소 천명에 청하는 것이다.
>
> 「역론易論」 2

정약용은 문왕·주공·공자 같은 성인들이 『주역』을 지은 이유는 공정한 선의에서 어떤 일을 시작하려 하는데 그 결과가 어떻게 될지 알 수 없는 것에 대해 천명을 촌탁忖度해보기 위해서라고 본 것이다. 백성들을 위하는 선한 뜻에서 어떤 정책을 실시하려고 하는데 그 결과가 어떻게 될지 알 수 없을 때 과연 그 일이 하늘의 뜻에 맞는 것인지 알아보기 위해 지은 것이 『주역』이라는 것이다. 선의에서 출발한 정책이 좋은 결과를 낳을 것이 명백한 것이나 뜻은 좋지만 실패할 것이 분명한 정책, 그리고 선의에서 출발하지 않았지만 결과는 좋게 될 정책도 천명을 청하지 않고, 다만 선의에서 나왔으나 그 결과가 좋게 나올지 나쁘게 나올지 알 수 없는 일에 대해서만 천명을 청한다는 뜻이다. 선한 뜻에서 출발한 정책이 하늘의 뜻에도 맞는지 불분명할 경우에만 천명을 청하는데, 이때 천명을 미리 알 수 있게 하는 천상의 문이 『주역』이라는 것이다.

> 성인은 간절히 청을 드릴 수 있지만 하늘은 차근차근 타일러줄 수 없는 것이니 하늘이 비록 성공을 일러주어 이를 실행하게 권하고 싶지만 어찌할 수 없는 일이다. 또 실패를 미리 일러주어 이를 하지 못하게 하고 싶지만 이 또한 어찌할 수 없는 일이다.
>
> 성인이 이를 안타깝게 여겨 아침부터 저녁까지 생각하면서 우러러 하늘을 쳐다보고 굽어 땅을 살펴보면서 하늘의 밝은 뜻을 이어받아 그의 명령을 청해볼 것을 생각했다. 그러던 어느 날 아침에 흔연히 책상을 치면서 일어나 "내게 방법이 있다."라고 말했다.
>
> 이에 손으로 땅에다 기우奇偶(홀수와 짝수)와 강유剛柔(양음)의 형상을 그어놓고 "이것이 천天·지地·수水·화火가 변하여 만물을 생성하게 하는 상징이다."[25]라고 말하고 그것이 거듭 나아가고 물러가며 자라

25 이것이 8괘다.[정약용의 원주]

고 소멸하는 형세를 만들고는 "이것이 4시의 상징이다."[26]라고 말하고, 또 이것을 가지고 오르고 내리며 가고 오는 형상을 만들어서 "이것이 만물을 상징한다."[27]라고 했던 것이다.

그리고 이에 땅에 그어 기우와 강유의 형세로 만든 것을 취해서 상象을 음미하고 유사한 점을 기억해두었다가 방불한 것들을 만나게 되면 명명해 말하기를 "이것은 말이며 저것은 소이다. 이것은 수레며 저것은 궁실宮室이다. 이것은 창과 칼이며 저것은 활과 화살이다."라고 하면서 이를 드러내어 법식法式으로 삼고서는 하늘이 그 명명한 바를 말미암아 활용하기를 기대했다. 비록 사람이 세운 이름이요 하늘이 실제라고 여긴 것은 아니지만 하늘이 진실로 나의 정성을 비추어 보시고 이치를 알려주고자 하신다면 또한 내가 명명한 것을 말미암으리라 바랄 수 있었으므로 마침내 그것들을 가지고 사용하게 되었던 것이다.[28]

「역론」 2

정약용이 『주역』 해석에 있어서 가장 중요시한 것은 상象, 즉 상징象徵이었다. 공자 같은 성인들이 상을 취해 『주역』을 만들었기 때문이다.

성인이 주역을 만들 때 오직 상징(象)만을 취했으니 상징이란 본뜨는

26 이것이 12벽괘다.[정약용의 원주]
27 이것이 50연괘다.[정약용의 원주]
28 이것이 「설괘전」이다.[정약용의 원주]

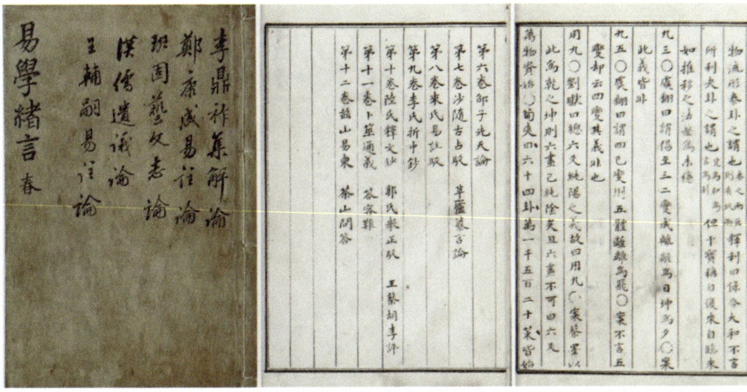

『역학서언』 중국의 한·당나라 때부터 당대까지 여러 견해의 역설을 비판·평가한 자료다. 다산 역학의 중요 저작인 『주역사전』의 서론적인 역할을 한다. 춘·하·추·동 4책으로 이루어져 있다.

것〔像〕이며[29], 본뜸은 비슷하게 하는 것〔似〕이다.

『역학서언易學緖言』

「신재중에게 보낸 답신〔答申在中〕」에서도 정약용은 상징의 중요성을 설명하고 있다.

대저 『주역』의 도는 상징일 뿐입니다. 그러므로 12벽괘辟卦는 사시四時를 상징하고 중부괘中孚卦·소과괘小過卦는 양윤兩閏을 상징합니다. 이에 건乾·곤坤 두 괘는 천지를 상징하고 나머지 62괘는 5년에 두 번 있는 윤달〔伍歲再閏〕과 62개월의 수를 상징합니다. 성인은 여기서도 역시 그 방불하게 비슷한 것을 취했을 따름이니, 괘를 나누어 날짜에 해당시키는 것이 어찌 경經에서 증거할 수 있는 것이겠습니까?

「신재중에게 보낸 답신」

29 「계사전繫辭傳」 글이다.[정약용의 원주]

정약용의 『주역사전』에는 '주역을 읽는 요지'란 뜻의 「독역요지讀易要旨」 항목이 있는데, 여기에서 주역을 읽는 열여덟 가지 방법에 대해 서술하고 있다. 그 첫 번째가 상을 뽑아내는 것이다.

> 첫째, '한 상을 뽑아낸다[抽象]'.
> 역이란 점을 치자는 것이다. 한 괘卦 한 효爻라 할지라도 각각 만사萬事 만물萬物의 상을 갖추고 있다(변하지 않으면 괘요, 변하면 효다). 천하의 만사 만물에 대해 점치자면 모두 이 괘, 이 효의 이치에 부딪치게 된다. 문왕과 주공은 만 가지 상象 중에서 한 상을 뽑아다가 점치는 말[繇詞]로 삼았다. 그런데 괘나 효는 만사 만물에 응할 수 있는 능력을 갖추었지만 그의 점치는 말은 만사 만물을 다 갖출 수는 없는 것이다. 가령 건괘 초9의 '잠룡물용潛龍勿用'은 군자君子의 출처出處나 진퇴의 길흉을 점치는 데는 합당하지만 혼인·제사·건도建都(도읍을 세우는 것)·천국遷國(나라를 옮기는 것) 등을 점칠 때는 이 말을 표준으로 삼을 수는 없다.
>
> 「독역요지」

『주역』은 상징으로 말하고 있지만 한 괘 한 효가 하나의 상만을 갖고 있는 것이 아니라 만사 만물의 상을 갖추고 있기 때문에 해석하기가 어려운 것이다. 게다가 한 괘 한 효는 어떤 상황에서는 들어맞지만 다른 상황에서는 맞지 않기 때문에 그 상황에 맞는 괘나 효를 추출하기가 어려운 것이다. 이를 잘 모르고 괘나 효를 적용하면 틀리기 마련이다. 뿐만 아니다.

둘째, '많은 일을 갖춘다(該事)'.

성인이 이미 한 가지 상을 뽑아서 점치는 말로 삼으면 배우는 사람들이 이 한 가지 상만을 붙들고 변통할 줄 모를까 두려워했다. 그래서 한 점치는 말 안에서 몇 가지 일(數事)들을 섞어서 논하기도 했다. 게다가 이 괘, 이 효에서 논할 수 있는 상象이 이 몇 가지 일에 그치는 것도 아니다.

가령 준괘 62에서 '승마반여乘馬班如'라 한 것은 여자에 의해 곤란을 당하는 점이다. '비구혼구匪寇婚媾'는 이웃 나라의 환난에 대비하는 점이다. '십년내자十年乃字'는 부인이 어린애를 낳아서 기르는 점이다. 세 가지 일은 각각 문장이 성립하지만 이치는 서로 연결이 되지 않는다. 역사서에 쓰인 글처럼 읽는다면 뜻이 통할 수가 없다.

「독역요지」

문왕 등이 『주역』을 만들 때 한 가지 상을 뽑아서 점치는 말로 삼으면 그것이 고정된 해석이 될 것을 우려해 한 말 안에서도 몇 가지 일들을 섞어 논했다는 것이다. 그리고 그 몇 가지에 그치는 것도 아니라는 것이다. 그만큼 한 상을 정확히 해석하기가 어려운 것이다. 그러면서도 그 상의 본질은 간직했다는 것이다.

셋째, '본질을 간직한다(存質)'.

성인이 이미 몇 가지 일(數事)들을 섞어서 논하면 또한 배우는 자들이 이 몇 가지 상(數象)을 붙들고서 변통할 줄 모를까 두려워했다. 그래서 혹은 괘사卦詞에서 다만 괘덕卦德만을 드러내어 그 본질을 간직하고 사물事物에 대해서는 아무것도 논하지 않았다. 혹은 효사에서 오직 좋은 거나 나쁜 것만을 나타내므로 길흉을 점치고서 사물에 대해서는 아무것도 논하지 않기도 했다. 왜 이렇게 하는 것일까.
한 가지 일도 논하지 않는 까닭은 만사萬事에 응하더라도 거리낌이 없게 하기 위해서인 것이다.

「독역요지」

본질만을 드러낸 이유는 만사에 응하더라도 거리낌이 없게 하기 위해서라는 설명이다. 변화하는 것과 변하지 않는 것이 뒤섞여 있다. 『주역』은 수많은 다양성 속에 일정한 질서를 갖고 있는 인식체계이기 때문에 그 해석이 쉽지 않다. 그 수천 년래의 수수께끼를 푼 책이 바로 『주역사전』이다.

하늘의 도움으로 얻은 문자들, 『주역사전』

『주역사전』은 정약전의 도움을 받아 저술된 책이었다. 정약용이 초고를 흑산도의 정약전에게 보내면 정약전은 자신의 견해를 덧붙여 되돌려 보냈다. 정약용은 중형의 충고를 참작해 다시 고쳐나갔다. 시대의 천재 이가환도 '모르겠다'로 일관한 『주역』의 핵심을 꿰뚫고 있는 학자는 드물었다. 이가환의 말대로 '궁색한 시골 변두리 지방에서 죽는 날까지 주역만 읽은 노주역·최주역'은 많아도

『주역』의 참 의미를 아는 '참주역'은 드물었던 것이다. 이런 점에서 비록 바다 멀리 떨어져 있으나 『주역』의 핵심을 꿰뚫은 정약전이 있다는 것은 정약용에겐 큰 힘이었다.

정약용은 『주역사전』의 첫머리를 역리사법易理四法으로 시작할 정도로 역리사법을 중시하고 있는데 역리사법을 확립하는 과정에서 정약전의 도움을 받았던 것이다. 역리사법이란 추이推移·물상物象·호체互體·효변爻變을 뜻하는데, 이는 다산 주역 해석의 키워드다. 『주역』은 백인백역이라는 말이 있을 정도로 사람마다 달리 해석하고 있는데 정약용은 이런 주역을 해석하는 열쇠로 역리사법을 확립했던 것이다. 설명하기가 쉽지 않지만 추이는 계절의 순환현상을 기준 삼아 『주역』의 64괘를 질서화한 것을 뜻하며,[30] 물상은 역사易詞의 구성과 해석에 대한 최소의 기본 단위인 8괘의 상징을 말한다.[31] 호체는 중괘를 연속적인 6체로 간주해 한 중괘 안에서 다수의 괘상卦象을 추출하는 것을 뜻하며 효변은 한 괘 안에서 획의 변화 양상을 강조한 것이다. 그중 물상에 대한 설명만 들어보자.

> 물상이란 무엇인가? 「설괘전說卦傳」에서 이른바 "건괘는 말이요 곤괘는 소요, 감坎괘는 돼지요 이离괘는 꿩이다."라는 말 따위가 그것이다. 문왕文王과 주공周公이 역사易詞(역의 단사彖詞와 효사爻詞)의 차례를 골라 적을 때 한 자 한 귀일망정 다 물상을 취했으니, 설괘를 버리고

30 64괘란 사시四時를 상징하는 12벽괘와 재윤지괘再閏之卦(5년에 두 번 있는 윤달), 12벽괘의 양획陽劃과 음획陰劃이 승강 왕래하면서 조성되는 50연괘를 합한 것이다.

31 다산은 공자가 지은 십익十翼 중의 하나인 「설괘전」을 새롭게 해석해 물상론을 확립했다.

서 역리를 해득하려고 하는 것은 마치 6률律을 버리고 악기를 제작하려는 것과 같은 것이다. 이것을 일러 물상이라고 한다.

「역리사법」

『주역사전』에 대한 정약전의 말은 이 책이 어느 정도의 역저인지를 말해주고 있다.

『주역』이 이제야 그 온축된 뜻을 잃지 않게 되었다. 6효가 교호交互하는 것을 인증引證하는 법이 종횡으로 개발되어 한 글자 한 마디 말이 모두 질서정연하고 곡진하게 되었으며, 뜻 깊은 말이나 오묘한 뜻이 밑바닥까지 철저하게 분석되었으므로 64괘 384효가 촘촘히 늘어서 그 뜻이 밝게 드러나게 되었으며, 삼성인三聖人(문왕·주공·공자)이 털끝만큼 미미한 데까지 은택을 미쳐 살피시며 상象을 보고 말을 세운 그 언모言貌와 색상色象이 천 년 뒤에도 비슷하게 되었으니 사해四解의 묘함이 지극해졌다.

『사암선생연보』(무진년)

정약용 자신도 『주역사전』에 대해 높은 평가를 내렸다. 「두 아들에게 내려주는 가계(示二子家戒)」에는 『주역사전』에 대한 다산의 자부심이 잘 나타나 있다.

『주역사전』은 내가 하늘의 도움으로 얻은 문자들이다. 결코 사람의 힘으로 통하고 지혜로 도달할 수 있는 바가 아니었다. 이 책에 잠심해서 그 오묘한 내용을 모두 통달할 수 있는 자가 있다면 자손이나 붕우朋友와 같을 것이니 천 년千年에 한 번 만난다 하더라도 애지중지하며 곱절로 애정을 쏟을 것이다.

「두 아들에게 내려주는 가계」

하늘의 도움으로 얻은 문자라는 자평은 겸양을 미덕으로 삼는 유학자로서는 오만하다고 볼 수 있지만 그만큼 『주역사전』에 대한 다산의 자부심이 대단했음을 말해준다. 정약전도 이런 자부심을 인정할 정도로 『주역사전』을 높이 평가했다.

놀라운 것이 어찌 다만 건괘와 곤괘 두 괘의 정밀하고 미묘한 말과 깊은 뜻뿐이겠는가. 실로 3천 년 이래 처음 보는 문장이고 다만 『주역』을 해석해내기 위한 말만은 아닌 것이네. 내가 이른바 세 성인(문왕·주공·공자)의 모습과 비슷하다고 한 것은 스스로 한 가지 도道를 얻음을 이른 것이네.

「다산에게 부친다[寄茶山]」(1805년 5월)

정약전이 『주역사전』을 높이 평가하는 이유는 문왕·주공·공자 같은 옛 성인들의 도가 정약용에 이르러 다시 살아났다고 보기 때문이다. 그래서 동생을 "성인의 모습과 비슷하다."라고까지 평가했던 것이다. 정약전이 『주역심전周易心箋』, 즉 『주역사전』에 쓴 서문은 그의 놀라움을 잘 보여준다.

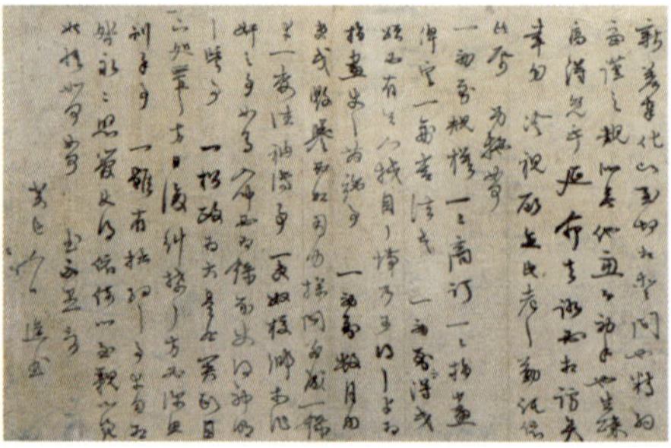

정약전의 글씨 정약전은 유배지에서 학문에 몰두하는 대신 어부들과 어울려 지냈으나 정약용이 『주역』 등에 대해 물어 올 때는 놀라운 학문적 식견을 보여주었다.

내가 미용美庸(정약용의 자)을 동생으로 둔 것이 어언 44년이나 되었다. 미용은 어려서 성균관에 들어가 공령功令(학문의 공과에 대한 규칙)으로 이름을 날렸다. 그래서 나는 재치가 번뜩이는 재사才士라고 생각했다. 장성해서는 관각館閣(규장각)에 드나들며 문학으로 밝은 임금을 섬겼으므로 나는 문장경술사文章經術士라 생각했다. 세상에 나가서 정치를 할 때 크고 작은 안팎의 일이 모두 지극한 경지에 나아갔으므로 나는 재상감이라고 생각했다.

만년에 바닷가로 귀양을 가 『주역사해』를 지었는데, 내가 처음에는 놀랐고 중간에는 기뻐했으며 끝에 가서는 무릎이 굽혀지는 줄도 알지 못했으니, 미용을 어떤 부류에 비교해야 할지 모르겠다.

『주역심전』

정약전에게 '무릎이 굽혀지는 줄도 알지 못할' 정도로 큰 충격을 준 책이 『주역사전』인 것이다. 정약용도 「자찬 묘지명」에서 정약전의 칭찬을 받은 것을 무엇보다 기뻐했다.

처음에 내가 역易을 탐색하고 예禮를 연구하여, 다른 여러 경서에 손을 대면서 하나의 깨달음이 신명神明에 통하고 저절로 알아지는 듯하여 누구에게 이야기할 수 없는 것이 많이 있었다. 나의 형 약전若銓이 흑산도 바다 가운데 계시며 한 편의 책이 완성될 때마다 보시고는 "네가 이런 정도에까지 도달한 것은 너 스스로도 알지 못할 것이다. 오호라! 도道가 잃어버린 지 천 년에 백 가지로 가리어서 덮여져 있었는데 헤쳐내고 분해해내서 그 가리어 있음을 확 열어젖혔으니 어찌 너의 힘만으로 해낸 것이겠느냐."라고 해주셨다.

「자찬 묘지명」

'결코 사람의 힘으로 통하고 지혜로 도달할 수 있는 바가 아니었다'는 다산의 자평이 과장이 아닌 셈이었다. 성인의 도가 정약용에게 다시 살아났다면 이런 정약용을 억압하는 노론 정권은 공자를 외면했던 패도覇道를 추구하는 정권이 되는 것이었다. 머나먼 유배지에서 자신들의 삶의 정당성을 확신할 수 있다는 것, 이것만큼 위안이 되는 것은 없었던 것이다.

정약용은 이렇게 높은 평가를 받은 『주역사전』을 완성한 후에도 기회가 있을 때마다 다시 수정했다. 정약전이 약용에게 보낸 편지에 의하면 1811년에도 다산은 『주역사전』의 수정본을 보냈음을 알 수 있다.

『주역사전』은 앞서 본 것과 비교하면 먼동이 틀 무렵과 밝은 대낮을 비교하는 것 같으니 유쾌하고 유쾌하다. 다만 그 글 가운데 읽기 어려운 것은 기하서幾何書 같네. 『주역』은 지극히 고요한 마음이 아니면 탐구할 수 없으니, 자네의 이른바 여러 가지 거리낌이란 말이 매우 옳다네. 바야흐로 방 안을 쓸고 고요히 이 책을 보려 하네.

이 책은 하늘과 땅의 끝에서 인간의 일이 변함을 깊이 따져 연구한 것으로서 반드시 성인의 뜻을 잘 알 수 있는 것이네. 『주역』은 점치는 서서筮書인데 『주역』이 희미해진 뒤에 점괘도 따라서 폐지되었네. 오늘날 점치는 자는 팔괘八卦의 면목面目을 빌리고 오행의 괴상함을 만들지만 자네의 『주역사전』은 한결같이 옛날 『주역』의 점괘에서 나왔네. 대저 사람이 과연 『주역』의 의논과 같이하여 정사正事를 묻고 정도正道를 시행한다면 또한 착하지 아니한가.

만일 간악한 남의 손을 빌려 음모와 흉계를 모두 이로써 결단하여 오늘날 점술과 같이한다면 또한 몹시 두려운 일이 아니겠는가. 이 일은 관심 있는 일이나 끝내 어떻게 될 것인지 알 수 없네.

「다산에게 부친다」(1811년 9월)

『주역사전』을 완성한 후 정약용은 세상사를 초탈한 모습을 보이기도 했다. 1812년 약전에게 보낸 편지에 이런 면모가 보인다.

『주역』 소본小本은 바로 학포學圃의 것입니다. 그 애가 벌써 좋아하지 않아 그냥 책상 위에 놓여 있기만 하기에 때때로 음미하는데 껄껄 한바탕 웃으며 귀양살이의 괴로움을 잊기에 충분했습니다.

연전에 보셨던 초본草本은 옥으로 치면 아직 다듬지 않은 박璞(다듬지 않은 옥돌)이고, 쇠로 치면 아직 캐지 않은 광석鑛石이며, 쌀로 치면 아직 켜지 않은 겨이고, 뼈로 치면 거죽이며, 질그릇으로 치면 굽지 않은 것으로 장인匠人의 다듬지 않은 통나무 같은 것이었습니다. 『시경』에서 "자르는 것처럼, 가는 것처럼, 쪼는 것처럼 해야 한다."라는 말은 바로 이를 두고 이르는 것이라 하겠습니다. 며칠 전에도 한 효爻를 고쳤습니다. 만약 내가 10년을 더 살아서 끝까지 『주역』을 공부한다면 아마 더 고쳐서 보태는 것이 있을 것입니다.

「둘째 형님께 답합니다[答仲氏]」

정약용은 마치 자신이 세상에 온 목적이 『주역사전』을 완성하는 데 있다고 생각하기라도 한 것처럼 고치고 또 고쳤다. 정약용이 『주역』을 변질시킨 사람들을 강하게 비판한 이유는 성인들의 큰 뜻을 왜곡시켰다고 보았기 때문이다. 그에게 『주역』은 단순히 점치는 책이 아니었던 것이다.

왕필은 죽어서 돼지 치는 종놈이 되었다

정약용이 「대상전大象傳」에 주해를 달아 『주역사전』에 편입시킨 이유는 공자의 뜻에 따라 『주역』을 완성시키기 위해서였다. 정약용은 그 서문에서 전하田何 · 정현鄭玄 등이 주역을 변질시켜놓은 것을 비판하고 "이제 별도로 막힘이 없도록 옛날 그대로 복귀시키니 공자께서 생각하시던 『주역』의 뜻이 거의 밝게 드러나기를 바란다."라고 희망했다. 정약용이 역대 주역의 대가 중에서 가장 가혹하게 비판하는 인물은 왕필王弼이다. 정약용은 「설괘전」을 『주역』을 이해하는 자물쇠와 열쇠로 중시해 그 해석을 『주역사전』에 따로 붙이면서 그 서문에서 왕필을 강하게 비판했다.

『주역』의 문구는 상象에서 취한 것인데, 모두 설괘를 근본 삼았다. 그러므로 설괘를 읽지 않고서는 한 자도 이해할 수가 없는 것이다. 자물쇠와 열쇠를 버려두고 문 열기를 구하는 것은 매우 어리석은 짓이다. 특히 한漢나라 선비들은 『주역』에 대해서 말하면서 6효爻의 변화를 몰랐기 때문에[32] 용龍에 나아가서 소를 구하고, 닭을 가지고 말이 아닌가 의심했다. 본래의 뜻에서 멀어졌는데도 거기에만 천착하고 한결같이 그쪽으로만 가서 이치에 합치되질 못했다.
그러므로 왕필王弼이 "효爻가 순順한 데 합치된다면 어찌 곤坤이 소가 될 것이며, 뜻이 진실로 건장한 데 응하게 된다면 어찌 건乾이 말이 되겠는가."라고 (잘못) 말했던 것이다. 이제 설괘를 팽개쳐버리고 쓰지 않으니 『주역』의 뜻이 마침내 없어지게 되었다.
아! 6효가 변한 뒤에 이 설괘전의 문구에 나가 상象의 뜻을 구한다면 확연히 얼음이 풀리듯 그 뜻이 풀릴 것이며, 기쁨이 넘쳐흐르도록 이치가 순해질 것인데, 저 구양수歐陽修의 무리들이 공자의 말씀이 아니라고 하였으니, 어찌 그리도 망령스러운가. 이제 경문經文을 취하여 간략하게 주석을 다는데, 구가九家(역대 주역의 대가)의 새로운 설에 이르러서는 올바른 것도 있고 잘못된 것도 있으므로 하나하나 정정하였고, 또 『주역』의 글귀 중에서 근거가 될 만한 것을 취하여 대략 보충해 넣었다.

『주역사전』「설괘전」

32 건괘乾卦에서 구괘姤卦로 가는 것을 몰랐다.[정약용의 원주]

위魏나라의 왕필(서기 226~249)은 십 대의 어린 나이에 무려 1만 1,890자에 달하는 『노자주老子註』를 달아 누가 누구를 주했는지 모르겠다는 평을 낳았던 희대의 천재였다. 그러나 정약용은 이 천재의 학설에 대해서 가차없이 비판했다. 가장 큰 이유는 왕필이 상象을 버린 데 있었다. 앞에서 말했듯이 정약용은 『역학서언』에서 "성인이 주역을 만들 때 오직 상징〔象〕만을 취했으니 상징이란 본뜨는 것〔像〕이며 본뜸은 비슷하게 하는 것〔似〕이다."라고 해서 상象을 가장 중시했는데, 왕필은 "뜻〔意〕을 얻음은 상象을 잊는 데 있으며, 상을 얻음은 말〔言〕을 잊는 데 있다."라며 상을 버려야 한다고 주장했다.

둘은 『주역』 해석의 방법론에서 평행선을 달리고 있는 것인데, 그 뜻에 있어서도 『주역』 해석에 노장老壯의 방법론을 끌어들인 왕필과 정약용은 다를 수밖에 없었다. 왕필은 『주역』 주석에서 "이것은 마치 올무〔蹄〕가 토끼를 잡는 도구이니 토끼를 잡으면 올무를 잊고, 통발〔筌〕이 물고기를 잡는 도구이니 물고기를 잡으면 통발을 잊어버리는 것과도 같다."라고 말했는데, 이는 "통발〔筌〕은 물고기를 잡는 도구이니 물고기를 잡으면 통발을 잊고, 올무〔蹄〕는 토끼를 잡는 도구이니 토끼를 잡으면 올무를 잊듯이, 말〔言〕은 뜻을 얻는 도구이니 뜻을 얻으면 말을 잊는다."(『장자』 「외물外物」편)라는 노장 사상의 대입에 지나지 않는 것이다. 정약용은 왕필이 『주역』에 노장의 허무사상을 끌어들여 성인이 『주역』을 지은 뜻을 왜곡했기 때문에 비판한 것이다. 왕필은 성인이 『주역』을 지은 원뜻을 올바로 파악하기 위해서는 상을 잊고 뜻을 구해나가야 그 의리를 볼 수 있다며 의리역義理易을 주창한 것이다. 왕필의 주장을 보자.

뜻이 진실로 강건한 것에 있다면 어찌 반드시 말(馬)일 필요가 있겠는가. 유형類型들이 진실로 순응하는 것에 있다면 어찌 반드시 소(牛)일 필요가 있겠는가. 효爻가 진실로 순응하는 의미와 합치된다면 어찌 반드시 곤괘坤卦라야 소가 되겠으며, 뜻이 진실로 강건한 것에 상응한다면 어찌 반드시 건괘乾卦라야 말이 되겠는가.

그런데도 혹자들은 말(馬)을 건괘에 고정시켜놓고 문장을 살피고 괘를 따져보다가, 말(馬)만 있고 건괘가 없으면, 곧 장황하게 위설僞說을 끌어들여 기틀을 세우기 어렵게 만들었다.

호체互體로 부족하자 괘변卦變을 끌어들이고, 괘변으로도 부족하자 더 나아가 오행伍行을 끌어오기에 이르렀다. 상象을 잊고 그 뜻을 구해야 의리를 볼 수 있게 될 것이다.

『노자주역왕필주교석老子周易王弼注校釋』

'추이·물상·호체·효변'을 역리사법으로 규정한 정약용이 보기에 노장사상을 끌어들여 호체와 괘변까지도 부정한 왕필의 주역 해석 방법은 『주역』을 심하게 왜곡시킨 이단에 다름 아니었다.

건괘乾卦가 이미 손괘巽卦로 변했는데 여전히 건괘를 가지고 살피니 또한 닭을 잡고서 말(馬)인가 의심하지 않겠는가? 곤괘坤卦가 이미 진괘震卦로 변했는데 여전히 곤괘를 가지고 구하니 용을 보면서 소(牛)인가 의심하지 않겠는가? 감괘坎卦가 이미 태괘兌卦로 변했는데 돼지를 두고 양을 말한다고 화내며, 이괘離卦가 이미 간괘艮卦로 변했는데 꿩을 버려두고 개를 논한다고 개탄하니 이것이 바로 왕필이 일어나게 된 까닭이었다. 왕필은 효사爻詞가 합치되지 않는 것을 보고 「설괘전」을 활용하려고 하지 않았으니 그 까닭을 궁구해본다면 다만 그가 효변爻變을 알지 못했기 때문에 지나지 않는다.

『주역사전』「효변표직설爻變表直說」

십 대 때 『노자주』를 펴내고, 23세 때 『주역주周易註』를 펴내 오늘날까지도 많은 학자들에게 추앙을 받는 희대의 천재 왕필이 정약용에게는 『주역』의 기초인 효변도 알지 못했던 하룻강아지였던 것이다. 정약용은 왕필이 효변을 몰랐던 사실을 이렇게 설명한다.

둔괘屯卦의 62가 변하면 호곤互坤이 변하여 호진互震이 된다. 주공은 이제 막 용을 말하려는데 왕필은 소가 아닌 것을 괴이하게 여기니 호체互體가 어찌 폐해지지 않겠는가? 둔괘의 63이 변하면 호간互艮이 변하여 호리互離가 된다. 주공은 이제 막 꿩을 잡으려는데 왕필은 개를 잃어버린 것을 탄식하니 호체가 어찌 폐해지지 않겠는가? 그러므로 (왕필이) 호체를 폐한 것은 효변爻變을 몰랐기 때문이라고 말하는 것이다.

『주역사전』「효변표직설」

정약용이 왕필을 강하게 비판하는 것은 천재 학자로 추앙받던 그를 비판함으로써 자신의 학문이 높음을 자랑하려는 의도가 아니었다. 정약용에게 『주역』은 '삼성인(문왕·주공·공자)이 세상을 다스리고 나라를 경영하는 정의精義와 대법大法'이었는데, 왕필이 이를 '이단의 흐름 속에 빠져들게' 했으므로 비판하는 것이다. 정약용이 한때 천주교를 받아들인 것은 그것이 유학을 보충하는 보유론補儒論이기 때문이었지 유학 자체를 부인한 것은 아니었다. 왕필의 『주역』 해석은 권상연·윤지충이 부모의 신주를 불태우고 제사를 폐해 유학의 범주에서 벗어난 것처럼 노장에 지나지 않는 것이었다. 그래서 정약용은 "어찌 애석하지 않겠는가."(『역학서언』「왕보사역주론王輔嗣易注論」) 라고 통탄하는 것이었다. 정약용은 왕필의 『주역』 해석이 끼친 피해가 너무 크다고 보았기에 그가 죽어서 '돼지 치는 종놈[牧豬奴]'이 되었다고 할 정도로 가혹하게 비판했다.

『주역』은 점치는 책이 아니다

정약용이 보기에 『주역』은 후대에 둘로 나뉘어 사용되면서부터 잘못 이해되기 시작했다. 그는 "『주역』에는 본래 두 길이 있는데 하나는 경학가가 이를 전했고 다른 하나는 복서가의 소용이 되었다."(『역학서언』)라고 말했다. 복서가의 효용이 된 주역에 대해 정약용은 크게 비판했다.

고대인들은 천지신명을 섬김으로써 상제를 섬겼다고 공자도 말하고 있지만 요즘 사람들은 평소에는 신을 섬기지도 않으면서 오직 일에 부딪치면 복서로써 그 성패만을 탐색하려고 한다. 그러니 이만저

만하게 하늘을 업신여기고 신을 모독하는 것이 아니다. 내가 역상易象을 해석하는 것은 경의經義를 밝히려는 것이다. 만일 어느 사람이고 역례易例가 이미 밝혀졌으니 복서를 시행할 수 있다고 한다면 점의 징험〔占驗〕이 제대로 합치하지 않을 뿐만 아니라 미로 속으로 빠져들게 될 것이니 내가 두려워하는 바는 바로 이 점이다. 그러므로 올바른 길을 지키고 사는 사람은 마땅히 복서 같은 것은 없애버리고 살아야 할 것이다.

「표기복서지의表記卜筮之義」

정약용은 복서가의 효용이 된 『주역』을 비판했다. 그들이 하늘은 섬기지 않으면서 점만 치기 때문이다. 정약용은 정약전에게도 이런 세태를 강한 어조로 비판했다.

『주역』으로 말하면 요즘 사람들은 하늘을 섬기지도 않으면서 어찌 감히 점을 칠 수 있습니까? 한선자韓宣子(춘추시대 진晋나라 대부)가 노魯나라에 사신으로 가서 역상易賞을 보고서 "주나라의 예가 노나라에 있구나."라고 했습니다. 『주역사전』을 자세히 보면 서주西周의 예법 가운데 환히 알 수 있는 것들이 부지기수인데, 지금 점치는 것이라 해서 그 예법마저 고찰하지 않아서야 되겠습니까. 공자께서 점치는 것 외에 별도로 『주역』의 단전彖傳과 대상전大象傳을 지으셨으니 『주역』이 어찌 점치는 책일 뿐이겠습니까?

저는 갑자년(1804)부터 『주역』 공부에 전심하여 지금까지 10년이 되었지만 하루도 시초蓍草(점칠 때 쓰는 풀)를 세어 괘를 만들어 어떤 일에 대해 점쳐 본 적이 없습니다. 제가 만약 뜻을 얻는다면 조정에 아뢰어 점치는 일을 금하게 하기에 겨를이 없을 것입니다.

이는 오늘날의 복서는 옛날의 복서가 아니어서 하는 말이 아닙니다. 비록 문왕이나 주공이 지금 세상에 다시 태어난다 하더라도 결코 점으로써 의심나는 일을 해결하려 하지는 않을 것인데, 이러한 사리事理는 후세의 군자들도 반드시 알 것입니다.

「둘째 형님께 답합니다」

정약용에게 『주역』은 점치는 책이 아니라 인간들이 하늘의 뜻대로 사는 데 도움을 주는 경전이었다. 그 천명을 지상에 실현하면 곧 이상사회가 되는 것이었다. 정약용이 『주역사전』을 쓴 것은 바로 그런 사회를 실현하는 도구로 사용되기를 바라서였다. 그러나 현실은 그렇지 않았다. 그래서 그는 자신이 『주역사전』에 너무 자세하게 풀이해놓은 것이 아닌지 후회하는 글을 남기기도 했다.

무릇 하늘을 섬기지 않는 사람은 감히 점을 치지 않는데 저는 지금 하늘을 섬긴다 하더라도 점을 치지 않겠습니다. 제가 이런 뜻에 매우 엄격하지 않은 것은 아니지만, 『주역』이란 주나라 사람들의 예법이 실려 있는 것이니 유학자라면 그 은밀한 말과 오묘한 뜻이 발휘되어진 곳에 밝지 않아서는 안 될 것입니다.

그러나 옛 성인들은 모든 미언微言과 묘의妙意에 대해 그 단서만 살짝 드러내어 사람들로 하여금 스스로 깨닫게 했습니다. 만약 하나도 숨김없이 환히 드러나 알 수 있는 경우라면 너무 재미가 없을 것입니다. 지금 저의 『주역사전』은 너무 상세하고 너무 분명한데 이 점은 깊이 후회하는 바입니다.

「둘째 형님께 답합니다」

자신이 너무 『주역』을 자세히 풀이해 복서가의 효용으로 전락시키지 않았는지 후회하는 것이다. 마치 천기누설을 한 것이 아닌가 우려하는 형상이다. 그래서 그런지 정약용은 「역론易論」에서는 주역에 심오한 것이 없다고 쓰기도 했다.

『주역』에 또한 무슨 심오한 것이 있겠는가. (공자께서) 「설괘전」을 만들어 양[羊]·소[牛]·말[馬]·돼지[豕]의 상징을 깨우치게 하고 또 익전翼傳을 만들어 추이 왕래하는 흔적을 나타내었고, 그를 위해 9이니 6이니 하는 수를 만들어 상象들이 변동하여 달리 쓰여지는 법을 뚜렷이 하였다. 점인占人은 그 점을 치되 하사下士 8인이었으며, 서인筮人(점치는 사람)은 그 길흉을 분별하되 중사中士 2인이었으니 이들로써 나라의 의문점을 결단케 하여 백성들의 쓰임에 앞서게 하였었다. 『주역』에 무슨 심오한 것이 있겠는가?

「역론」 1

정약용은 『주역』이 복서가의 효용이 아니라 '나라의 의문점을 결단케 하여 백성들의 쓰임에 앞서게' 한 것이다. 정약용에게 『주역』은 성인의 대도大道이지 복서가의 점서占書가 아니었다.

書且收到平安信息　渊推屢收
琅函深矣此書之氣光華屢之也且甚
深富訪澈穩　鄙之果頗秀日中之樣
自然淨四有所且之經世移歲蒼勝時之物
丹筆之緒性矣但西青未遂然以識之氣難
筆山有渺治勝於特雅華移至之情更止之
君之品第是佳是類也對起居康泰左為細
今之桐知貴桐也心有如理書歸雖識不可
有理華雅此要之寶居尚未定藉助指垂
未海衣緣海以來矣此存何了緣之餘之據
而其之學山於此游且小録也日難業上背

제11장

생태학자 정약전

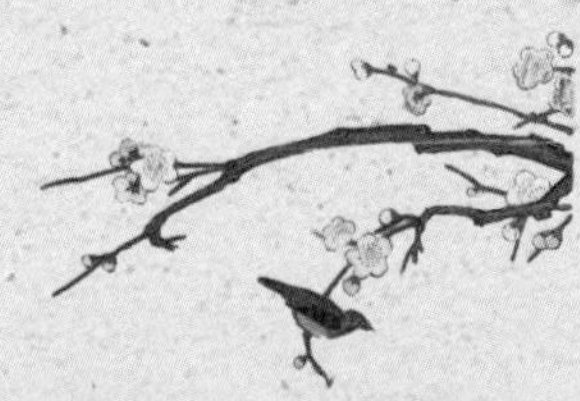

자산(흑산)의 해중 어족은 매우 풍부하지만

그 이름이 알려진 것은 적다.

마땅히 박물학자들이 살펴보아야 할 곳이다.

「송정사의」에 담긴 뜻

정약전은 사나흘 동안 사나운 파도와 싸운 끝에 흑산도에 도착했다. 전라도 뭍에서 약 250리 떨어져 있는 흑산도는 영조 후반 편찬한 『여지도서輿地圖書』에 따르면 둘레가 35리이고 편호編戶는 283호로서 남자가 361명, 여자가 343명이었다. 정약전의 유배 때도 사정은 크게 다르지 않았다.

강진의 정약용은 학문을 피안의 세계로 삼았지만, 흑산도의 정약전은 그러지 않았다. 정약전의 흑산도 생활에 대해서는 정약용이 쓴 묘지명의 한 구절이 잘 설명해주고 있다.

> 공(정약전)이 바다 가운데 들어온 때부터는 더욱 술을 많이 마셨는데 상스러운 어부들이나 천한 사람들과 패거리가 되어 친하게 지내면서 다시는 귀한 신분으로서 교만 같은 것을 부리지 않았기 때문에 더욱 섬사람들이 기뻐하며 서로 싸우기까지 하면서 자기 집에만 있어주기를 원했다.
>
> 「선중씨 묘지명先仲氏墓誌銘」

정약전은 학문에 몰두하는 대신 어부나 천인들과 어울리면서 술을 마셨다. 정약용이 경전 속의 성인들과 교류했다면 정약전은 현실 속의 어부나 천인들과 교류했던 것이다. 정약전이 「송정사의松政私議」를 쓴 것은 이처럼 현실 속에 깊숙이 들어간 결과물이었다. '국가의 소나무 정책에 대한 사견'이라는 뜻의 「송정사의」는 정약전이 흑산도 유배 4년째인 1804년에 저술한 것이다. 송정松政이라 불렸던 조선시대의 소나무 정책은 정약용도 『목민심서』에서 크게 비판한 바 있다.

우리나라의 산림 정책은 오직 송금松禁(소나무 벌채 금지) 한 가지 조목만 있을 뿐 전나무, 잣나무, 단풍나무, 비자나무 등에 대해서는 하나

흑산도 사리 정약용이 유배지에서 학문에 몰두한 반면, 정약전은 흑산도 유배지에서 어부들과 어울리며 민중들의 삶을 깊게 체험했다.

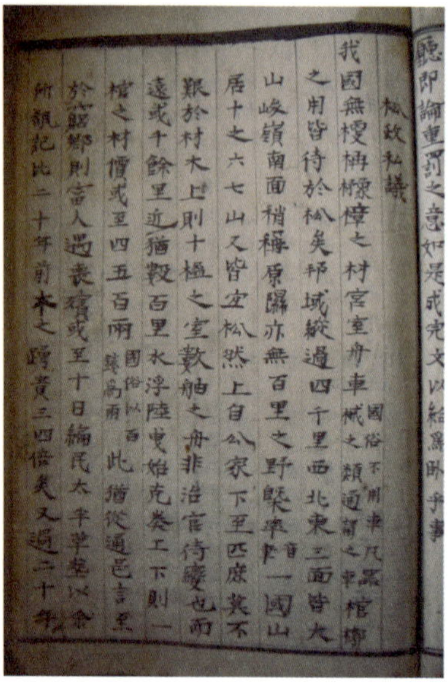

聽卽論重罰之意如是或究文以結爲斷乎事
松政私議
我國無椶柟櫲樟之材宮室舟車 國俗下用車凡器械之類通謂之車 棺槨
之用皆待於松矣邦域縱遠四千里西北東三面皆大
山峻嶺南面稍稱原隰亦無百里之野簇簇 皆百 一國山
居十之六七山又皆空松然上自公家下至匹庶莫不
艱於材木上則十極之室數舳之舟非治官待變也而
遠或千餘里近猶數百里水浮陸曳始克奏工下則一
棺之材價或至四五百兩 國俗以百兩爲高兩 此猶從通邑言至
於窮鄉則富人遇喪或至十日編民太半草葬以余
所親記比二十年前木之踴貴三四倍矣又過二十年

「송정사의」 정약전이 조선시대 소나무 정책에 대해 비판하고 대안을 제시한 글로, 정약용은 『목민심서』의 「송금」조에서 이 글을 인용했다.

도 문제 삼지 않았다. 송금에 대해서는 법례가 특별히 엄중하고 조목도 지극히 치밀하다. 그러나 산 사람을 양육하고 죽은 사람을 장사지내는 백성들의 일용 물자를 한 구멍도 터놓지 않고 사방을 꽉 막아놓으니 그 형세가 결국 둑이 터지고 물이 제멋대로 내닫는 듯이 하지 않을 수 없다.

명령이 이미 문란해지매 백성들이 따를 바를 몰라 혹 빈말로 금령禁令을 내리고 혹 법조문을 내세워 죄를 다스려도 산림은 날로 벌거숭이가 되고 재용財用은 날로 결핍하여 위로는 국가 재정에 도움이 되지 못하고 아래로는 백성의 수요를 충족시키지 못한다. 한 고을의 수령으로는 어찌할 수가 없는 것이요, 오직 법조문의 테두리 안에서 참작하고 삼가 지켜서 목전의 죄과를 면할 따름이다.

『목민심서』(제10부 공전工典 산림山林)

정약용의 이 글은 「송정사의」를 보고 쓴 것이다. 정약용의 『목민심서』에는 "「손암사의巽菴私議」에서 옛사람의 말을 인용하여 화전火田 경작의 피해를 다음과 같이 말했다."라면서 "첫째, 산과 골짜기에 나무가 없다면 산사태가 나는 것을 막을 수 없다. 둘째, 사태가 나면 들판의 논밭을 덮어버리니 국가 재원이 날로 줄어든다. 셋째, 산림이 벌거숭이가 되어 보물과 재화가 생산되지 않는다."라는 구절이 있는데, 손암이 정약전의 호라는 점에서 「손암사의」는 「송정사의」를 뜻한다.

정약전은 정약용에게 보낸 편지에서 "「송정사의」 1편을 지었으나 캄캄한 방에 있는 사람의 말을 누가 있어 살피겠는가. 일찍이 이러한 사정을 알았으면 어찌 경신년(정조 24년) 전에 죽음을 무릅쓰고 할 말을 아니하였겠는가. 뉘우치고 탄식한들 미치지 못하네."라고 쓰고 있는 대로, 「송정사의」는 소나무 베는 것을 금지하는 송정이 백성들에게 주는 고통을 상세하게 묘사하며 그 대책을 담고 있다.

> 나라의 강역이 세로로 4천 리를 넘지만 서·북·동쪽 3면이 모두 큰 산과 험준한 고개로 이루어져 있고, 남쪽에는 들판이라고 부를 만한 곳이 있기는 하나 그것조차 1백 리 되는 것이 없다. 대체로 나라 전체로 보면 전 국토를 10으로 볼 때 산지가 6~7이다.
>
> 산은 또 모두 소나무 자라기에 알맞다. 그럼에도 불구하고 위로는 조정에서 아래로는 서민에 이르기까지 재목 구하기가 어렵다. 위로는 기둥 열 개짜리 집과 배 몇 척 만들 때도 관리가 변고를 기다리는 것도 아니면서도 멀게는 천여 리, 가깝게는 수백 리가 넘는 거리를 강물에 띄우고 육지에서 끌어와야만 비로소 일을 마칠 수 있다. 아래로는 관재棺材 하나 값이 400~500냥[33]이다. 이는 그래도 큰 도회지를 기준으로 말한 것이고, 궁벽한 시골은 부자가 상을 당해도 시

신을 관에 넣는데 열흘이 걸리기도 하고, 평민은 태반이 초장草葬을 할 수밖에 없다. 내가 직접 본 기억으로는 20년 전에 비해 나무 값이 3~4배 올랐다. 20년을 지나면 반드시 오늘날의 3~4배 오르는 정도에 그치지 않을 것이다.

오행伍行에서 나무木가 그 하나이며, 불火 또한 나무로 인해 있는 것이므로 실제로는 오행 가운데 둘을 차지한다고 하겠다.

우리나라는 왜에 바짝 붙어 있어 왜적이 침략하면 반드시 수전水戰을 하게 된다. 임진년 변란에는 오로지 수군의 힘을 빌어 난을 모면한 사실을 흘러간 역사에서 징험할 수 있다. 만약 위급한 전쟁이 발생한다면 수백 척 전함을 만들 목재를 어디에서 구해올 것인가?

뿐만 아니다. 수백 년 태평시대가 이어져 백성이 평안히 살아가고는 있지만 살아서는 번듯한 집이 없고, 죽어서는 몸을 누일 관재가 없다.

열에 예닐곱을 차지하는 산이 있고, 산은 또 소나무가 자라기에 알맞은데 소나무의 귀함이 이런 지경이 이를 수 있단 말인가? 내가 일찍이 그 이유를 조용히 따져보고서 대략 세 가지 요인을 찾아냈다. 단, 위에서 말한 가옥과 배, 수레나 관재에 쓸 재목은 여기에 포함시키지 않았다.

「송정사의」

정약전은 전 국토의 6~7할이 산지라는 사실을 정확하게 인지하

33 나라 풍속에 백전百錢을 1냥이라 한다.[정약용의 원주]

고 있었는데 이는 당시 학자들의 우리 국토에 대한 인식수준이 꽤 높았음을 말해준다. 정약전은 왜 소나무가 부족한지를 세 가지 요인에서 찾는다.

첫째는 나무를 심지 않는 것이요, 둘째는 저절로 자라는 나무를 꺾어 땔나무로 쓰는 것이요, 셋째는 화전민火田民이 불태우는 일이다. 이 세 가지 환난을 제거한다면, 도끼를 들고 날마다 숲에 들어가 나무를 한다 해도 재목이 너무 많아 쓸 수가 없을 지경일 것이다.

「송정사의」

정약전은 이 세 가지 환난을 제거하지 않으면 '관중管仲과 제갈량諸葛亮이 지혜를 짜내고, 신불해申不害와 상앙商鞅이 법을 집행한다' 해도 '백성과 나라가 모두 곤궁해질 것'이라면서 그 이유를 '국법이 완비되지 않음'에서 찾았다. 국법이 현실에 맞지 않기 때문에 산에 소나무가 없다는 것이다.

공산公山은 경계가 광활하다 할 만하다. 황장목黃腸木(임금의 관을 만드는 데 사용하는 좋은 소나무)이 잘 자라는 산이 깊은 산골짜기에 자리잡고 있을 뿐만 아니라 소나무에 알맞은 밭이 바닷가에 널려 있다. 바닷가 연안의 몇 리에 걸친 산은 대개 국가의 것이므로 이것들만 해도 이루 다 쓸 수가 없을 지경인데 그 위에 바닷가로부터 30리 이내의 산은 국가와 개인 소유를 막론하고 일체 벌목을 금하는 법까지 있다.

대저 나무가 있기 때문에 금지한다면 그래도 이로운 것이 있겠지만, 나무도 없으면서 금지한다면 백성들은 나무를 심지 않을 것이다. 그렇다면 금하는 것이 무슨 도움이 되겠는가?

그러나 일은 여기에 그치지 않는다. 주먹 크기만 한 산을 소유한 백성이 소나무 수십 그루를 길러 가옥과 배, 수레나 관재의 재목으로 베어 쓰고자 한다면 탐관오리가 이 법조문을 빙자하여 차꼬에 채워 감옥에 가두고 고문하는 등 죽을 죄를 다스리듯 하고, 심지어 유배를 보내기까지 한다.

그러므로 백성들이 소나무 보기를 독충과 전염병처럼 여겨서 몰래 없애고 비밀리에 베어서 반드시 제거한 다음에야 그만둔다. 어쩌다가 소나무에 싹이라도 트면 독사를 죽이듯 한다.

백성들이 나무가 없기를 바라는 것이 아니다. 자신이 편안한 길이 나무가 없는 데 있기 때문이다. 그리하여 개인 소유의 산에는 소나무가 한 그루 없게 되었다.

「송정사의」

정약전의 이런 생각은 정약용의 『목민심서』에 그대로 반영되어 있다.

『금송절목禁松節目』에 규정하기를 "바다 연변의 30리에서는 비록 사양산私養山(개인 소유의 산)이라 하더라도 일체 벌채를 금지한다."라고 하였다.

생각건대 산림을 사사로이 기르는 까닭은 그것을 사사로이 사용하고자 함이다. 그 벌채를 금하기를 봉산封山(나라에서 사용하기 위해 벌채를 금한 산)과 같이 한다면 어느 누가 산림을 가꾸겠는가. 날마다 매질하면서 산을 가꾸라고 요구해도 오히려 가꾸지 않을 것이다. 그렇기 때문에 바닷가의 모든 산이 벌거숭이 아닌 게 없고 오직 귀족들의 분묘에만 어느 정도 나무가 자랄 뿐이다.

『목민심서』(제10부 공전 산림)

개인산을 소유한 백성이 나무를 기르지 않는 이유에 대해 손암과 다산 모두 나무를 개인적으로 사용하지 못하게 할 뿐만 아니라 벼슬아치들이 이를 빙자해 백성들을 괴롭히기 때문이라고 생각하고 있다.

그리하여 봉산의 백성들이 "오직 소나무 때문에 우리가 이 지경에 이르렀는데, 소나무만 없다면 아무 일도 없을 것이다."라고 의논하고, 소나무를 몰래 베어 없애기 위해 온갖 꾀를 내기에 이르렀다. 심지어는 천 명의 사람이 힘을 합쳐 수많은 도끼로 함께 나무를 베어 몇 리에 걸친 푸른 산을 하룻밤 사이에 벌거숭이산으로 만들고, 돈을 모아 뇌물을 후하게 주어 후환을 없애는 일도 발생한다. 그리하여 작고 작은 공산조차도 소나무 한 그루가 없게 되었다.

「송정사의」

정약용도 "소나무를 심고 배양하라는 법조문이 있지만 해치지만 않으면 되는데 무엇 때문에 심을 것인가." "금제하는 법조항이 세밀

해질수록 백성들의 고통은 더욱 심해지니 누가 심고 키우기를 즐겨 하겠는가."라고 말해 백성들이 소나무를 심지 않는 이유가 심어봐야 고통만 돌아오기 때문이라고 말했다. 이 문제에 대한 정약전의 해결책은 의외로 간단하다. 법을 완화해서 소나무 벌목을 금지하지 않으면 된다는 것이다.

> 대저 소나무는 벌목을 금지할 것이 아니다. 오늘날 소나무 벌채를 금지하는 법은 비록 공자孔子나 안연顔淵이라 해도 범하지 않을 수가 없다.
>
> 어째서 그러한가? 공자나 안연이 오늘날 세상에 살게 되어 부모의 상을 당하였다고 하자. 그분들이 소나무 벌목 금지의 법 때문에 관을 만드는 예법을 폐지하려 들겠는가? 대저 공자나 안연조차도 범하지 않을 수 없는 법을 보통 사람들에게 시행하려고 드니 그 법이 지켜지지 않으리라는 사실을 나는 잘 알고 있다. 소나무 벌목은 금지해서는 안 된다.
>
> 그렇다면 앞에서 말한 세 가지 환난은 끝내 제거할 수 없는 것인가? 그 법을 완화시키면 된다고 나는 말할 수밖에 없다. 백성들이 소나무를 미워하는 것은 소나무 자체를 미워하는 것이 아니라 그에 관한 법을 미워하는 것이다.
>
> 「송정사의」

송금 정책에 대한 정약전의 대안은 간단하다. 벌채를 금지하지 말고 식목을 장려하자는 것이다.

사람마다 제각각 소나무를 기를 수 있다면 준엄한 법과 무거운 형벌이 기다리는 나라의 소나무를 무엇 때문에 힘들여 훔치려고 들겠는가? 개인 소유의 산으로 묵혀두어 황폐하게 된 것은 나무를 길러서 스스로 사용하게 하고, 봉산封山으로 나무 심기를 그만두어 버려진 것은 나무를 길러서 스스로 사용하게 허락한다. 그리고 몇십 길의 산으로 나무가 없는 경우는 그 주인에게 죄를 가한다.

반면 천 그루 소나무를 심어 초가집의 기둥과 들보감으로 사용할 수 있을 만큼 기른 자에게는 품계를 올려주어 포상을 한다. 산허리 이상에서 화전의 경작을 금하는 법을 엄하게 단속하여 불지르지 못하도록 한다.

무릇 주인 없는 산을 찾아서 한 마을에서 힘을 합쳐 1년이나 2년 동안 소나무를 길러 울창하게 숲을 이루어놓았으면 나무의 크기에 따라 그 마을에 대해 1년이나 2년 동안 세금을 면제해준다.

이런 정책을 시행한 지 수십 년이 지나면 온 나라 산은 숲을 이루게 될 것이며, 공산의 나무를 백성이 범하는 일이 저절로 사라질 것이다.

「송정사의」

정약전은 국가의 소나무 정책을 벌채 금지에서 식목 권장으로 바꾸고 그 이익을 백성들에게 보장하면 백성과 나라가 모두 이익이라고 자신하고 있다. 백성들이 피부로 느끼는 문제에 대해 가장 현실적인 대안을 제시한 것이다. 민중과 함께한 실학자다운 면모라고 하지 않을 수 없다.

오호라! 결코 잊을 수가 없다. 오늘날 극에 달한 폐단에는 환곡還穀과 송정松政 두 가지가 있다. 만에 하나 이 글로 인하여 과부의 걱정이 해소가 되고 백성과 국가의 숨이 끊어질 다급한 상황이 해결될 수만 있다면, 비천한 신하는 궁벽한 바닷가에서 죽어 사라진다고 해도 절대로 한스럽게 여기지 않을것이다.

안타깝도다! 서시西施(주나라의 미녀)가 오물을 뒤집어써도 사람들이 모두 코를 싸쥐고 피하거늘, 나는 너무도 깨끗하지 못한 사람이라 아무리 천하가 결백하다고 한들 그 누가 돌아다보리요? 슬프고도 슬프도다! 갑자년(1804) 중동仲冬에 손관巽舘에서 쓴다.

「송정사의」

정약용과 정약전의 학문세계

정약용이 세상과 절연하며 훗날 다산학이라 불리는 거봉을 쌓는 동안 정약전은 민중들과 어울리며 그들의 고통과 함께했다. 정약전은 약용처럼 학문에 열중하지 않았다. 그가 학문에 몰두하는 경우는 단 하나 동생 약용의 질문을 받았을 때뿐이다. 정약용이 「선중씨 묘지명」에 "공(정약전)은 책을 편찬하거나 저술하는 데는 게을렀기 때문에 지으신 책이 많지 않다."라고 쓰고 있는 것은 이 때문이다. 그러나 일단 정약용의 질문을 받으면 참고서적 한 권 없는 흑산도에서 쓴 것이라고 보기에는 놀라운 수준의 내용들이다.

흑산도 사리의 복성재 정약전이 사리에서 유배 생활을 하는 동안 세운 서당이다. 복성復性이란 인간 본래의 성품으로 돌아가라는 뜻이다.

정약용의 『역학서언易學緖言』에는 손암이 쓴 『자산역간玆山易柬』이 실려 있다.

신유년 겨울에 나는 강진으로 유배되었고 둘째 형님은 흑산도로 유배되었다.[34] 흑산이란 이름은 아득한 어둠이란 뜻이어서 말로 지적하기 무서웠기 때문에 편지에는 자산玆山이라고 고쳐서 썼는데, 자玆는 흑黑과 같다.

갑자년 겨울에 나는 『주역사해周易四解』(『주역사전』의 초고)를 보내어 둘째 형님에게 보여드리고 인가를 받았는데, 매번 책에서 묘한 이치를

34 나주 해중에 있다.[정약용의 원주]

취했다. 『주역』의 여러 조에서 그 설들을 오래토록 편성해 이를 『자산역간』이라고 했다.[35]

「역학서언」「자산역간」

사리의 돌담길 복성재로 올라가는 돌담길에서 정약전의 자취가 느껴지는 듯하다.

정약용은 흑산이란 이름이 싫어서 편지를 보낼 때는 자산이라고 썼고, 약전은 이를 자신의 호로 삼았다. 흑黑 자는 죄인의 이마에 먹물을 새기는 등 좋지 않은 의미로 많이 사용되기 때문에 같은 의미의 자玆 자를 쓴 것이다. "자玆는 흑黑과 같다."라는 정약용의 말처럼 뜻은 같으나 어감이 다른 것이다.

정약전은 정약용의 『역학서언』에 이런 서문을 썼다.

아! 형제가 된 지 44년에 그의 지식과 역량이 이러한 경지에 미치리라고는 생각도 못했다. 내가 듣건대 천하 사람들을 위해 혼미함을 열고, 의혹을 타파하며, 난리를 평정하고, 어지러운 세상을 바로잡아 바른 데로 돌아가게 할 때에는 부득불 남의 힘을 빌린다 하니, 또한 제 자신을 알지 못한 것이다. 사마천司馬遷이 말하기를 "문왕이 주왕紂王

35 중국에도 역시 정씨의 주역이 있는데 그 이름이 『정씨역간』이다.[정약용의 원주]

에 의해 유리羑里에 갇혀 있을 때 『주역』을 연역하였고, 공자가 어렵던 시절에 『춘추』를 지었다."라고 했는데, 이 사람들은 모두 마음속에 울적하게 맺힌 것이 있어서 자기의 도를 통할 수 없었으므로 지난 일을 서술하고 앞의 일을 생각한 것이니, 이 말도 또한 울분에서 나온 것이지만 그럴 만한 이치가 있다고 할 만하다.

『사암선생연보』(무진년)

정약전은 다산이 문왕이나 공자처럼 불우했기 때문에 『역학서언』을 쓸 수 있었다고 보았다. 그러나 정약전은 다산의 불행을 그 인생의 행복이라고 생각했다.

가령 미용美庸(다산의 자)이 편안히 부귀를 누리며 존귀한 자리에 올라 영화롭게 되었다면 반드시 이런 책을 이룩하지는 못했을 것이다. 만약 뜻을 얻어 그의 충성과 지혜를 다했다고 한들 그가 이룬 공업功業은 반드시 요숭姚崇·송경宋景·한기韓琦·부필富弼 같은 사람보다 더 훌륭하게 하지는 못했을 것이다. 요숭·송경·한기·부필 같은 인물들이 어느 시대인들 없었겠는가마는 몸소 옛 성인의 뜻을 이으려는 공功을 맡아 끊어진 실마리를 찾고 미쳐 날뛰는 무리들을 막으려는 사람은 위정자가 허여함이 적은 것이니, 미용이 뜻을 얻지 못한 것은 고로 그 자신에게 있어 다행한 일이요, 우리 유학계儒學界에 있어서도 다행한 일이다.

『사암선생연보』(무진년)

'미용이 뜻을 얻지 못한 것은 그 자신에게 있어 다행한 일'이라는 평은 세상사를 달관한 경지가 느껴진다.

하늘과 땅 사이에서 이 책을 지은 자는 미용이고 이 책을 읽은 자는 나인데, 내가 어찌 또한 한마디 말이 없어서야 되겠는가. 다만 나는 섬 가운데 갇힌 몸, 죽을 날이 멀지 않았으니, 언제 미용과 함께 한 세상 한 형제로 살아볼 수 있으랴. 이 책을 읽고 이 글을 쓰는 것만

사리 앞바다 정약전은 유배 생활 동안 근해에 있는 물고기와 해산물 등 155종을 채집하여 명칭·형태·분포·실태 등을 기록한 『자산어보』를 남겼다.

으로도 만족한다. 나는 참으로 유감이 없도다. 아! 미용도 또한 유감이 없을 것이다.

『사암선생연보』(무진년)

정약전은 다산의 경학을 높이 평가했으나 그 자신은 경학서 서술에 게을렀다. 아니, 써야 할 필요성을 느끼지 못했다. 그가 쓴 『논어난論語難』과 『자산역간』은 동생의 질문에 답변하는 과정에서 쓰여진 책이다. 정약전의 관심은 경학서가 아니라 「송정사의」나 『자산어보』같이 민중들의 삶과 직접 연관이 있는 실용서였다. 정약용은 중형이 물고기에 관해 쓰려고 한다는 말을 듣고 이렇게 권했다.

책을 저술하는 한 가지 일은 절대로 소홀히 해서는 안 되니 반드시 십분 유의하심이 어떻겠습니까? 『해족도설海族圖說』은 매우 뛰어난 책으로 이것은 또 하찮게 여길 것도 아닙니다. 그림의 형상은 어떻게 하시렵니까? 글로 쓰는 것이 그림으로 그리는 것보다 나을 것입니다. 학문의 주요 내용에 대해 먼저 그 큰 강령을 정한 뒤 책을 저술하여야 합니다.

「둘째 형님께 올립니다」

『해족도설』은 『자산어보』 구상 때의 가제인 것 같다. '매우 뛰어난 책으로 이것은 또 하찮게 여길 것도 아니다'라는 실학자의 자세를 보였던 다산이 왜 그림 그리는 것은 반대했는지 알 수 없다. 만약 그림을 곁들였다면 『자산해족도설』쯤이 되었을 『자산어보』는 내용이

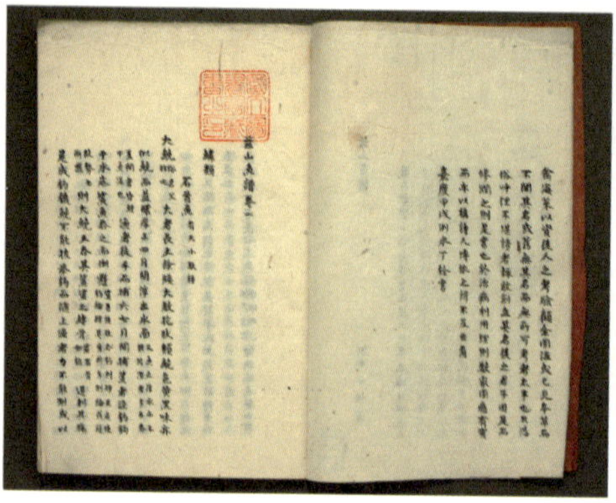
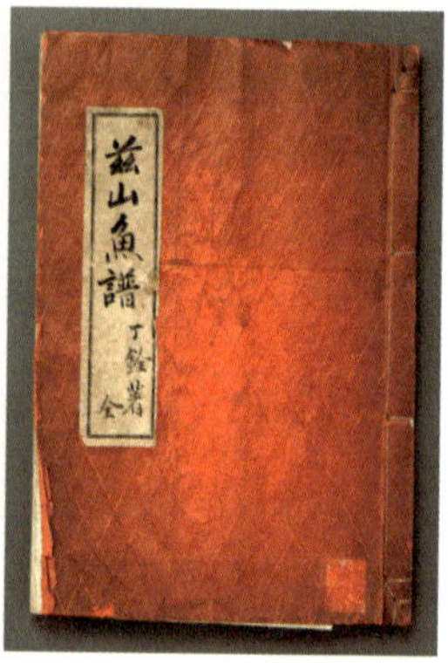

『자산어보』 정약용이 경학 연구에 몰두한 반면, 정약전은 흑산도에서 해양 동식물의 생태를 연구해 저술을 남겼다. 우리나라 최초의 해양학 연구서로 알려져 있다.

더욱 풍부해졌을 것이다.

『자산어보』의 서문에서 정약전은 이렇게 썼다.

자산茲山은 흑산黑山이다. 나는 흑산도에 유배되어 있어서 흑산이란 이름이 무서웠다. 집안사람들의 편지에는 흑산을 번번이 자산이라 쓰고 있었다. 자茲자는 흑黑자와 같다.

자산의 해중海中 어족魚族은 매우 풍부하지만 그 이름이 알려진 것은 적다. 마땅히 박물학자들은 살펴보아야 할 곳이다. 나는 섬사람들을 널리 만나보았는데, 어보漁譜를 만들고 싶어서였다. 그러나 사람마다 그 말이 다르므로 어느 말을 믿어야 할지 알 수 없었다.

그런데 섬 안에 장덕순張德順, 즉 창대昌大라는 사람이 있었다. 두문불출하면서 손님을 거절하면서까지 열심히 고서古書를 탐독하고 있었다. 다만 집안이 가난하여 책이 많지 못했으므로 손에서 책을 놓은 적이 없었건만 보고 듣는 것은 넓지가 못했다.

하지만 성격이 조용하고 정밀하여, 대체로 초목과 조어鳥魚 가운데 들리는 것과 보이는 것을 모두 세밀하게 관찰하고 깊이 생각하여 그 성질을 이해하고 있었다. 그러므로 그의 말은 믿을 만했다. 나는 드디어 그를 맞아 함께 묵으면서 물고기 연구를 계속했다. 그래서 조사 연구한 자료를 차례로 엮었는데, 이것을 이름하여 『자산어보』라고 불렀다.

그 부수적인 것으로는 바다 물새[海禽]와 해체海菜까지 확장시켜 이것이 훗날 사람들의 참고자료가 되게 했다.

『자산어보』 서序

정약전은 『자산어보』를 비늘이 있는 「인류鱗類」 71종, 비늘이 없는 「무인류無鱗類」 43종, 껍질이 있는 「개류介類」 68종(거북 1, 게 17, 조개 50), 해충·해조 등의 「잡류雜類」 45종으로 크게 분류했다.

정약전은 무인류의 첫 번째를 흑산도의 특산물인 홍어[魚]로 시작했는데, 그 서술이 생생하면서도 재미있다.

큰놈은 넓이가 예닐곱 자 안팎으로 암놈은 크고 수놈은 작다. 모양은 연잎[荷葉]과 같고, 빛은 검붉고, 코는 머리 부분에 자리하고 있으며, 그 기부基部는 크고 끝이 뾰족하다. 입은 코 밑에 있고, 머리와 배 사이에 일자형一字形의 입이 있다.

두 날개에는 가는 가시가 있어서 암놈과 교미할 때에는 그 가시를 박고 교합한다. 암놈이 낚시 바늘을 물고 엎드릴 적에 수놈이 이에 붙어서 교합하다가 낚시를 끌어 올리면 나란히 따라 올라온다.

사리의 풍경 흑산도 사리 앞바다의 아름다운 풍광은 유배에 지친 정약전의 마음을 달래주었을 것이다.

이때 암놈은 먹이 때문에 죽고 수컷은 간음 때문에 죽는다고 말할 수 있는데 음란한 것을 탐내는 자의 본보기가 될 만하다. 동지 후에 비로소 잡히나 입춘 전후에야 살이 찌고 제 맛이 난다. 2~4월이 되면 몸이 쇠약해져 맛이 떨어진다. 회·구이·국·포 등에 모두 적합하다.

나주 가까운 고을에 사는 사람들은 썩힌 홍어를 즐겨 먹는데, 지방에 따라 기호가 다르다. 배에 복결병腹結病이 있는 사람은 썩힌 홍어로 국을 끓여 먹으면 더러운 것이 제거된다. 이 국은 또 주기酒氣를 빼주는 데 매우 효과가 있다. 그리고 또 뱀은 홍어를 기피하기 때문에 그 비린 물을 버린 곳에는 뱀이 가까이 오지 않는다. 대체로 뱀에 물린 데에는 홍어의 껍질을 붙이면 잘 낫는다.

상어[鯊]에 대한 설명도 그 시절에 어떻게 그런 사실을 알았을까 싶을 정도로 자세하다.

대체로 물고기가 알을 낳는 것은 암수의 교배에 의해서가 아니다. 수컷이 먼저 정액을 쏟으면 암컷은 이 액에 알을 낳아 수정부화되어 새끼가 된다.

그런데 유독 상어만은 태생胎生(모체 안에서 어느 정도 발육을 한 후에 태어나는 것)이다. 잉태에 일정한 시기가 없다는 것은 물속에 사는 생물로서는 특별한 예다. 수놈은 밖으로 두 개의 콩팥이 있고, 암놈은 배에 두 개의 태가 있다. 태 속에는 또 각각 네다섯 개의 태가 있다. 이 태가 성숙해지면 새끼가 태어난다. 새끼상어의 가슴 아래에는 각기 하나의 태와 알이 있다. 크기는 수세미와 같다.

이런 설명 뒤에 정약전은 '기름상어 · 참상어 · 게상어 · 죽상어 · 비근상어 · 왜상어 · 병치상어 · 줄상어 · 모돌상어 · 저자상어 · 귀상어 · 사치상어 · 은상어 · 환도상어 · 극치상어 · 철갑장군 · 내안상어 · 총절입' 등 온갖 종류의 상어에 대해 자세하게 서술하고 있다.

「잡류」의 해초조에서 해조海藻에 대한 설명 부분에는 그가 『자산어보』를 쓴 이유가 잘 드러나 있다.

(해조의) 종류는 세 가지가 있다. 가지 끝에 밀알 같고 속이 빈 것을 기름조其廩藻라 부르고, 녹두알 같고 속이 빈 것을 고동조高動藻라고 부른다. 이 두 해조海藻는 데쳐 먹기도 하고 국을 끓여 먹기도 한다. 그 줄기가 조금 단단하고 잎이 조금 크며 빛깔이 약간 보라색으로서, 가지 끝에 달린 것이 콩알 같고 속이 빈 것을 태양조太陽藻라고 부르는데, 이 태양조는 먹어서는 안 되는데…….

『자산어보』에는 현대의 어류학자들도 미처 조사하지 못한 사항들이 기록되어 있다.

(청어는) 정월이 되면 알을 낳기 위해 해안을 따라 떼를 지어 회유해 오는데, 이때의 청어 떼는 수억 마리가 대열을 이루어 오므로 바다를 덮을 지경이다. 석 달 동안 산란産卵을 마치면 청어 떼들은 곧 물러간다. 창대昌大의 말에 의하면 영남산 청어는 척추골 수가 74마디

인데 호남산 청어는 53마디라고 한다.

「청어조」

정월 산란기에 동해에서 한류를 따라 서해로 이동하는 청어의 이동상태의 기록으로는 유일무이한 것이다. 그리고 창대, 곧 조사자 장덕순의 이름을 적시한 것도 주목할 만한 일이다. 일개 상민의 이름을 굳이 언급한 것은 그가 민중들의 삶의 가치를 소중히 여겼기 때문이다. 그 시대 모든 사대부가 매진하는 경학 대신 백성들의 실제 삶에 도움이 되는 「송정사의」와 『자산어보』를 쓴 정약전은 우리 역사상 가장 진실했던 실학자라고 평가할 만하다. 『주역사전』을 비롯한 여러 경서가 경학의 길을 걸었던 다산의 위대한 업적이라고 한다면, 『자산어보』는 실용의 길을 걸었던 자산의 위대한 업적인 것이다. 두 형제는 서로 비슷한 길을 걷는 듯하면서도 달랐고, 서로 다른 길을 걷는 듯하면서도 같았던 것이다.

유배지 형제의 사랑과 슬픔

유배 7년째인 정묘년(1807).

두 형제는 큰 고통을 겪었다. 정약용은 가족을 강진으로 이주시키기로 결심했다. 외로움 때문이었다. 흑산도의 정약전에게 이런 결심을 전하자 그러지 말라는 꾸짖음으로 돌아왔다. 그러나 정약용은 결심을 꺾지 않고 고향의 큰형 약현에게도 이사시키겠다고 통보했다. 약현과 약전의 부인은 약용을 말릴 사람은 약전밖에 없다고 생각했다. 그래서 각각 약전에게 편지를 보내 말려달라고 요청했다. 정약전은 약용에게 편지를 보냈다.

우리는 본디 번성한 집안이었으나 변고를 만난 뒤에 갑자기 혈육이 없어지고 옛 친구들은 고개를 돌리며 친척들도 코를 가렸네. '고향을 떠나면 미천해진다'는 속담이 있는데 참으로 지극한 말이네. 사대부가 향리에 살게 될 경우 평소에는 공경이나 목사나 감사의 고귀한 벼슬자리에 있으며 큰 전답과 집을 짓고 많은 노복奴僕을 두고 있으면서도 뒷날 한미해지면 잔약한 자손이 오히려 평민과 뒤섞일까 두려워하는데, 하물며 오늘날의 우리겠는가.

우리 자손들이 예부터 살던 곳을 보호해 지키고 삼가 예교禮敎를 준수한다면 100년 뒤에는 오히려 공정한 마음을 지닌 자가 선조의 어질고 뛰어남을 생각하고 후손의 겸허하고 삼가는 것을 동정해 그를 위해 뽑고 억울함을 씻어주면 마침내 끝이 있을 것이네. 그런데 하루아침에 갑자기 호남으로 낙향하면 우리 옛 선조의 문벌을 누가 알아주며 후손의 외롭고 한미함을 누가 불쌍히 여기겠는가.

그러니 오히려 경기를 지키고 있어야 다른 날의 희망이 있네. 하루아침에 호남으로 낙향하면 비록 범 같은 사내를 낳는다 하더라도 발탁할 수 있겠는가. 자네는 호남 양반 가운데 쇠미했다가 중간에 다시 일어나는 집안을 몇 집이나 보았는가?

「다산에게 부친다[寄茶山]」

정약전의 생각은 고향을 지키고 있어야 100년 후에라도 기회가 온다는 것이었다.

> 지금 당장 생각에는 먹을 것이 없어 남쪽 고을을 생각하는 것 같으나 이 또한 그렇지 않네. 대개 세상에 부자가 될 사람은 있어도 반드시 부자가 되는 땅은 없는 것이네. 호남은 거지가 없고 경기에는 넉넉하게 사는 집이 없던가. …… 옛적에 우리 성호星湖(이익) 선생이 살림을 나누어 살 때 벼 6곡斛(60말)뿐이었으나 늘그막에는 해마다 100여 곡씩 거두었는데 성옹星翁이 어찌 재화를 늘리는 분인가. 쓰는 데 절약한 것에 지나지 않네.
> 어떻게 하면 절약할 수 있느냐. 무릇 재물을 쓸 때 이를 쓰지 않아도 살 수 있느냐 생각해서 살 수 있다면 쓰지 말고, 이를 쓰지 않아도 인仁을 다치지 않겠느냐 생각해서 다치지 않는다면 쓰지 말고, 이를 쓰지 않아도 검소함에 손상되지 않겠느냐 생각해서 손상되지 않으면 쓰지 말 것이니, 가장 먼저 긴요하고 가장 급한 것을 좇아 이를 쓸 것이요, 쓰고 남음이 있으면 저축하여 다른 날을 기다리는 것이 또한 옳지 않겠는가?
>
> 「다산에게 부친다」

정약전의 이 말은 사대부가 재산을 모으는 방법을 말해주는 것으로서 오늘날에도 교훈이 된다고 하지 않을 수 없다. 인仁을 상하지 않게 하면서 재산을 모아야 한다는 것이다.

우리 집 부인들은 40여 년 동안 비록 부유하지는 않았지만 궁핍하지도 않아서 재물을 쓰는 손이 매끄럽고 어려움을 알지 못하다가 저 사변을 만난 뒤에야 줄이고 또 줄이며 절약하고 또 절약했지만, 아직도 옛날에 호사를 부리던 습성에서 벗어나지 못해서 아이(학초)를 장가보낼 때 쓴 비용이 200냥이나 되어 지금은 빈손이 되었네. 아이의 약값과 내게 보낼 식량은 생각하지도 못해서 몇 식구의 남은 목숨이 마침내 구덩이에 빠지게 되었네.

나 또한 오래된 습관을 버리지 못해 우이도牛耳島에서 급하지 않은 데다 쓴 것이 많다가 사미촌沙眉村에 이르러서는 손에 1문文(1/100냥)도 없자 비로소 지금의 곤궁이 전에 절약하지 않은 데서 비롯되었음을 깨달았으나 뉘우친들 소용없었네. 자네 집도 그러할 것인데 이제 만일 이사해서 산다면 부자를 부러워하지 않을 것 같지만 쌀독을 깨뜨리는 계산으로는 마침내 또한 이룸이 없을 것이니, 어찌 또한 세 번 생각하지 않겠나.

「다산에게 부친다」

두 형제는 경제적으로도 곤궁한 처지에 빠져 있었다. 둘 다 짧은 벼슬살이 동안 재산을 모을 기회를 갖지 못했으며 백성들 등치는 일을 하지 않았으니 재산을 모았을 턱이 없었다. 정약전이 귀양살이를 하는 동안 외아들 학초가 파평 윤씨와 결혼했는데, 약전의 아내 풍산 김씨는 아버지 없는 결혼식을 초라하게 치르지 않기 위해 과용한 결과 유배지의 자산에게 보내줄 식량도 없을 지경이 된 것이다. 그러나 자산은 이런 괴로움에 개의치 않았다.

대개 이 계획은 이별의 괴로움에서 많이 나왔네. 그러나 일이 이미 이에 이르렀으니 어찌할 수 없네. 우리 나이가 이미 50이네. 남은 날을 손꼽아 헤아려보아도 많아야 20년, 적게는 10년이나 6~7년뿐일 걸세. 지난 세월을 돌이켜보면 10년도 잠깐이지만 얼마나 되어야 이별의 괴로움을 잊겠는가. 우리는 그만이거니와 어찌 차마 죄 없는 자손들에게 각처로 떠돌며 이사하게 해서, 살아서는 나그네의 슬픔과 죽어서는 타향의 넋이 되게 할 것인가.

자네가 결심을 바꾸지 않는다면 나의 처자도 당연히 함께 와서 내가 죽기 전에 바다를 건너 서로 바라볼 수는 있을 것이네. 그러나 토지와 집을 모두 팔아도 노자를 충당할 수 없고 어리고 병든 고아孤兒들의 진퇴를 주선할 수 없을 것이니, 오직 마땅히 옛집에 엎드려 기면서 죽을 날을 기다리는 것이 낫네.

「다산에게 부친다」

이 편지가 주효했는지 정약용은 식구들을 강진으로 이주시키겠다는 계획을 포기했다. 이로써 이 문제는 일단락되었지만 더 큰 문제가 발생했다.

약전의 외아들 학초學樵가 죽은 것이다. 이제 겨우 열일곱이었다. 유배 생활을 꿋꿋하게 버티던 약전은 말로 설명할 수 없는 큰 충격을 받았다. 약용도 마찬가지였다. 정약용은 자신의 두 아들 대신 학초를 학문의 후사로 삼으려 했기 때문이다. 정약용은 자신의 두 아들보다 학초의 학문을 높이 샀다. 학초가 죽기 전인 1805년경 정약용이 약전에게 보낸 편지가 이를 잘 말해준다.

학초가 지난 경신년(1800) 겨울에 독서하는 것을 보고 그 애가 큰 사람이 될 줄 알았습니다. 지난해에 제 큰애의 말을 들으니 앞서의 견해에 더욱 믿음이 섭니다. 올봄에 그 애가 물어온 몇 가지 조목을 보고서 놀라고 놀랐습니다.

「둘째 형님께 답합니다」

정약용은 가을쯤 강진으로 학초를 부르겠다고 제안했다. 글을 가르치며 겨울을 난 다음에 봄이 오면 흑산도로 보내서 4~5월쯤에 고향으로 되돌려 보내자는 것이었다. 그 겨울 동안 학문의 요체를 깨닫게 하기 위해서였다. 그런 학초가 죽어버렸던 것이다. 1807년 7월 19일이었다.

「형자兄子학초묘지명」에서 정약용은, "내가 유배되어 낙척한 이후부터 지은 육경六經과 사서四書에 관한 240권의 책을 학초에게 전해주려고 했던 것인데 이젠 끝나버렸다."라고 쓴 것처럼 다산은 학초의 죽음을 비통해했다.

정약전은 말할 것이 없었다. 더구나 학초는 장가는 갔으나 자식도 낳지 못한 채로 죽어서, 약전은 후사를 걱정해야 할 판이었다. 3년 후에 학초의 후사를 세우는 문제가 발생하는 것은 이 때문이다.

학초 사망 무렵 정약용의 외가 쪽 친척인 정학기鄭學箕의 아들이 다산의 두 아들에게 글을 배우고 있었다. 약전의 부인 김씨는 그 아이가 준수한 데에 끌려 학초의 후사로 세우고 싶어 했다. 학초의 아들로 입적시키려는 것이었다. 다산의 두 아들 학연과 학유도 그를 당질堂姪(조카사위)로 삼고 싶은 생각에서 백모의 견해에 동조했다.

다산의 두 아들이 학기에게 이 문제를 꺼내자 학기는, "자산과 다산의 뜻이 그렇다면 당연히 바치겠다."라고 답했다.

기뻐한 두 아들은 정약용에게 편지를 보내 이 사실을 알렸다. 그러나 다산의 생각은 달랐다.

"일로 보아서는 매우 좋지만 예로 보아서는 매우 어긋난다."

그러자 두 아들은 "예가 그렇다면 마땅히 입후하려던 계획을 파하겠습니다."라고 물러섰다. 큰형 정약현도 다산에게 동조하는 편지를 보내왔다.

"내가 이런 말을 듣고 마음으로 무척 그르게 여겼는데, 그대의 말이 이와 같으니 정말로 나의 뜻과 합치된다."

그래서 학기의 아들을 학초의 양자로 입후하는 문제는 없던 일이 되어갔다. 그런데 약전의 부인 김씨가 다산에게 편지를 보내 하소연하면서 항의했다.

"서방님, 나를 살려주시오. 서방님, 나를 불쌍히 여겨주시오. 비록 나를 도와주지는 못할망정 어찌하여 내게 차마 그렇게까지 하십니까? 자산은 아들이 있으나 나는 아들이 없습니다. 나야 비록 아들이 있다고 하더라도 청상과부인 며느리는 아들이 없으니, 청상의 애절한 슬픔에 예가 무슨 소용이겠소. 예에는 없더라도 나는 그를 데려오겠소."

난감한 노릇이었다. 정약용은 이런 사정을 자산에게 편지로 알렸다.

(형수님의) 천 마디 만 마디 말이 원망하는 듯 사모하는 듯 흐느끼는

듯 하소연하는 듯하여 읽자니 눈물이 떨어지고 답변할 말이 없었습니다. 그래서 답하기를 "예에 비록 어긋난다 하더라도 일로 보면 매우 좋습니다. 저는 차마 막지 못하겠으니 그냥 보고 있겠습니다. 자산茲山에게 편지를 보내 그 처분에 전적으로 따르십시오."라고 했습니다.

몸져누운 제 아내가 편지에다 "한 마디 말이 떨어지자마자 환희가 우레처럼 울리고 비참한 구름과 처연한 서리가 변하여 따뜻한 봄이 되었습니다. 다시는 예를 말하지 말고 조금이라도 인정을 살피세요. 만일 다시 금지시킨다면 시어머니와 며느리 두 사람이 한 노끈에 같이 목을 맬 것입니다. 어떻게 다시 예를 언급할 수 있겠습니까?"라고 했습니다.

나는 이 일에 대해서는 감히 흑백黑白을 말하지 못하겠습니다. 급히 두 통의 편지를 쓰셔서 한 통은 학연에게 보내고 한 통은 형수님께 보내어 빨리 완전히 결정하는 것이 좋겠습니다.

「둘째 형님께 글 올립니다」

정약용은 예학의 대가인 자신의 집안에서 예에 어긋나는 일이 발생하자 당황했다. 문제의 핵심은 정약전이 흑산도에서 서자를 낳았기 때문이었다. 정약전이 흑산도에서 낳은 학소學蘇는 학초가 죽었을 때 두 살이었다. 자산은 다산에게 보낸 편지에서 이 아이를 천출賤出이라고 적고 있는데, 섬 처자에게서 낳았다는 뜻이었다.

그러나 정약용은 비록 천출이지만 그가 대를 이어야 한다는 견해였다.

지금 학초는 아버지를 계승하지 못하고 죽었으니, 만일 동복同腹 아우가 있다면 법으로는 마땅히 아우가 대를 이어야 하는 것이요, 학초를 위해서 입후立後(양자를 들임)하는 일은 옳지 않습니다. 서제庶弟(학소)는 비록 동복은 아니지만 옛날의 경經이나 지금의 법에 모두 적출嫡出의 아들과 털끝만큼도 차이가 없는데 어떻게 학초를 위해서 입후할 수 있겠습니까? 학초에게 비록 친형제의 아들이 있다 하더라도 입후하는 것은 부당한데, 더구나 아득히 먼 족자族子에 있어서겠습니까?

「둘째 형님께 글 올립니다」

학초는 아버지보다 먼저 세상을 떠나 아버지를 계승하지 못했는데 아버지가 살아 있을 때 그의 후사를 세우는 것은 예법에 어긋난다는 견해였다. 천출이지만 학소에게 정약전의 뒤를 잇게 하는 것이 예법에 맞다는 것이었다.

그러나 약전은 반대였다.

눈앞에 천출인 아들 하나가 있는데, 내 귀하고 미천한 사이가 없는 것을 안 지 이미 오래니 어찌 소나무를 심어 그 숲이 우거지기를 기다리지 못하겠는가.

(이 아이는) 함부로 길렀으나 옥처럼 아름답고 맑을 뿐만 아니라 이제 겨우 두 돌이 지났는데 말은 못해도 능히 사람의 말을 이해해 무릇 심부름을 시킬 때는 제 손으로 가리키고 듣는다네. 하지만 이는 결코 좋은 소식은 아니네. 내게는 비록 아들이 있는 것으로 되지만, 그

애(학초)에게는 다만 하나의 서제庶弟가 있을 뿐이니 어찌 의뢰할 수 있겠는가?

또한 죄 없는 청상과부 며느리는 장차 어찌하겠는가. 내 나이 이미 50살이 되어 얼마나 더 살지 알 수 없고, 가령 매우 오래 살더라도 반드시 10년간의 일에 지나지 않을 것이니 내가 죽고 시어미마저 죽으면 고독한 한 몸으로 어찌 홀로 살겠는가.

「다산에게 부친다」

정약전의 걱정은 학소가 서출이기 때문이 아니라 후사 없이 죽은 학초이고 청상과부가 된 며느리였다. 그래서 약전은 약용에게 학연이 둘째 아들을 낳으면 학초에게 입양해달라고 제안했다. 학초가 죽기 두 달 전에 학연은 대림大林을 낳았는데, 다시 아들 하나를 낳으면 학초에게 입양시켜 학초의 영혼도 달래고 며느리도 의탁할 수 있게 하자는 것이었다.

그러나 다산은 이런 문제는 정보다 예를 더 중시했다.

하늘이 자손을 줄 것을 내가 감히 알지 못하겠습니다. 자손을 주지 않았는데 허락하는 것은 하늘을 업신여기는 것이며, 허락한다 해놓고 실천하지 못하는 것은 사람을 속이는 것이니, 하늘을 업신여기는 것은 공경하지 않는 것이고, 사람을 속이는 것은 성실하지 않는 것입니다. 공경치 않고 성실치 않으면 어찌 인仁이겠습니까?

서자는 비록 미천하나 법에는 마땅히 아우가 되니, 만일 정에 따라 양자를 세우려 하면 또한 오직 서자가 아들 낳기를 기다려 이에 의논할 것입니다. 잠깐 동안의 슬픔을 진정하면 반드시 깨달을 것입니다.

다산은 이 문제에 있어서 끝까지 원칙을 지켰다. 아무리 슬플지라도 예법은 예법대로 지켜야 한다는 것이었다. 서제 학소가 아들을 낳으면 그를 학초의 후사로 삼는 것이 예법에 맞다는 것이었다.

정약전이라고 예법을 모르는 것은 아니었다. 다만 견딜 수 없는 슬픔이 예보다 앞서는 것이었다. 약용은 이 문제로 중형의 건강이 악화되는 것을 크게 우려했다. 정약전이 고기를 전혀 먹지 못한다는 말을 듣고 약용은 산에 사는 산개(山犬)를 잡아먹으라며 그 요리법까지 자세히 일러주었다.

보내주신 편지에서 "짐승의 고기는 전혀 먹지 못한다."라고 하셨

강진의 우이봉 정약용은 이 봉우리의 이름이 우이봉이라는 말을 듣고 우이도에 있는 형님을 그리워하는 글을 남겼다.

는데, 이것이 어찌 생명을 연장할 수 있는 도라고 하겠습니까. 섬 안에 산개가 천 마리 백 마리뿐이 아닐 텐데, 제가 그곳에 있다면 5일에 한 마리씩 삶는 것을 거르지 않겠습니다. 섬 안에 활이나 화살, 총이나 총알은 없다고 해도 그물이나 덫이야 설치할 수 없겠습니까. 이곳에 있는 사람 한 명이 개 잡는 기술이 뛰어납니다. 그 방법은 이렇습니다. 먹이통 하나를 만드는데 그 둘레는 개의 입이 들어갈 만하고 깊이는 개의 머리가 빠질 만하게 만든 다음 그 통 안의 사방 가장자리에 두루 쇠낫을 꽂는데 그 모양이 송곳처럼 곧아야지 낚시 바늘처럼 굽어서는 안 됩니다. 그 통의 밑바닥에는 뼈다귀를 묶어놓아도 되고 또는 밥이나 죽 모두 미끼가 될 수 있습니다. 낫은 박힌 부분이 위로 가게 하고 날의 끝은 통의 아래에 있게 해야 하는데, 이렇게 만들면 개가 주둥이를 넣기는 쉬워도 주둥이를 꺼내기는 어렵습니다. 또 개가 미끼를 물면 그 주둥이가 불룩하게 커져서 사면四面으로 찔리기 때문에 끝내는 걸리게 되어 공손히 엎드려 그저 꼬리만 흔들 따름입니다.

닷새마다 한 마리씩 삶으면 하루이틀쯤이야 생선찌개를 먹는다고 해도 어찌 기운을 잃는 데까지 가겠습니까? 1년 366일에 쉰두 마리의 개를 삶으면 충분히 고기를 계속 먹을 수가 있습니다. 하늘이 흑산도를 형님의 탕목읍湯沐邑(식읍지)으로 만들어주어 고기를 먹고 부귀를 누리게 했는데도 오히려 고달픔과 괴로움을 스스로 받으시다니 역시 사정에 어두운 것이 아니겠습니까. 들깨 한 말을 이 편에 부쳐드리니 볶아서 가루로 드십시오.

「둘째 형님께 글 올립니다」

구강포 풍경 바다에 가로막힌 유배지에서 정약용과 정약전은 서로가 있는 곳을 바라보며 그리움에 눈물을 삼키곤 했다.

정약용은 이렇게 잡은 산개를 요리하는 방법까지 자세하게 설명했다.

채소밭에 파가 있고 방 안에 식초가 있으면 이제 개를 잡을 차례입니다. 삶는 법을 말씀드리면 우선 티끌이 묻지 않도록 달아 매어 껍질을 벗기고 창자나 밥통은 씻어도 그 나머지는 절대로 씻지 말고 곧장 가마솥에 넣어서 바로 맑은 물로 삶습니다. 그 후 일단 꺼내어 식초·장·기름·파로 양념을 해서 더러는 다시 볶기도 하고 더러는 다시 삶는데, 이렇게 해야 훌륭한 맛이 나게 됩니다. 이것이 바로 박초정朴楚亭(박제가)의 개 삶는 법입니다.

「둘째 형님께 글 올립니다」

두 형제는 이렇게 바다로 가로막힌 유배지에서 슬픔과 우애를 나누었다. 정약용은 약전이 너무 그리웠다. 정약용의 1803년 중구重九(9월 9일)날 일기가 이를 말해준다. 이날 약용은 강진의 뒷산 보은산寶恩山에 올라 약전이 있는 우이도를 바라보았다.

산의 정상에 올라 서쪽을 바라보니 바다와 산이 얽혀 있고 안개와 구름이 꺼졌다 솟으며 나주의 여러 섬들이 눈앞에 있었다. 그러나 어떤 것이 형님이 계신 우이도인지 가릴 수 없었다. 이날 승려 한 사람이 따라왔는데 그가 "보은산의 다른 이름이 우이산이고 절정의 두 봉우리는 형제봉이라고 합니다."라고 말했다.
바다를 사이에 두고 형님이 계신 곳을 바라보기라도 해야겠다 싶었는데, 형님이 계신 곳과 내가 있는 두 곳의 이름이 우이牛耳이고 봉우리의 이름이 형제봉이라니 결코 우연인 것만은 아니었다. 그래서 슬퍼져서 산에 오른 기쁨이라고는 다 없어졌다. 돌아와 시를 지었다.

「9월 9일 보은산 절정에 올라 우이도를 바라보다[九日登寶恩山絕頂望牛耳島]」

書且收到平安信息　測進展、以
照悉深矣此甚氣光華辰辰也且甚
漢寫楠諸樹益種郁之累煩壽日中之據
自北淨垌窮有移且總世移歲舊勝時之切
五年悠性未四首末蓮好人俄今氣好
於山有溢治勝所特催年瑤達之懷家以
君之母動長待長類也鮮期啟原泰右為細
人之桐知貴桐知心府如理書豬雅識
讀雖晏那中八月
有樑葉鏡此望之賓居出來定蘊瑩指垂
來海秋得後以來矣她存惟了緣之難之據
而具之步瑩山收

제12장

만남과 헤어짐

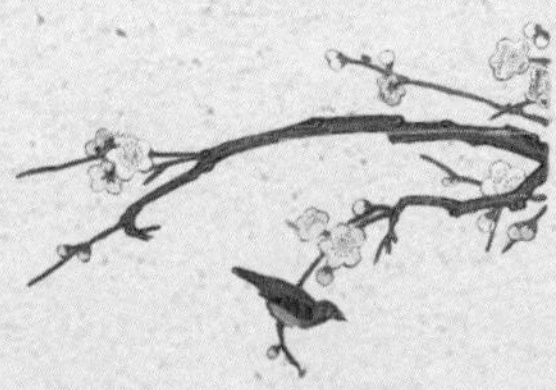

나를 알아주는 분이 세상을 떠났으니 어찌 슬프지 않으랴.

경집 240권을 새로 장정해두었는데, 장차 그것들을

불사르지 않을 수 없겠구나.

혜장선사

학초를 잃은 이듬해(1808) 봄, 정약용은 다산茶山으로 이주했다. 다산은 강진현 남쪽의 만덕사萬德寺(만덕산 백련사) 서쪽에 있는 처사處士 윤단尹慱의 산정山亭이었다. 여기 와서 정약용의 마음은 안정되어 갔다. 그런 마음이 정약용에게 다산초당을 운치 있게 꾸미게 했다. 대臺를 쌓고, 못을 파고, 꽃나무를 심고, 물을 끌어 폭포를 만들고, 동쪽 서쪽에 두 암자를 짓고 석벽石壁에 '정석丁石'이란 두 자를 새겨 넣었다. 무엇보다 윤단을 비롯한 외가 쪽 사람들에게서 서적 천여 권을 빌려 쌓아놓은 것이 다산을 뿌듯하게 했다. 게다가 다산초당 뒤로 조금만 가면 바다가 보였다. 그 바다 한가운데 정약전이 있었다.

다산초당 뒷길에 백련사가 있었다. 백련사에서 정약용은 혜장惠藏

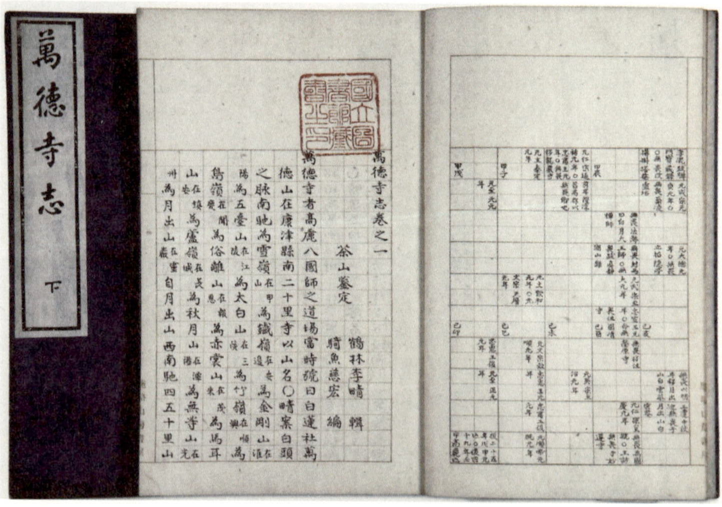

『만덕사지』 백련사에 대한 사적은 정약용의 『만덕사지萬德寺誌』 등에 나타나 있다. 국립중앙박물관에 소장돼 있다.

다산초당 전경 정약용은 다산으로 거처를 옮긴 후 마음의 안정을 찾았다. '초당'이란 원이름과 달리 '와당'으로 복원한 후세인들의 무신경이 눈에 거슬린다.

(아암)이란 승려를 만났다. 그 만남이 훗날 정약용에게 「아암장공탑명兒菴藏公塔銘」이란 비문까지 쓰게 했다. 그에 따르면 혜장은 전남 해남군 화산면 출신의 승려로서 가난한 집안에서 태어났는데 어려서 대둔사大芚寺(대흥사)로 출가했다. 그의 법맥法脈의 뿌리는 휴정休靜(서산대사)의 제자인 소요逍遙대사였는데, 직접적으로는 소요대사의 종파인 화악華嶽(서산대사의 4대째 제자)대사의 승통을 이었다.

혜장은 기벽으로 유명했다. 여러 스승들에게 불경을 배울 때는 머리를 숙이고 설법을 듣다가 문밖으로 나와서는 "예끼 순[呸]!"이라고 비웃었다. 오직 연담蓮潭대사가 손수 기록해준 것이나 설법으로 말해준 것에 대해서만 "예끼 순!"이라고 비웃지 않았다.

초의선사의 다산초당도 초의선사는 다산과 함께 조선 후기 차 문화를 부흥시키는 데 크게 공헌했다.

정약용의 석각 정약용이 다산초당 근처에 자신의 성을 따 '정석'이라는 글씨를 새겨 넣었다.

머리가 영특했던 혜장은 불법을 배운 지 몇 년 만에 큰 명성을 얻게 되었다. 스물일곱 살 때 불법을 가르치는 수좌首座인 병불秉拂이 되었는데 그때 이미 제자가 1백 명이 넘었다. 나이 서른에 대둔사에서 두륜회頭輪會를 개최해 주맹主盟이 되었는데 두륜회는 팔도의 대종장大宗匠이 된 뒤에야 개최하는 것이라고 정약용은 설명하고 있다.

1805년(을축) 봄, 정약용은 대흥사의 한 암자에 기거하고 있었고, 혜장은 백련사에 머물고 있었다. 정약용에게 혜장선사가 만나고 싶어 한다는 소식이 들렸다.

정약용은 시골 노인을 따라 백련사에 가서 혜장을 만나보았다. 시골 노인인 체하고 한나절 동안 대화를 나누었는데, 혜장은 정약용을 알아보지 못했다. 고별인사를 나누고 대흥사의 암자로 돌아오자 벌써 날이 저물었다.

그때 이미 어두워진 산길을 종종걸음으로 달려오는 사람이 있었으니 바로 혜장이었다. 그는 공손하게 머리를 숙이고 합장했다.

"사람을 이렇게 속일 수 있습니까? 공은 정대부丁大夫 선생이 아니

신가요. 빈도貧道는 밤낮으로 공을 사모하고 있었는데 공께서는 어찌 차마 이럴 수가 있습니까?"

혜장은 다산의 손을 붙들고 방으로 이끌었다. 둘은 함께 자게 되었다.

산사의 밤은 고요했다. 적막을 깨며 정약용이 물었다.

"그대는 『주역』에 대해서 잘 안다고 들었는데 참으로 의심나는 것은 없는가?"

"정씨程氏(정자)의 『역전易傳』, 소씨邵氏(소강절)의 『역설易說』, 주자朱子의 『주역본의周易本義』나 『역학계몽易學啓蒙』 등에 대해서는 모두 의심나는 것이 없지만 오직 경전의 본문에 대해서만은 알 수가 없습니다."

정약용은 시험 삼아 주자의 『역학계몽』 수십 장에 대해서 물어보았다. 정약용은 이때 혜장이 "『역학계몽』에 대해 귀신처럼 융통하고 입에 익어 한 차례에 수십 수백 마디까지 외워대는데 유탄이 판대기를 뒤엎듯, 술푸대에서 술이 쏟아지듯 도도하게 토해내어 막힘이 없었다."면서 "내가 깜짝 놀라서 그 사람이 과연 숙유宿儒(유학에 정통

혜장의 행서 『주역』에 통달했다고 자부하던 백련사 주지 혜장은 정약용에게 『주역』을 들은 후 정약용을 스승으로 모신다. '고기는 뛰고 솔개는 난다'는 내용이다.

한 학자)임을 알았다."라고 적고 있다.

스스로 도취된 혜장은 신이 나서 제자를 불렀다.

"회반灰盤(석회로 그림을 그리는 화판)을 가져오너라."

혜장은 회반에다 석회로 낙서洛書와 구궁九宮 등 주역의 여러 원리들을 그리면서 그 뜻을 명쾌하게 설명했다. 팔을 들어서 젓가락을 집어 들고 왼쪽 위에서 오른쪽 아래까지 그리고는 15라 하고, 오른쪽 위에서 왼쪽 아래까지 그리고는 역시 15라고 했다. 또 3횡橫과 3직直을 그렸다. 그러더니 방약무인傍若無人하게 외쳤다.

"15로 되지 않는 게 없습니다."

승려들은 문밖에 서서 혜장이 획을 그리고 하도낙서의 숫자를 말

혜장의 그림 혜장은 정약용을 만난 이후 불교보다 유학에 심취해 제자들이 '김선생'이라고 부르며 미워했다고 정약용은 회고하고 있다.

하며 『주역』을 설명하는 것을 들으면서 흡족하게 웃었다. 정약용이 아무리 박식하다 한들 혜장선사를 따를 수는 없으리라는 자부심이 배어 있었다. 다산은 그런 분위기를 눈치챘지만 아무 말도 하지 않았다.

그날 밤 다산은 혜장과 베개를 나누어 베고 함께 자리에 누웠는데 서쪽 창으로 달빛이 들어와 대낮처럼 밝았다. 다산은 혜장을 끌어당기며 말했다.

"장공藏公은 주무시나?"

"아닙니다."

"건초구乾初九는 무얼 뜻하는가?"

"9라는 숫자는 양수陽數의 극極입니다."

"그러면 음수陰數의 극은 무엇인가?"

"10이 극입니다."

"그러면 왜 곤초십坤初十이라고 하지 않는가?"

혜장은 갑자기 숨을 멈췄다.

그러고는 한참 동안 골똘히 생각하다가 벌떡 일어나더니 옷을 바르게 입고 방바닥에 엎드렸다. 그리고 하소연하듯 가르침을 청했다.

"산승山僧이 20년 동안 『주역』을 배웠지만 모두 헛된 거품이었습니다. 감히 묻는데 곤초육坤初六이란 무엇입니까?"

"내 잘은 모르겠지만 기수奇數로 돌아가는 법인 것 같네. 무릇 맨 나중의 셈에서는 더러는 4가 되고, 더러는 2가 되어 나중에 모두 기수로 되어버리니 2, 4는 우수偶數가 아니겠는가?"

혜장은 갑자기 처량하게 탄식했다.

"우물 안 개구리요, 술 단지 안의 초파리 격이니 스스로 지혜롭다고 할 수 없는 일이군요."

정약용이 백련사의 암자인 보은산방寶恩山房(현 고성사)에 기거하고 있을 때 혜장은 자주 들러 『주역』에 관해 이야기를 나누었다. 1808년 정약용이 다산초당에 자리잡은 후에는 더욱 자주 들렀다. 다산을 사실상의 스승으로 여긴 것이다. 젊은 나이에 대종장이 된 혜장은 일찍 성취한 사람답게 고집이 세고 남에게 굽히지 않는 성격이었으나 다산에게만은 깍듯했다.

"자네는 너무 고집이 세니 어린아이[嬰兒]처럼 유순할 수 없겠나?"

다산의 충고를 들은 혜장은 자신의 호를 아암兒菴이라고 지어 그 뜻을 따랐다. 정약용을 만난 후 아암은 『논어』를 좋아하게 되었고, 성리학도 배우게 되었는데, 다산은 그의 성리학이 "속된 선비들로서는 따를 수 없는 지경이었다."라고 높이 평가했다.

또한 정약용은 혜장이 『논어』와 『맹자』를 좋아한 반면 불경은 오직 『수능엄경』과 『대승기신론』만을 좋아했고, 주문이나 기도 따위는 좋아하지 않아서 다른 승려들이 미워했으며, 대사나 선사라고 부르지 않고 '김선생'이라고 불렀다고 전하고 있다. 승려가 아니라 유학자라는 뜻이다.

혜장은 정약용의 식사를 위해 다산초당에 제자를 한 명 붙여주기도 했다. 정약용은 「다산화사茶山花史」에서 그를 위해 시를 지어주었다.

고성암 전경(위), 고성암 보은산방(아래) 정약용은 백련사의 암자인 고성암 보은산방에 기거하고 있을 때 백련사 주지 혜장을 만나 가깝게 지냈다.

대밭 속의 부엌살림 승려에게 의지하는데
가엾은 그 승려 수염이며 머리카락 길어져 묶어야 했네
이제 와선 불가 계율 타파한 채
싱싱한 물고기 잡아 국까지 끓인다네[36]

「다산화사」

혜장은 다산을 만난 후 그만 불법에 의욕을 상실했는지 수룡袖龍과 기어騎魚 두 제자에게 가사袈裟를 물려주고 뒷전에 물러앉았는데, 그 때 그의 나이 겨우 35세였다. 그 후 혜장은 시에 탐닉하고 술에 잔뜩 취해 있는가 하면 한가롭게 소요하면서 세월을 보냈다. 그러던 혜장, 즉 아암은 1811년 가을 병이 들어 9월 14일 북암北庵에서 입적했는데, 그의 나이 겨우 마흔이었다. 혜장은 어찌 보면 다산을 만남으로써 다른 인생길을 걷게 된 것이다.

혜장선사의 탑명 다산은 혜장 제자들의 요청을 받고 「아암장공탑명」을 지어 그를 기렸다.

그는 배웠던 것을 모두 버리고 깊이 구가九家(주역을 주석했던 역대의 아홉 연구가)

의 학을 연구했습니다. 그는 또 불법을 독실하게 믿으면서도 『주역』의 원리를 듣고 난 후 몸을 그르쳤음을 스스로 후회하여 실의한 듯 즐거워하지 않다가 6~7년 만에 술병으로 배가 불러 죽고 말았습니다.

「둘째 형님께 올립니다」

혜장선사의 부도 정약용에 따르면 혜장은 『주역』의 세계에 빠진 후 술을 과도하게 마시다 배가 불러 죽었다고 하는데 간경화로 추정된다.

정약용은 혜장의 직접 사인死因이 술로 인한 간경화임을 시사하고 있는데, 혜장이 그렇게 된 이유는 웬만한 인간으로서는 쉽게 다가설 수 없는 학문, 즉 하늘의 뜻을 엿보는 『주역』의 세계에 빠져들었기 때문일 것이다. 정약용은 혜장이 죽던 해 봄에 아암이 지은 『장춘동잡시長春洞雜詩』의 둘째 연을 기록하고 있다.

백수柏樹(참선) 공부를 누가 힘써 할 것인가
연화세계蓮花世界(극락)는 이름만 있는 것이지
광폭한 노래들이 근심 속에서만 불려지니
술만 취하면 맑은 눈물이 흐르네

36 竹裏行廚仗一僧/憐渠鬚髮日鬅鬙/如今盡破頭陀律/管取鱻魚首自蒸

정약용은 “죽음을 예고한 시 같아서 알 만한 사람들은 다 슬퍼했었다.”라고 자신의 슬픔도 함께 전하고 있다. 이듬해 겨울 아암의 두 제자 수룡과 기어가 다산초당을 찾았다.

“우리 스승님의 탑을 세워드려야 하는데 선생님께서 탑명塔銘을 짓지 않을 수 있겠습니까?”

“좋다.”

제자들은 아암이 다산을 스승으로 섬겼음을 알고 있었던 것이다.

빛나던 스님　　燁燁優鉢
아침에 피고는 저녁에 시들었네　　朝華夕蔫

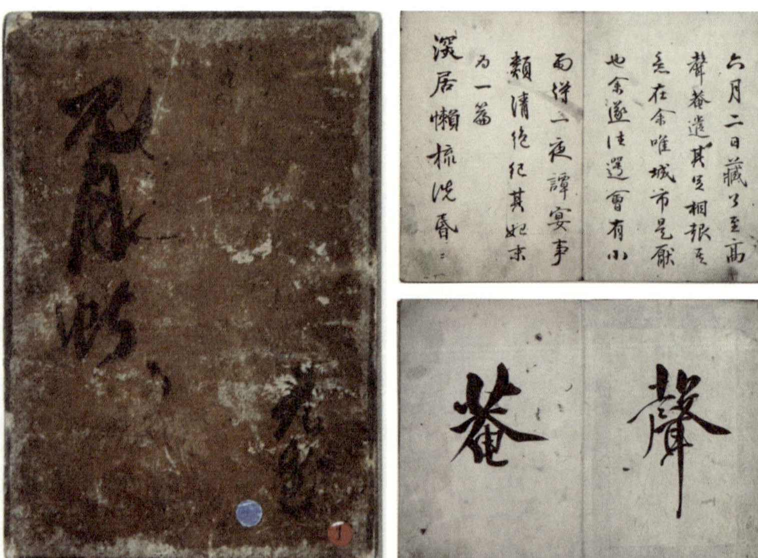

『견월첩見月帖』 다산이 평소 『주역』을 함께 논하던 승려 혜장에게 지어준 시문집이다. 대부분의 내용을 『다산시문집』에서 확인된다. 다산은 또 표현은 서투르지만, 뜻이 고결한 혜장을 이해하고 지켜주었으면 하는 마음으로 그를 위해 장편의 시를 짓기도 하였다.

훨훨 날던 금시조 翩翩金翅
앉자마자 날아가 버렸네 載止載騫
……
그 이름은 나이 먹은 어린애인데 是名壽童
하늘이 수명만은 인색했네 天嗇其年
이름은 중이지만 행실은 유학자니 墨名儒行
군자들이 더욱 애달파하네 君子攸憐

「아암장공탑명兒菴藏公塔銘」

정약전의 죽음

순조 10년(1810) 9월 정약용의 큰아들 학연은 바라를 두드려 억울함을 하소연했다. 형조판서 김계락金啓洛이 이 사실을 아뢰자 순조는 석방시키라고 명했다. 그러나 홍명주洪命周가 불가하다고 상소한 데다 이기경이 급히 대계臺啓를 올려 반대했기 때문에 무위로 끝나고 말았다. 순조 12년(1812)의 대사면에서도 제외되었다. 그러나 이제 정약용은 이런 움직임 하나하나에 일희일비하지 않게 되었다. 그해(1812) 정약전에게 쓴 편지는 세태에 달관한 경지를 보여준다.

『주역』을 공부할 때는 반드시 먼저 조용한 장소를 구해야 합니다. 닭우는 소리, 개 짖는 소리, 아기 보채는 소리, 아낙네 탄식소리 등을 가장 꺼립니다. 어떻게 해야 그런 곳을 구할 수 있을까요?

금년의 다섯 대사면에는 탐관오리와 살인강도까지 석방되지 않은 사람이 없다던데 이름이 대계에 있는 사람은 거론도 할 수 없는 모양입니다. 이것은 엄히 단속하려는 것이 아니라 자신들이 남의 아픔을 까마득히 잊어버렸기 때문일 것입니다. 높은 벼슬아치[朱門]들과 추위에 떠는 사람들[凍骨]은 원래 서로 잊어버리는 것이니 어찌 탄식할 것이 있겠습니까? …… 하늘이 이곳 다산을 내 평생의 장원[泉莊]으로 삼아주셨고, 보암산 몇 무畝의 밭을 나의 탕목읍(식읍)으로 삼아주셨는데, 한 해가 다 가도록 아이 울음소리나 아낙네 탄식소리가 들리지 않으니 복이 이처럼 후하고 지위도 이처럼 높은데 이런 삼청三淸의 신선세계를 버리고 사중四重의 아비규환 속으로 들어가려 하니 천하에 이런 우부愚夫가 있겠습니까? 이는 제가 억지로 만든 말이 아니라 마음속의 진정한 계획에서 나온 것입니다.

그러나 마음 한구석에서는 귀향하고픈 마음이 없었던 적이 없으니 이는 인성人性이 본래 열악하기 때문일 것입니다. 간음이 나쁘다는 것을 분명히 알면서도 혹 남의 아내를 도둑질하려 하고, 산업産業이 파괴되는 것을 알면서도 혹 도박을 하는 수가 있는데 귀향하고픈 마음이 이런 유형의 것이지 어찌 본심이겠습니까?

「둘째 형님에게 답합니다」

정약용은 이런 생활 속에서도 자신의 안위보다는 백성들의 비참한 상황을 걱정했다. 1809년 친구 김이교金履喬의 아우 김이재金履載에게 보낸 편지에는 굶주리는 백성들에 대한 연민이 가득하다.

> 나의 생환生還 여부는 다만 제 한 몸의 기쁨과 슬픔이지만 지금 만민萬民이 다 죽게 되었으니 이 일을 어찌하겠소? 나주 원장原帳의 논은 1만 7천 결結인데, (극심한 가뭄 때문에) 모내기를 하지 못한 논이 1만 3천 결이나 되고, 모내기를 한 논 중에도 한해旱害(가뭄의 피해)·충해蟲害(병충해의 피해)·상해霜害(서리의 피해)를 입은 논이 2~3천 결이오. 다른 읍도 비슷할 것이오.
>
> 장부에 실려 있는 곡식은 10만여 석인데, 백성들에게 분급分給해 준 것은 1만여 석에 지나지 않고 나머지는 모두 아전들이 다 써버렸소. 다른 읍도 비슷할 거요. 탐관오리의 부정은 풍년 든 해보다 10배나 더해서 한창 가을인데도 굶어죽은 시체가 길과 들판에 가득 찼소.
>
> 「공후 김이재에게 보냅니다[與金公厚]」(1809년)

정약용은 비록 귀양 온 몸이지만 백성들의 삶이 무너진 것을 참을 수가 없었다. 더구나 아전을 다스려 백성들을 보살펴주어야 할 지방관들이 오히려 아전과 짜고 백성들의 재물을 탈취하는 현상을 보고 분노를 억누를 수 없었다.

> 탐관오리들의 불법이 세월이 흐를수록 점점 심해지고 있소. 지난 6~7년 동안 종횡으로 수백 리를 다녀보니 갈수록 더한데 읍마다 모두 같아서 추악한 소문과 악취를 차마 들을 수 없었소. 수령이 아전과 장사를 하며 간악한 짓을 시키니 온갖 질고 때문에 백성들이 편히 살

수 없소. 법 아닌 법이 날마다 생겨 이제는 일일이 셀 수도 없을 지경이오.

이 몸은 풍비風痺(풍)가 점점 심해지고 온갖 병이 생겨 언제 죽을지 모르니 기쁜 마음으로 장강瘴江(풍토병이 생기는 강)에 뼈를 던지겠지만 우국憂國의 정만은 가슴속에 빛나는데, 발산할 길이 없어 조금 취한 것에 편승해 붓 가는 대로 이렇게 썼으니, 엎드려 생각건대 밝게 살피어 나의 광우狂愚(미치고 어리석음)를 용서하기 바라오.

「공후 김이재에게 보냅니다」(1809년)

지방관의 탐학을 막는 방도를 고심하던 정약용은 요순시대의 고적考績(관리들의 치적을 조사·심사하던 제도)이 한 방안이 될 수 있다고 생각했다. 그래서 흑산도의 정약전에게 이런 생각을 전했다.

오늘날 속담에 '밤이 낮과 같은 세상'이라는 말은 참으로 요순시대를 두고 하는 말입니다. 그렇게 된 원인을 살펴보면 오직 고적考績이라는 한 가지 일 때문입니다. 당시의 고적제도는 요즘의 '팔자제목八字題目'처럼 소루疏漏하거나 조략粗略하지 않았습니다. 반드시 본인이 직접 임금님 앞에 나가 얼굴을 맞대고 직접 말하게 했으니 악한 자는 얼굴빛을 꾸밀 수 없었으며, 착한 자도 얼굴빛을 겸양하게 할 수가 없었습니다. 보고를 다 하고 나면 말한 것에 대해 고찰해보는 법〔考言之法〕이 있었으니, '말한 것에 대해 고찰한다'는 것이 바로 고적입니다.

「둘째 형님께 올립니다」(1810년)

정약용은 요순시대의 고적제도에 대해서 생생하게 설명했다.

배를 움켜쥐고 허리가 부러질 듯 웃음을 참지 못할 한 가지 일은 바로 우禹가 자신의 공적을 스스로 말하던 때의 일입니다.
순임금이 "가까이 오너라, 우야. 너도 또한 창언昌言[37]하라."고 하니, 우가 "제가 무슨 말을 하겠습니까. 저는 날마다 부지런히 힘쓰기를 생각했을 뿐입니다."[38]라고 답했습니다.
고요皐陶가 "아! 어떻게 했다는 말이요?"[39]라고 말하니, 우가 "홍수가 범람해 하늘을 덮어 넘실넘실 산을 두르고 구릉丘陵을 덮어서 백성들이 빠져 있기에 제가 네 가지 기구를 타고, 산에 올라 나무를 베며, 익益과 함께 날고기 먹는 법을 일러주었으며[40] 내[予]가 아홉 내를 터서 사해四海에 이르게 하고 크고 작은 도랑을 파서 냇물에 대고[41] 직과 함께 곡식의 씨를 뿌리고 식생활이 어려울 경우 먹고사는 방법과 날것을 먹는 법을 가르쳐주었으며, 힘써 있는 곳에서 없는 곳으로 쌓여 있는 물자를 교역하니 많은 백성들이 곡식을 먹게 되어 온 나라가 잘 다스려지게 되었습니다."[42]라고 답했습니다.

37 창언은 드러내는 말이니 자기 공덕을 드러내 말하려고 하지 않으므로 말을 드러내놓고 하도록 유도한 것입니다.[정약용의 원주]

38 우가 부끄러워 차마 제 입으로 얘기를 하지 못하고 겸손히 "제가 무슨 말을 하겠습니까."하고 단지 대강大綱을 간략히 얘기하면서 "저는 오직 부지런히 힘썼을 뿐입니다."라고 한 것입니다.[정약용의 원주]

39 고요가 정색을 하고 위엄 있게 나무라기를 "고적이 법은 지극히 엄한 것인데, 지척밖에 안 되는 임금님 앞에서 어찌 감히 당황하고 머뭇거리기를 이같이 하는가. 그 부지런히 힘썼다고 한 절목은 무엇인가. 어찌 빨리 자세하게 진술하지 않는가."라고 한 것입니다.[정약용의 원주]

40 익의 이름을 삽입한 것은 공을 나누려는 뜻입니다.[정약용의 원주]

41 두 번째로 내[予] 자를 쓴 것은 치수治水의 일은 진실로 자기 혼자 했으므로 다른 사람에게 양보해줄 수 없기 때문입니다.[정약용의 원주]

고요가 말하기를 "아! 당신의 훌륭한 말을 본받겠습니다."[43]라 했습니다. 기夔도 또한 스스로 자기의 공을 아뢰는데 매우 장황하게 거듭 말했으니 그날 한 자리의 광경을 상상해보면 참으로 한 폭의 생생한 그림 같아서 사람들로 하여금 순임금은 주인 자리에 앉고 고요·우·직稷은 줄지어 앉아 고적하던 장면을 볼 수 있게 해줍니다. 해와 상서로운 구름이 역력히 눈앞에 떠오르는 참으로 절묘한 광경인 것입니다.

「둘째 형님께 올립니다」(1810년)

이 글을 쓰면서 정약용은 정조 때의 일을 회상하고 있었을 것이다. 정조가 조금만 더 살았다면 이런 광경을 재연할 수 있었을 것이라고 상상했을 것이다. 그러나 정조 사후 현실은 나라라고 부르기도 어색할 정도로 어지러워졌던 것이다.

천하가 썩어버린 지 이미 오래되었습니다. 오늘날 포폄褒貶(고적과 같은 것)하는 제목에 "편안한 정치에 한 고을이 조용하다."라는 말이 있으니, 만약 이 사람에게 순임금의 당堂에 올라 스스로 자기 공을 아뢰게 한다면 무슨 일을 가지고 아뢸 수 있겠습니까?
고적은 직접 대면하여 입으로 진술하는 것이 가장 좋은 방법이고, 그다음은 스스로 자기 공적을 서면으로 아뢰는 것입니다. 지금같이

42 가리려 해도 가릴 수 없고 사양하려 해도 사양할 수 없으며 도망하려고 해도 도망할 수 없어서 부끄러움을 무릅쓰고 자기의 공로를 다 말한 것입니다.[정약용의 원주]

43 "아!" 하고 탄식한 것은 실제로 그렇다는 것을 인정하는 뜻이고, "당신의 훌륭한 말을 본받겠다."라는 것은 그 도리가 당연히 이와 같다는 것을 인정하는 것입니다.[정약용의 원주]

속된 세상에서는 만약 스스로 자기의 공을 서면으로 아뢰게 하는 법이 있다 하더라도 수령된 자들은 혹 하지도 않은 일을 꾸며 자기의 공적으로 올려 바치는 자가 있을 것입니다. 생민生民의 도탄이 어쩌다 이다지도 심하게 되었습니까? 아! 누가 이 불쌍한 백성들을 위해 임금님께 아뢰겠습니까?

「둘째 형님께 올립니다」(1810년)

복성재 정약전이 흑산도에서 세운 서당으로, 모래 언덕 위에 있다는 뜻으로 사둔서당이라고도 불렀다.

정약용은 유배지에서 이처럼 나라가 무너지는 것을 보면서도 아무것도 할 수 없는 자신의 처지를 가슴 아파했다. 그러던 순조 14년(1814) 4월 처음으로 사헌부·사간원에서 올리는 대계臺啓에 정약용의 이름이 빠졌다. 사헌부 장령 조장한趙章漢이 특별히 대계를 정지시킨 것이다. 그리고 의금부에 해배 명령서를 보내게 했다. 드디어 14년의 귀양이 끝나려는 순간이었다.

흑산도의 정약전에게도 이 소식이 전해졌다. 그는 정약용이 해배되면 반드시 자신을 찾아올 것이라고 여겼다.

"내 아우에게 두 번이나 바다를 건너서 나를 보러 오게 할 수는 없지 않은가. 마땅히 내가 우이도에 나가서 기다려야겠다."

우이도는 흑산도 앞에 있는 섬인데, 날씨가 맑아야 흑산도에서 겨우 보일 정도로 멀었다. 우이도도 흑산도라고 불렸기 때문에 그곳으로 옮긴다고 해서 귀양지를 마음대로 벗어나는 법위반이 되는 것은 아니었다. 그러나 흑산도 사람들이 떠나지 못하게 붙들었다. 그는 이미 흑산도 백성들의 정신적 지주가 되어 있었다. 섬사람들과 격의 없이 어울렸을 뿐만 아니라 '복성재復性齋'라는 서당을 열어 아이들을 가르쳤다. 하도 심하게 붙들자 정약전은 우이도 사람을 시켜 안개 낀 야밤에 자신을 데리러 오게 했다.

그는 흑산도에서 얻은 첩과 두 아들 학소學蘇와 학매學枚를 태우고 안개 낀 밤에 흑산도를 몰래 떠났다. 자칫 암초에 부딪치기라도 하면 위험할 수 있었지만 개의치 않았다. 배가 정약전 일가를 태우고 떠난 후 날이 밝고 안개가 걷히자 흑산도 사람들은 비로소 정약전이 떠난 사실을 알게 되었다. 그들은 즉시 날랜 배를 타고 우이도로 향했다. 그들은 중도에 정약전이 탄 배를 따라잡을 수 있었다. 그들은 배를 빼앗아 돌아왔다. 정약전이 하소연했으나 아무 소용없었다.

한 해가 넘도록 정약전은 흑산도에 묶여 있다가 동생과의 정리를 가지고 애걸해 겨우 흑산도 사람들의 동의를 얻어 우이도로 옮길 수 있었다. 정약전은 우이도에서 14년 전에 헤어진 동생을 기다리고 또 기다렸다. 그러나 강진에 해배 명령서는 오지 않았고, 정약용은 우이도에 나타나지 못했다. 의금부에서 석방 명령서를 보내려 했으나 강준흠姜浚欽이 상소해서 반대하자 판의금判義禁 이집두李集斗가 자신까지 연루될까 두려워 해배 공문을 보내지 못했던 것이다. 이는

흑산도에서 바라본 우이도 정약전은 정약용이 해배되었다는 소식을 듣고 강진에 가까운 우이도로 가서 헤어진 동생을 하염없이 기다렸다. 수평선 근처 희미하게 보이는 섬이 우이도다.

불법이었으나 법이 무너진 지 이미 오래였다.

우이도에서 이제나 저제나 다산을 기다리던 정약전은 유배 16년 만에 '아우를 만나보지 못하는 한을 품은 채' 세상을 떠나고 말았다. 순조 16년(1816) 6월 6일이었다.

정약용의 마음은 찢어질 듯 아팠다. 장례식에 참석할 수도 없었다. 해배 명령서를 받지 않은 상태에서 우이도로 갈 수 없었던 것이다. 그에게 정약전은 단순한 형제 이상이었다. 두 아들에게 보낸 편지에는 다산에게 정약전이 어떤 의미인지가 잘 나타나 있다.

6월 초엿샛날은 나의 어지신 둘째 형님이 세상을 떠난 날이시다. 오호라! 현자가 그토록 곤궁하게 세상을 떠나시다니. 그 원통한 죽음 앞에 목석木石도 눈물을 흘릴 텐데 다시 말해 무엇하랴! 외롭기 짝이 없는 이 세상에서 손암 선생만이 나의 지기知己가 되어주셨는데 이제 그분마저 잃었구나. 앞으로는 학문으로 얻어지는 수확이 있더라도 어느 곳에 입을 열어 말하겠느냐. 사람이 지기知己가 없다면 이미 죽은 지 오래인 것이다. 처가 나를 알아주지 않고, 자식이 알아주지 않고, 형제나 집안사람들이 알아주지 않는데 나를 알아주는 분은

정약전의 묘 정약전이 유배 16년 만에 사망하자 우이도 사람들이 모두 모여 이 불행한 유배객의 장례식을 치러주었다. 그의 장례는 사실상 우이도장이었으니 민중과 함께했던 그의 인생과 걸맞다 할 것이다.

세상을 떠났으니 어찌 슬프지 아니하랴. 경집經集 240권을 새로 장정해 책상 위에 보관해두었는데, 장차 그것들을 불사르지 않을 수 없겠구나.

「두 아들에게 부친다」(1816년 6월 17일)

정약용은 정약전의 묘지명인 「선중씨 묘지명」에서 "오호라, 한배에서 태어난 형제인 데다 겸하여 지기知己까지 되어주신 것도 또한 나라 안에서 한 사람뿐이었다."라고 쓰고 있다. 적으로 가득 찬 세상에서 저술에 몰두하는 정약용에게 정약전은 유일한 독자였다. 그 한 명의 독자를 위해 정약용은 쓰고 또 썼던 것이다. 자신의 저서 240권을 불태워야겠다는 말은 유일한 독자를 잃은 비통함을 표현한 것이었다. 정약전 자신은 저술에 그리 열심이지는 않았지만 학문수준은 다산에게 뒤지지 않았다.

악서樂書 『악서고존樂書孤存』를 완성했을 때 공(손암)이 보시고는 "2천 년 동안의 긴 밤에 한 번 꾼 꿈처럼 이제야 대악大樂의 혼이 돌아왔구나. 다만 양률陽律과 음려陰呂는 마땅히 삼천參天과 양지陽地에 그 짝이 되게 해야 한다. 황종黃鐘 81은 삼등분해서 하나를 덜어서 대려大呂 54가 되고 태주太簇 78 역시 삼등분으로 나누어 하나를 덜어서 협종夾鐘 52가 되는 것과 같이 하고 나머지도 모두 그러한 방법으로 되어야 할 것이지 12율로 순서대로 내려가 서로의 차례가 되게 해서는 안 된다."라고 하셨다. 약용이 공께서 말씀해주신 것을 조용히 생각해보니 정말로 확실하여 고칠 수 없는 것이어서 그때야 지난번의

정약용의 산수화 고통스런 세상에서 벗어나고 싶은 피안의 세계가 잘 묘사되어 있다.

원고를 없애버리고 모든 것을 공께서 말씀하신 대로 따랐더니 이에 『의례儀禮』의 정현의 서序와 『주례周禮』의 「고공기考工記」, 『주어周語』 『좌씨전左氏傳』에서 모든 의문스런 글이나 자주 착오를 느끼던 것이 완전히 다 묘하게 합치되어 털끝만큼도 어긋남이 없었다.

「선중씨 묘지명」

「선중씨 묘지명」의 이 회상처럼 정약전은 『주역』뿐만 아니라 『악기樂記』에도 통달했다. "2천 년 동안의 긴 밤에 한 번 꾼 꿈처럼 이제야 대악大樂의 혼이 돌아왔구나."라는 말은 진秦나라의 분서갱유 이래 전해지지 않던 『악기』를 정약용이 되살렸다는 극찬이었다. 그러면서도 거기에 자신의 견해를 보태 『악서고존』을 완성케 한 것이니 사실상 『악서고존』은 둘의 공동저작이었다.

요즘 세상에 수령이 상경했다가 다시 내려오면 백성들이 길을 막고 거절한다는 소리는 들었어도 유배객이 다른 섬으로 이주하려 하자 원래 있던 곳의 섬사람들이 길을 막고 남아 있어 달라고 했다는 소식은 듣지 못했다.

집안에 이런 대덕大德이 있었음에도 자식이나 조카들이 알아주지 않았으니 또한 원통하지 아니하랴. 선대왕先大王(정조)께서 매번 "형이 동생보다 낫다."라고 하셨으니 아! 성명聖明께서는 형님을 알아보셨던 것이다.

「두 아들에게 부친다」(1816년 6월 17일)

정약전의 장례는 사실상 우이도장이었다. 정약용은 이굉보李紘父에게 보낸 편지에서 "신문받은 죄인으로서 압송하던 장교들을 울며 작별케 한 사람은 오직 돌아가신 형님뿐이었다. 온 섬의 사람들이 모두 마음을 다하여 장례를 치러주었으니, 이 마음 아프고 답답한 바를 어떻게 말할 수 있겠는가."라고 말했듯이 우이도 사람들은 전 도적으로 이 불우한 학자의 장례를 치러주었던 것이다.

험한 바다 건너 있었지만 의지가 되어주던 단 한 사람을 잃은 정약용의 마음은 "이 마음 아프고 답답한 바를 어떻게 말할 수 있겠는가."라는 한 구절이 잘 표현해주고 있다. 그해 6월 다산은 박재굉朴載宏을 보내 손암의 영구靈柩를 나주로 돌아오게 했다.

그런 아픔이 채 가시기도 전에 8월에는 둘째 학유의 부인 심씨沈氏

의 사망 소식이 날아들었다. 그가 나락에 떨어지기 전 해인 정조 24년(1800) 봄에 열네 살 어린 나이로 시집온 심씨는 다산의 친구 심오沈澳의 딸이었다. 시집오자마자 시가가 풍비박산이 되었으니 그녀의 시집살이는 고통의 연속이었고, 그래서 사망 소식을 들은 다산의 마음은 더욱 아팠다.

돌아가는 것도 운명이고
돌아가지 못하는 것도 운명이다

정약전 사망 한 달 전, 장자 학연이 정약용에게 편지를 보내왔다. 해배될 수 있는 방안을 제시하는 편지였다. 판서로 있는 사촌 처남 필천筆泉 홍의호洪義浩에게 편지를 보내 잘 봐줄 것을 부탁하고, 대계를 올려 다산의 해배를 막은 이기경과 강준흠에게도 동정을 구해보라는 것이었다. 정약용의 답장은 그가 세상사의 이치에 통달했음을 말해준다.

보낸 편지는 자세히 보았다. 천하엔 두 개의 큰 기준이 있으니, 하나는 옳고 그름(是非)의 기준이고 다른 하나는 이롭고 해로움(利害)의 기준이다. 이 두 가지 기준에서 네 단계의 큰 등급이 나온다. 옳은 것을 지키면서 이익을 얻는 것이 가장 높은 등급이고, 그다음은 옳은 것을 지키면서 해를 입는 등급이고, 그다음은 옳지 않은 것을 추종하여 이익을 얻는 경우이고, 가장 낮은 등급은 옳지 않은 것을 추종하여 해를 입는 경우이다. 내게 필천에게 편지를 권해 항복할 것을 빌고, 또 강준흠·이기경에게 꼬리를 치며 동정을 애걸해보라고 했는데, 이는 세 번째 등급을 택하려는 것이나 필경 네 번째 등급으로 떨어질 것이니 내가 어찌 이런 일을 하겠느냐?

이미 이렇게 되었으니 모든 걸 순순히 받아들일 따름이다. 동정을 애걸한들 무슨 도움이 되겠느냐?

강씨와 이씨가 뜻을 이루어 그럴 만한 자리에 있게 되면 반드시 나를 죽이고야 말 것이다. 나를 죽인다 해도 '순수順受(받아들임)'라는 두 글자 외에는 다른 방도가 없는데, 하물며 나를 석방시키라는 관문關文(공식문서)을 저지시킨 조그마한 일 때문에 내가 절개를 굽혀서야 되겠느냐? 내가 비록 수절守節하는 사람이 아니더라도 세 번째 등급이 될 수 없음을 알기 때문에 네 번째 등급이 되는 것을 면하려는 것뿐이다.

「학연에게 답한다」(1816년 5월 3일)

강준흠과 이기경에게 편지를 보내는 것이 무익한 일임을 갈파한 정약용은 필천 홍의호에게 편지를 보내지 않는 것은 스스로 자존심을 지키기 위한 것이라고 말했다.

필천과 나는 본래 조금도 원한이 없었는데, 갑인년(1794) 이래 까닭없이 나에게 허물을 뒤집어씌우더니 을묘년(1795) 봄 그가 잘못 시기하고 있다고 털어놓고 이야기했으므로 지난날의 입씨름 같은 것은 물 흐르듯, 구름 걷히듯 다 씻어버렸다. 신유년(1801년 다산이 귀양간 때) 이후 한 글자의 편지라도 서로 주고받아야 한다면 그가 먼저

강진의 정약용 동상 강진에서 보낸 18년간의 유배 생활 동안 정약용은 오늘날 '다산학'이라 불리는 실학의 학문체계를 완성했다.

해야 하겠는가, 내가 먼저 해야 하겠는가? 그는 내게 문안편지 한 장 보내지 않고 오히려 내가 편지하지 않는다고 허물하니 이는 기세당당한 위세로 나를 지렁이처럼 여기기 때문이다. 너는 누가 먼저 머리를 숙이고 와야 하는지는 한마디도 밝히지 않고 있으니 너 또한 부귀영화에 현혹되어 그런 것이냐? 그가 나를 폐족廢族이라 여겨 먼저 편지를 보내지 않기에 내가 머리를 쳐들고 대항하는 것인데, 내가 먼저 동정을 애걸하는 편지를 쓰다니, 천하에 이런 일이 있을 수 있겠느냐?

내가 돌아가느냐 못 돌아가느냐 하는 것은 진실로 큰일이다. 그러나 죽고 사는 일에 비하면 작은 일이다. 사람이란 때로 물고기를 버리고 곰을 선택하는 경우도 있지만[44] 삶을 버리고 죽음을 택할 때도 있다. 내가 살아서 고향에 돌아가는 것도 운명이고 돌아가지 못하는 것도 운명이다.

사람이 해야 할 일을 다하지 않고 천명만 기다리는 것은 도리가 아니다. 너는 사람이 해야 할 일은 이미 다했다. 그런데도 내가 돌아갈 수 없다면 이 또한 운명일 뿐이다.

「학연에게 답한다」(1816년 5월 3일)

그렇게 다산은 세월을 흘려보냈다. 도반道伴(함께 도를 닦는 벗)이자 유일한 독자였던 정약전마저 죽고 없는 암흑 속에서 정약용은 불의한 시대에 대한 분노와 슬픔을 안고 학문에 침잠했다. 그 결과가 유

44 『맹자』「고자告子」 상편에 나오는 말로 더 좋은 것을 택하기 위해 다른 것을 버린다는 뜻이다.

배 18년(1818) 만에 완성한 『목민심서』였다. 그는 「자찬 묘지명」에서 『목민심서』에 대해 이렇게 쓰고 있다.

『목민심서』는 어떤 내용인가. 지금의 법을 토대로 해서 우리 백성을 다스려보자는 것이다. 율기律己·봉공奉公·애민愛民의 세 가지를 기紀로 삼았고, 이吏·호戶·예禮·병兵·형刑·공工을 여섯 가지 전典으로 만들어 진황賑荒 한 단원으로 끝맺었으며 하나의 조목마다 6조條를 포함케 하였다. 고금의 사례를 찾아 배열하여 간악하고 거짓된 것을 들추어내어 목민관에게 보여줌으로써 백성 한 사람이라도 그 혜택을 입을 수 있게 하자는 것이 나의 마음이었다.

「자찬 묘지명」

그렇게 모든 것을 운명에 맡기고 학문에 침잠해 있는 그를 옹호하는 사람이 양사兩司에서 나왔다. 그해 8월 사간원 응교應敎 이태순李泰淳이 문제를 제기한 것이다. 4년 전에 이미 석방이 결정된 정약용의 해배를 막는 것이 불법이라는 주장이었다. 그는 "정계停啓가 되었는데도 의금부에서 석방 공문을 보내지 않은 것은 국조國朝 이래 아직까지 없던 일입니다. 여기서 파생될 폐단이 얼마나 많을지 알 수가 없는 일입니다."라고 상소했다. 그러자 그제야 알았다는 듯 정승 남공철南公轍이 의금부 관리들을 꾸짖었고, 판의금判義禁 김희순金羲淳이 마침내 해배 공문을 보냈다.

귀양 18년 만이었다. 동복同腹 동기同氣로는 그 혼자 살아남아 고향에 돌아간 날이 순조 18년(1818) 9월 보름이었다. 정약용은 「자찬 묘지명」에서 귀향의 소감을 이렇게 썼다.

처음 신유년(1801) 봄에 옥중에 있을 때 하루는 근심하고 걱정하다 잠이 든 꿈결에 어떤 노인이 꾸짖기를 "소무蘇武(중국 한나라 때 흉노의 포로가 되었던 인물)는 19년도 참고 견디었는데 지금 그대는 19일의 괴로움도 참지 못한다는 말인가."라고 했었다. 옥에서 나오던 때에 당하여 헤아려보니, 옥에 있던 것이 꼭 19일이었다.[45]
유배지에서 고향으로 돌아와 헤아려보니, 경신년(1800) 벼슬길에서 물러나던 때로부터 또 19년이 되었다. 인생의 화와 복이란 정말로 운명에 정해져 있지 않다고 누가 말하겠는가.

45 다산은 1801년 2월 9일 입옥入獄하여 27일 야밤에 출옥出獄하였다.[정약용의 원주]

書且收否平安信息　測難屢屢曉

照金深矣然赤氣也　菲屢屢也且

深寫誰澈蘊檀　郡之果煩壽日中可

自見淨嗚有鈴且總　世郊歲壽勝時言恒

五成無緣性矣但由首末遂雖識之氣

筱山有滋治勝所特雅革說差之懷家以之

君之母句是得是類也鄉魯康泰右嫣細

今之桐細貴桐也以有如理書鄉雅識盡

有理業照然重之之實落以未定蘊壽指無

未海於游從以來矣姑存惟乙緣之類之雜

而其之書蓬山郊收游且小錄於日堆集上有

제13장

고향에 돌아와

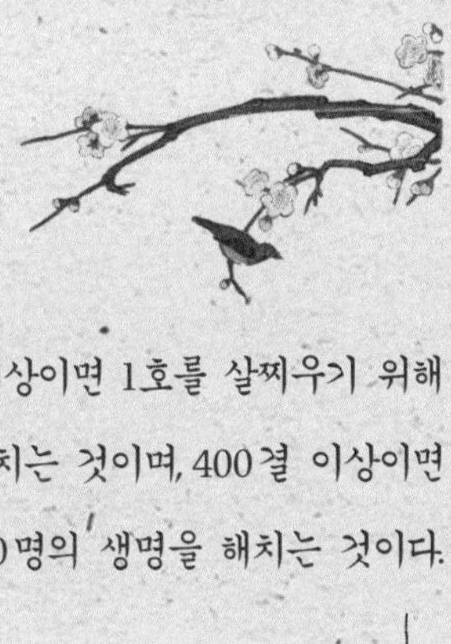

부자 1인의 전지가 100결 이상이면 1호를 살찌우기 위해
990명의 생명을 해치는 것이며, 400결 이상이면
1호를 위해 3,900명의 생명을 해치는 것이다.

「자찬 묘지명」을 쓴 이유

고향집에 돌아온 직후 사람이 찾아왔다. 뜻밖에 서용보徐龍輔가 보낸 사람이었다. 신유년 모든 국문 위관들이 정약용을 무죄 석방시키려 할 때 끝까지 반대해 귀양 보낸 장본인이었다. 정조 사후 정약용의 집안이 풍비박산 나는 그 기간 동안 영의정까지 역임했던 서용보는 이때 벼슬길에서 물러나 마재의 서쪽 이웃 마을에 살고 있었다. 서용보는 사람을 보내어 대단히 관곡款曲한 위로의 말을 보내왔다. 마치 자신이 항상 정약용의 안위를 진실로 걱정했다는 말투였다. 이듬해(1819) 봄 서용보는 다시 정승이 되었는데, 조정을 오갈 때마다 들러 은근히 위로했다. 기회만 있으면 벼슬자리에 극력 추천할 태도였다.

그러나 그 속마음이 드러나는 데는 그리 오랜 시간이 걸리지 않았다. 그해 겨울 조정에서 경전經田하는 일에 정약용만큼 밝은 사람이 없다는 이유로 정약용을 기용하려 하자 서용보가 극력 저지해서 무위로 끝났다. 이 사건으로 서용보의 음흉한 뱃심이 다시 드러났다. 그러나 정약용은 이미 이런 사건들에는 초연할 수 있는 경지에 올라 있었다. 그는 1819년 봄, 배를 타고 남한강〔濕水〕을 거슬러 올라갔다. 감회가 새로운 뱃길이었다.

35년 전인 정조 8년(1784) 음력 4월 15일, 큰형 약현의 부인 경주 이씨의 기제를 마치고 서울로 돌아가는 이 뱃길에서 이벽에게 천주교에 대해 처음 들었던 것이다. 신기하게 들었던 그 서학의 세계가 자신의 집안에 그렇게 짙은 암운을 드리울 줄은 꿈에도 알지 못했다. 돌이켜보면 "인생의 화와 복이란 정말로 운명에 정해져 있지 않다고 누가 말하겠는가."라는 다산의 말처럼 모든 것이 운명이었다. 남한강을 거슬러 올라가 충주忠州에 있는 선산에 성묘했다. 장기로 귀양 가던 신유년에 눈물을 쏟았던 선산이었다. 다산은 귀향 이후의 심정에 대해 담담하게 읊고 있다.

경진년(1820, 다산 59세) 봄에 배를 타고 산수汕水를 거슬러 올라가 춘천과 청평산淸平山 등지를 유람했다. 가을에는 다시 용문산에 가서 유람하는 등 산과 시냇가를 산보하면서 인생을 마치기로 했다.

「자찬 묘지명」

그랬다. 그는 현세에서는 자신의 자리가 없다고 생각했다. 자신 인생의 평가는 후세의 몫이라고 생각했다. 귀향 4년 후인 순조 22년(1822) 임오년, 그의 회갑년이었다. 이해 다산은 자신의 인생을 정리하는 「자찬 묘지명」을 지었다.

나는 건륭乾隆 임오년(1762)에 태어나 지금 도광道光의 임오(1822)를 만났으니 갑자甲子가 한바퀴 돈 60년의 돌이다. 뭐로 보더라도 죄를 회개할 햇수다. 수습하여 결론을 맺고 한평생을 다시 돌이키고자 한다. 금년부터 정밀하게 몸을 닦고 실천하여 하늘이 준 밝은 명命을 살펴서 여생을 끝마치려 한다.

그러고는 집 뒤란의 자좌子坐(정북正北 방향)를 등진 언덕에 관 들어갈 구덩이의 모형을 그려놓고 나의 평생의 언행言行을 대략 기록하여 무덤 속에 넣을 묘지墓誌로 삼겠다.

특이하게도 자신의 묘지명을 스스로 저술하는 이유는 지난 인생을 회개하려는 의도만은 아니었다. 그는 자신의 생애가 왜곡되어 전해질 것을 염려했다. 그래서 자신의 손으로 자신의 인생을 정리하려 한 것이다.

그가 두 본의 「자찬 묘지명」을 작성한 것은 이 때문이다. 하나는 '집중본集中本'이고 다른 하나는 '광중본壙中本'인데, 광중본은 무덤 속에 넣기 위한 축약본이었다. 그의 「자찬 묘지명」의 특징은 자기변명조가 아니라는 데 있다. 자신의 약점을 숨기지 않았다.

천주교 관계까지도 그는 숨기지 않고 서술했다. 그가 스스로 「자찬 묘지명」을 쓴 이유가 여기 있는지도 몰랐다. 그는 자신의 인생이 그 어떤 이유에서든지 미화되거나 격하되는 것을 바라지 않았던 것이다. 그저 자신의 인생 그대로 전해지기를 바랐던 것이다. 이런 점에서 그의 「자찬 묘지명」은 후세를 향해 쓴 것이기도 하지만 하늘을 향해 쓴 것이기도 하다. 모든 것이 운명이라면 더할 것도 덜할 것도 없다는 담담함 그 자체였다. 「자찬 묘지명」 집중본에서 그는 자신의 방대했던 학문체계를 스스로 정리했다. 이르지 못한 곳이 없었던 그의 학문체계의 대강을 보는 데는 그 자신이 스스로 정리한 이 글만큼 좋은 것이 없다.

나는 바닷가로 귀양을 가자 '어린 시절에 학문에 뜻을 두었지만 20

년 동안 속세에 빠져 선왕先王의 대도大道를 알지 못했는데, 이제야 겨를을 얻었구나.'라는 생각이 들어 흔연히 스스로 기뻐하였다.

이에 육경六經과 사서四書를 가져다가 골똘히 생각에 잠기고 연구했다. 한漢나라·위魏나라 이후로부터 명明·청淸에 이르기까지 유학자들의 학설 중에서 경전經典에 도움이 될 만한 것을 널리 수집하고 고증해서 잘못된 것을 바로잡고 취사선택해서 나 자신의 학설을 갖추어놓았다.

「자찬 묘지명」

그는 유배지에서 지은 자신의 저서 중 경학經學, 즉 육경사서六經四書 부분을 이렇게 정리했다.

선대왕(正祖)의 비평을 받았던 『모시강의毛詩講義』 12권으로부터 시작하여 별도로 『모시강의보毛詩講義補』 3권을 저술했다. 『매씨상서평梅氏尙書平』 9권, 『상서고훈尙書古訓』 6권, 『상서지원록尙書知遠錄』 7권, 『상례사전喪禮四箋』 50권, 『상례외편喪禮外編』 12권, 『사례가식四禮家式』 9권, 『악서고존樂書孤存』 12권, 『주역심전周易心箋』 24권, 『역학서언易學緖言』 12권, 『춘추고징春秋考徵』 12권, 『논어고금주論語古今注』 40권, 『맹자요의孟子要義』 9권, 『중용자잠中庸自箴』 3권, 『중용강의보中庸講義補』 6권, 『대학공의大學公議』 3권, 『희정당대학강록熙政堂大學講錄』 1권, 『소학보전小學補箋』 1권, 『심경밀험心經密驗』 1권을 저술했으니 이상 경집經集 232권이었다.

「자찬 묘지명」

정약용은 각 경서에 짤막한 해설과 자신의 생각을 붙여놓았는데 일례로 『시경』 부분을 보자.

『시경』에 대한 학설로는 시詩란 간림諫林이라는 것이 있다. 순舜의 시대에 "오성육률伍聲六律로써 오언伍言을 받아들인다."라고 했을 때 오언이란 육시六詩 중에서 다섯을 말한다. 풍風·부賦·비比·흥興과 아雅가 다섯이며 단지 송頌만을 세지 않은 것이다. 고몽瞽矇(소경이 담당해 노래 부르던 벼슬)이 아침저녁으로 풍자하는 노래를 부르면 가수들이 따라서 합창해 부르며, 거문고나 비파를 타기도 하면서 임금으로 하여금 착한 것은 들어서 감발시키게 하고 악한 것은 듣고서 잘못을 뉘우치게 하기 때문에 시의 포폄褒貶은 『춘추春秋』보다 더욱 무서운 역할을 하며, 임금들이 두려워하기 때문에 "시가 없어지고 나서 춘추를 제작했다."라고 했다. 풍·부·비·흥은 풍자한다는 말이고 소아小雅·대아大雅란 정언正言으로 간諫한다는 말이다.

「자찬 묘지명」

"시대를 아파하고 세속을 분개하는 내용이 아니면 시가 아니다."라는 다산의 유명한 시론은 『시경』에 대한 이런 인식의 토대 위에서 나온 것이다. 정약용은 「자찬 묘지명」에 232권에 달하는 경학서 이외에 260권에 달하는 법정서法政書와 역사서, 시집詩集 등은 따로 분류해두었다.

또 시詩 작품집으로 18권이 있는데 깎아내서 6권이 되게 했고, 잡문

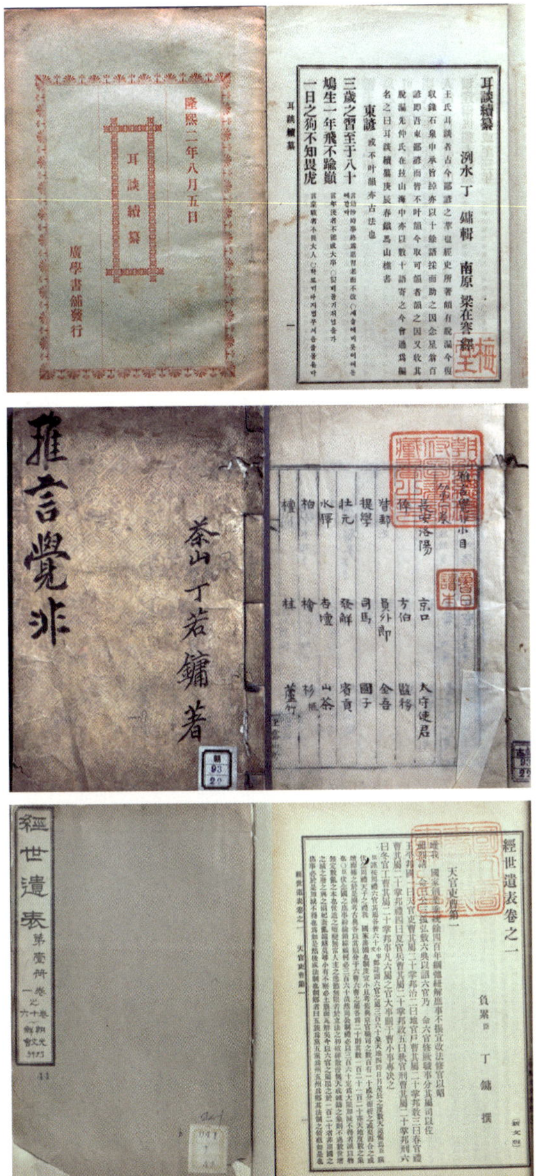

정약용의 저서들 『이담속찬』(위), 『아언각비』(가운데), 『경세유표』(아래)

雜文 전편 36권, 후편 24권이 있다. 또 잡찬雜纂의 책은 종류가 각각 다른데 『경세유표經世遺表』 48권은 미완성이고, 『목민심서牧民心書』 48권, 『흠흠신서欽欽新書』 30권, 『아방비어고我邦備禦考』 30권은 미완성이며, 『아방강역고我邦疆域考』10권, 『전례고典禮考』 2권, 『대동수경大東水經』 2권, 『소학주천小學珠串』 3권, 『아언각비雅言覺非』 3권, 『마과회통麻科會通』 12권, 『의령醫零』1권을 합해서 문집文集으로 하면 도합 260여 권이 된다.

「자찬 묘지명」

다산은 그의 법정집의 핵심인 1표 2서에 대해 짤막한 설명을 붙였는데, 『경세유표』와 『흠흠신서』만을 인용해보자.

『경세유표』는 어떤 내용인가. 관제官制·군현제郡縣制·전제田制·부역賦役·공시貢市·창저倉儲·군제軍制·과제科制·해세海稅·상세商稅·마정馬政·선법船法 등 나라를 경영하는 제반제도에 대해서 현재의 실행 가능 여부에 구애되지 않고 경經을 세우고 기紀를 나열하여 우리의 구방舊邦을 새롭게 개혁해보려는 생각에서 저술한 것이다.
『흠흠신서』는 어떤 내용인가. 사람의 목숨을 다루는 옥사獄事에서 다스리는 사람이 더러 알지 못하는 게 있기에 경사經史로써 근본을 삼고 비의批議로써 보강하고 공안公案으로써 증거가 되게 하였으며, 모든 것을 상정商訂하여 옥사를 관리하는 사람들에게 주어 백성들의 억울함이 없기를 바라는 게 나의 뜻이었다.

「자찬 묘지명」

농사짓는 사람이 땅을 가져야

정약용은 그 자신의 몰락보다 시대의 몰락을 더 슬퍼했다. 그러면서 몰락을 막고 새로운 시대로 나갈 수 있는 방안을 모색했다. 정답은 혁명에 가까운 개혁밖에 없었다.

그 개혁은 기존의 물적토대와 신분제도, 사상을 뛰어넘어야 성공할 수 있는 것이었다. 그것은 이상이었으되 그 무엇보다 현실적이었다. 때문에 진정성과 혁명성이 담겨 있는 것이다. 그것이 다산학의 요체다.

먼저 그는 토지문제에 있어서 급진적 개혁을 주장했다. 이는 개혁이라기보다 혁명이었다. 그는 소수 부호들이 토지를 독점하고 있는 현실을 문제의 핵심으로 보고 개혁을 주장했다. 정약용의 토지개혁 사상은 「전론田論」에 담겨 있는데, 훗날 『목민심서』와 『경세유표』의 기초가 된 「전론」은 유배시절이 아니라 곡산부사로 있던 정조 23년(1799)에 작성되었다는 사실이 중요하다.

「전론田論」에서 정약용은 '부자 1인의 전지田地가 100결 이상이면 1호戶를 살찌우기 위해 990명의 생명을 해치는 것이며, 400결 이상이면 1호를 살찌우기 위해 3,990명의 생명을 해치는 것'이라며 조정에서 마땅히 부자의 것을 덜어내어 가난한 사람에게 보태주어 그 재산을 고르게 해야 하는데 그렇게 하지 않고 있다고 비판했다. 정약용은 토지는 소수 양반 지주들의 것이 아니라 하늘이 모든 백성들에게 내려준 공물公物이라고 생각했다.

정약용은 동양의 이상적 토지제도인 정전제井田制[46]는 한전旱田(밭)과 평전平田(높은 곳에 있는 평평한 땅)에서만 시행할 수 있는데, 조선은 이미 수전水田(논)을 하고 있으며 산골짜기까지 개간되었으니 시행 불가능하다고 주장했다. 정약용은 대신 마을 단위 토지제도인 여전제閭田制를 주장했다.

> 이제 농사를 짓는 사람은 전지를 얻도록 하고, 농사를 짓지 않는 사람은 전지를 얻지 못하도록 한다면, 여전법閭田法을 시행해야 우리의 뜻을 이룰 수 있을 것이다.
>
> 무엇을 여전이라 하는가. 산골짜기와 하천의 지세를 가지고 경계를 그어 삼고는, 그 경계에 포함된 것을 여閭라 이름하고 …… 여에는 여장閭長을 두고 무릇 1여閭의 전지田地는 1여의 사람들이 다 함께 그 전지의 일을 다스리도록 하되, 서로간의 경계가 없게 하고 오직 여장의 명령만을 수행하도록 한다.
>
> 매양 하루하루 일할 때마다 여장은 그 일수日數를 장부에 기록해둔다. 추수가 끝나면 무릇 오곡伍穀의 곡물을 모두 여장의 당堂으로 운반하여 그 양곡을 나누는데, 먼저 국가의 세를 바치고, 그다음은 여장의 녹봉祿俸을 보내고, 그 나머지를 가지고 날마다 일한 것을 기록한 장부에 의해 분배한다.
>
> 「전론」

46 정전제는 중국 고대 주周나라에서 시행한 것으로 일정한 토지를 정井자 모양으로 나누어 주변의 여덟 몫은 여덟 호戶에서 나누어갖고 가운데 한 몫은 공동으로 경작해 국가에 세금으로 납부하는 제도다. 이는 토지를 평등 분배하는 것으로서 동양에서 이상으로 삼은 토지제도였다.

1여의 크기에 대해 정약용은 "주나라 제도에 25가家를 1여라 한다. 이제 그 이름을 빌려 대략 30가에서 드나듦이 있게 하되 또한 반드시 그 율이 일정하지는 않다."라고 30여 가 남짓한 규모를 구상했다.

주목되는 것은 여閭에 대한 선택권이 인민人民에게 있다는 점이다. 백성들에게 여의 선택권을 주면 '많은 사람들이 여기저기로 자주 왕래하게 될 것이니 이렇게 되면 8, 9년이 지나지 않아서 나라 안의 전지가 고르게 될 것'이라는 주장이다. 지배층이 백성들을 엄한 법과 매로 다스려야 한다고 생각하던 시절에 정약용은 백성들에게 모든 선택권을 주어야 한다고 주장한 것이다. 백성들이 살 곳을 스스로 선택한다는 것은 백성들이 지배층을 스스로 선출하는 것이란 점에서 주목된다.

정약용에게 여전제는 토지문제 해결만이 아니라 이상적인 마을 공동체 건설 방안이기도 했다. 그는 군제軍制도 여전제를 바탕으로 재편해야 한다고 주장했다. 여장이 초관哨官이 되고, 세 여閭가 모여 이루어지는 이里의 이장은 파총把摠, 다섯 이里가 모여 이루어지는 방坊의 방장坊長은 천총千摠이 되고, 방 다섯이 모여 이루어지는 읍邑에는 현령縣令을 두어 관할하게 하는 것이 그의 군제개편론이다.

정약용의 여전제, 그리고 여전제에 토대를 둔 군제개편론은 호포제戶布制와 연결되기 때문에 중요하다. 조선은 양반 사대부들은 군역을 면제받고 가난한 상민들만 군역의 의무가 있어서 군포軍布를 납부해야 했다. 정약용의 호포제는 사대부, 상민 가릴 것 없이 군포를 납부하자는 것이었다. 호포제는 영조도 실현하려 하다가 양반 사대부들의 강력한 반발 때문에 실시하지 못했던 법이었다.

다산은 여전제에서 1여의 백성을 셋으로 나누어 하나는 실제 호정戶丁(성인 남성)을 내어 군사를 편성하고 나머지 둘은 호포戶布를 내어 호정이 나온 집을 먹여 살려야 한다고 구상했는데, 이는 모든 백성들이 다 병역의 의무를 지는 국민개병제國民皆兵制의 원칙을 천명한 것이었다.

정약용은 사대부란 특수신분을 인정하지 않았다. 그는 「전론」에서 여전제가 실시되면 사대부는 농업이나 상공업으로 전업할 것이라고 예측했다. 그런데 정약용은 이들 중 경영이나 수리水利, 기기器具 제작 등에 특수한 재능을 가진 사람들은 10배의 대우를 해야 한다고 주장했다. 이는 여전제라는 획일적 평등주의가 낳을 수 있는 부작용을 전문가 우대라는 상생相生의 방안으로 보완하려 한 결과다. 현실 사회주의가 당·국가 권력자 우대라는 잘못된 특권 대신 평등의 바탕 위에서 전문가를 우대하는 쪽으로 전개되었다면 대실패로 끝나지는 않았을 것이라는 점에서 정약용의 여전제는 현재성을 갖는다.

정약용의 여전제는 공상 속에서 나온 것이 아니다. 여전제는 조선 후기 향촌사회의 커다란 변화를 긍정적으로 수용하려는 고심 끝에 나온 사상이다. 조선 후기 향촌사회는 스스로 자치권을 강화하고 이를 국가에서 인정할 만큼 성장했다. 숙종 37년(1711) 12월에 반포된 양역변통절목良役變通節目이 그런 예인데, 이는 양역良役 같은 세금의 부과기능을 향촌에 맡기는 이정법里定法을 법제화한 것이었다. 이는 향촌사회의 자치권이 크게 신장되었음을 나타내는 것이고 향촌의 행정조직인 면리제面里制의 정착을 뜻하는 것이었다. 면리기구 운영담당자인 면·리임에는 당초 사족들이 임명되었으나 후기에는 부유한 일반 농민이 임명되기도 했다. 이는 향촌사회에서 일반 백성들의 입지가 강화되어갔음을 뜻하는 것이다. 정약용의 여전제는 조선 후기 향촌사회의 자치권 강화와 백성들의 권리 강화라는 변화 움직임을 발전적으로 계승하려는 고뇌의 산물이었다.

정약용은 신분과 지역차별을 없애고 재능이 있는 자를 우대해야 한다고 주장했다.

> 나라에 인재가 부족한 지 실로 오래되었습니다. 전국의 인재를 모조리 선발해서 등용해도 부족함을 느낄 터인데 도리어 열에 아홉은 버리고 있습니다.
>
> 평민과 천민은 모두 버림을 받은 자들이며 중인도 버림을 받은 자들이며, 관서西關(평안도)와 북관北關(함경도), 해서海西(황해도), 송경松京(개성), 심도沁都(강화) 지방의 백성도 버림을 받은 자들이며, 관동關東(강원)과 호남 지방 백성들도 절반씩 버림을 받은 자들입니다. 뿐만 아니라 서얼庶孼 자손들도 버림을 받은 자들이며, 북인北人·남인南人들은 일부 등용된다고 하나 역시 버려진 것에 가까울 따름이며, 오직 그 버림을 받지 않은 자라곤 소위 명문 벌족이라고 일컫는 수십 가문에 지나지 않습니다.
>
> 「통색의通塞議」

정약용은 이런 지역차별과 신분차별을 나라의 발전을 가로막는 암적 존재라고 생각했다. 그래서 다산은 '동서남북의 지방적 조건을 묻지 않고 귀족과 천인의 출신 관계를 가리지 않는 중국의 제도를 본받는 것이 적당'하다면서 더 나아가 천대받는 사람들만을 위한 과거를 실시하자고 주장했다. 10년에 한 번씩 서북 지방 및 양도兩都(개경과 강화)의 주민들과 중인 및 서얼로부터 일반 백성과 천인에 이르기까지 무재이능과茂才異能科를 실시하자고 주장한 것이다. 무재이능과는 특출한 재능이 있는 자를 등용하는 과거로서 전문가를 우대하려는 그의 생각이 잘 드러나 있다.

그는 「서얼론庶孼論」에서 과거응시 자체가 금지되었던 서얼을 등용하는 데서 그치지 말고 반드시 재상宰相까지 승진시켜야 한다고 주장했는데, 이는 사회발전을 가로막는 전근대적 신분·지역차별을 철폐하자는 주장이었다.

인간에게는 스스로 결정할 권리가 있다

정약용은 송시열을 비롯해 조선 후기의 유학자들이 절대주의 사상으로 떠받들었던 주희朱熹(주자)의 경학사상을 뛰어넘었다. 유학의 가장 중요한 개념인 인仁에 대해 조선의 성리학자들은 모두 "마음의 덕이요, 사랑의 이치다[心之德 愛之理]."라는 주희의 해석을 추종했다. 그러나 다산은 달랐다.

어질 인仁자는 두 사람을 뜻한다. 효孝로 아버지를 섬기면 인仁이다. 형을 공순하게 섬기면 인이다. 충忠으로 임금을 섬기면 인이다. 벗과 믿음으로 사귀면 인이다. 자애롭게 백성을 다스리면 인이다. 인을 가지고 동방의 물物을 낳는 이치[理]니, 천지天地의 지공至公한 마음이니 해서는 인의 설명이 되지 않는다.

「자찬 묘지명」

다산은 仁(인)자는 人과 人을 중첩시킨 글자라며 "사람과 사람이 그 본분을 다하는 것이 仁"이라고 주장했다. 이는 '仁'을 '인을 가지고 동방의 물을 낳는 이치[理]니, 천지天地의 지공至公한 마음이니'라고 보던 성리학의 해석에서 벗어나 사람과 사람 사이의 구체적 인간관계 속에서 구현되는 실천 규범으로 바라본 것이다. 다산이 녹암 권철신을 높이 본 것은 사변적인 말장난을 벗어나 구체적 실천을 말하고 있었기 때문이다. 다산은 「녹암 권철신 묘지명」에서 이렇게 말하고 있다.

그 무렵의 학문이 사변적인 말장난에 빠져서 이기理氣나 말하고 정성情性이나 논란하면서 실천적인 면에는 소홀히 하고 있었지만 공의 학문은 한결같이 효제충신孝悌忠信을 으뜸으로 삼았다.

「녹암 권철신 묘지명」

다산에게 仁(인)은 사변적인 말장난이 아니라 구체적 실천행위였고, 그것이 바로 공자가 말한 서恕(어짊 · 용서)였다.

강서強恕로 행함이 인을 구하는 데에는 가장 가까운 길이어서 증자曾子가 도道를 배울 때 일관一貫을 공자가 가르쳐주었다. 자공子貢이 도道를 물을 때에도 일언一言(恕)으로써 가르쳐주었다. 경례經禮의 3백, 곡례曲禮의 3천을 꿰뚫는 것은 서恕다. 그래서 "인을 함이 자기로 말미암는다." "자기를 이기고 예로 돌아간다."라는 말이야말로 유교儒教의 바른 취지다.

「자찬 묘지명」

정약용은 공자가 말한 인仁은 주희의 해석처럼 만물의 근원인 이理가 아니라 인간 사이의 실천이며 그 실천 방법은 공자가 『논어』 「이인里仁」편에서 증자에게 말한 "나의 도를 하나로 꿰뚫는 것은 서恕다."라고 보는 것이다. 이는 다산이 사변적인 중세 주자학의 틀을 넘어서 실천적인 고대 유학의 정신을 되살림으로써 현실의 문제를 해결하겠다는 뜻이었다.

정약용이 주희를 비판한 것은 위험한 일이었다. 노론의 종주인 송시열은 윤휴를 사문난적이라고 비난하면서 이렇게 말했다.

"하늘이 공자에 이어 주자를 내셨으니 참으로 만세萬世의 도통道統이다. 주자 이후로는 일리一理도 밝혀지지 않은 것이 없고 일서一書도 명확해지지 않은 것이 없는데, 윤휴가 감히 자신의 견해를 내세워 가슴속의 억지를 늘어놓으니, 윤휴는 진실로 사문난적이다."

여기에서 '윤휴'만 '정약용'으로 바꾸면 의미는 완전히 같아진다. 정약용은 송시열의 이런 비난에 구애받지 않고 자신의 학설을 계속 주장한다. 그 핵심은 인간의 자주권과 자율권의 강조에 있다.

그는 맹자孟子 성선설의 기초가 되는 사단四端, 즉 측은惻隱·수오羞惡·사양辭讓·시비의 마음是非之心과 그 구현 형태인 인仁·의義·예禮·지智의 관계에 대해서도 주희와는 달리 해석했다. 주희는 인·의·예·지가 원래부터 인간의 내면 속에 부여되어 있는 것이라고 보는데 정약용은 도덕적 실천을 통해 성취되는 것이라고 보는 것이다. 인·의·예·지는 저절로 실현되는 것이 아니라 사단四端을 구체적으로 실천해야 사덕四德, 즉 인·의·예·지가 실현된다는 것이다. 이는 주희가 인·의·예·지를 성품의 '사덕'으로서 인간의 성품 속에 내재하는 것이라고 본 데 대한 전면적 부정이었다. 다산의 경학사상은 이 점에서 성리학의 테두리를 뛰어넘는다.

정약용은 「자찬 묘지명」에서 자신의 『맹자요의』를 설명하면서 성리학 천년 역사의 가장 핵심적인 본연지성本然之性을 분명하게 부인한다.

> 본연지성은 원래 불서佛書에서 나온 것으로 우리 유교의 천명이나 성性과는 서로 빙탄氷炭이 되어 함께 말할 수 없는 것이다.
>
> 「자찬 묘지명」

성리학의 '본연지성'이 유교의 '천명지성天命之性'과는 물과 불처럼 상반되는 것으로 유교가 아니라 불교에서 나오는 것이라는 주장이다. 다산은 주희가 "성품은 인간이 하늘로부터 부여받아 태어난 '이理'다."라고 정의한 것 역시 부정하고 '성性이란 기호嗜好다'라며 성性이 하늘의 부여한 이理가 아니라 인간이 선택할 수 있는 '기호'라고 주장했다.

인간에게 성性은 기호이므로 선을 행할 수도, 악을 행할 수도 있다는 것이다. 이는 그가 일생동안 수많은 악인들을 만나면서 체득한 결론일 수도 있다. 정순왕후 김씨나 서용보·이기경·홍낙안 같은 인간들의 성품이 어찌 원래 순수할 수 있겠는가? 다산에게 선은 인간의 순수한 성품에 따라 자동적으로 행할 수 있는 것이 아니었다. 다산이 『맹자요의孟子要義』에서 강조하는 것은 인간은 선을 좋아하는 성품의 기호를 길러서 자신의 결단으로 선을 선택하고 실행해가야 한다는 것이었다. 이런 철학적 바탕 위에서 정약용은 자주지권自主之權 사상을 확립했다.

다산은 『맹자요의』에서 하늘이 인간에게 선을 행하고자 하면 선을 행할 수 있고, 악을 행하고자 하면 악을 행할 수 있는 결정권을 주었는데 이것이 바로 '자주지권'이라고 설명한다.

자주지권自主之權, 즉 자유의지에 따라 인간은 선을 행할 때 선을 행한 공을 이룰 수 있고 악을 행할 때 악을 행한 죄를 짓는 것이므로, 인간과 동물이 갈라지는 경계가 된다는 것이다. 인성론에 대한 다산의 이런 인식은 비단 『맹자요의』에만 드러나는 것이 아니라 『중용자잠中庸自箴』이나 『중용강의中庸講義』에서도 일관되게 드러나고 있다. 이 부분이 이기론理氣論이니 사단칠정론四端七情論이니 하는 사변적인 고담준론으로 일관하면서도 막상 자신들이 다스리는 현실사회는 멀쩡한 생식기를 잘라버릴 수밖에 없게 만든 조선의 위선적인 성리학자들과 다산이 근본적으로 갈라지는 지점이다.

그에게 철학은 담론이 아니라 실천이었던 것이다.

묘지명을 지은 뜻

정약용은 귀향 후 유배지에서처럼 왕성한 저술활동을 하지는 않았다. 그 자신이 「자찬 묘지명」에서 "육경사서六經四書로써 자기 몸을 닦게 하고 일표이서一表二書(『경세유표』 『목민심서』 『흠흠신서』)로써 천하 국가를 다스릴 수 있게 하고자 함이었으니, 본本과 말末이 구비되었다고 하겠다."라고 말한 대로 경학서와 일표이서로써 일단 자신의 학문체계를 완성했다고 보기 때문일 것이다.

귀향 후 정약용이 더 많은 공력을 기울인 것은 「묘지명」 저술이었다. 자신이 자신의 묘지명을 지은 「자찬 묘지명」 외에도 정약용은 많은 사람들의 묘지명을 저술했다. 그의 묘지명은 집안사람과 자신이 교유한 사람들로 나눌 수 있는데, 집안사람 것으로는 숙부를 비롯해 큰형 약현, 둘째 형 약전과 약전의 요절한 아들 학초와 자신의 요절한 아들 농아의 것도 있다. 여성의 묘지명이 희귀하던 시절 정약용은 자신을 길러주었던 서모庶母 김씨와 둘째 아들 학유의 부인 심씨의 묘지명도 지었다.

그의 묘지명 저술에는 정치적인 관점에서 일정한 원칙이 있었다. 집안사람이든 아니든 마찬가지였다. 그는 셋째 형 정약종의 묘지명은 짓지 않았다. 자신의 매부였던 이승훈의 것도 짓지 않았다. 정약종과 이승훈이 1801년의 신유박해 때 사형당했다는 사실 때문이 아니었다. 그는 신유박해 때 사형당한 이가환과 권철신의 묘지명은 지었던 것이다. 또한 신유박해 때 자신처럼 유배 갔던 정약전과 이기

「자찬 묘지명」 다산은 자기 자신의 묘지명을 지은 「자찬 묘지명」 외에도 많은 사람들의 묘지명을 저술했다. 그의 묘지명은 억울하게 죽거나 귀양 갔던 자들에 대한 진혼굿이자 헌사로 평가받는다.

양李基讓 · 오석충嗚錫忠 · 이유수李儒修의 묘지명도 지었다.

이는 정약용의 묘지명 저술에서 천주교도 여부가 큰 원칙이 되고 있음을 말해준다. 정약용은 자신이 생각할 때 천주교도가 아님에도 박해를 받은 사람들은 묘지명을 지어 이들의 무죄를 후세에 알리고 싶어 했다. 정약종은 천주교가 옳다는 주장을 꺾지 않고 사형당한 인물이기 때문에, 이승훈은 비록 천주교를 버렸다고 주장했으나 「황사영 백서」에서 "그(이승훈)는 교회서적을 전파한 죄가 있어 아무리 배교한다 해도 사형을 면하기 어려우므로 그 죽음이 선사善死인지 아닌지 아직 알 수가 없습니다."라고 말한 것처럼 배교했더라도 천주교에서 자유로울 수 없는 원인 제공자라고 보았기 때문에 묘지명 저술에서 제외했던 것이다.

정약용이 묘지명에서 정약전 외에 그 죄없음을 후세에 알리려고 가장 신경 쓴 인물은 정헌 이가환과 녹암 권철신이었다. 정헌 이가환은 남인의 정당성을 입증하는 차원에서, 녹암 권철신은 성호학파의 정당성을 입증하는 차원에서 묘지명을 저술한 것인데, 둘 다 자신의 회갑년인 순조 22년(1822)경에 쓰인 것으로 추정된다. 「자찬 묘지명」으로 자신의 생애를 정리하고 또 두 사람의 생애를 정리한 것이다. 정약용의 「자찬 묘지명」과 정약전 · 이가환 · 권철신 · 이기양 · 오석충 묘지명이 세상에 공개되기 위해서는 오랜 시간이 걸려야 했다. 정약용과 그 후손들은 묘지명의 내용이 노론 세상에서 공개되는 것을 두려워했다.

1885~1886년에 고종의 어람본御覽本으로 만들어진 『여유당전서』에 정약용의 「자찬 묘지명」 두 편(집중본, 광중본)과 다섯 명의 묘지명

이 누락되어 있는 것은 이 때문이다. 정약용이 자신의 「자찬 묘지명」과 다른 사람들의 묘지명을 쓴 것은 먼 훗날의 평가를 위해서였다. 먼 훗날 노론의 세상이 아닌 다른 세상에서 사헌부의 계사나 국청의 국문기록이 아닌 묘지명으로 자신과 이들의 인생을 평가받기 위한 것이었다.

그래서 그의 묘지명은 억울하게 죽거나 귀양 갔던 자들에 대한 진혼굿이자 헌사가 된다.

그는 이가환이 억울하게 죽은 이유를 정조 17년(1793, 계축년)에 사형당한 증조부 이잠을 옹호하는 상소를 올린 것에서 찾았다. 정약용은 「정헌 이가환 묘지명」에서 "무릇 섬계剡溪 이잠李潛을 미워하는 사람으로 신진 연소한 사람까지도 모두가 성낸 눈빛으로 공을 바라보았으니 공의 화란은 여기에서 이루어진 것이다."라고 쓰면서 "계축년의 상소는 올리고 싶어서 올린 게 아니라 마지못해서 올렸던 것인데, 마침내 이 때문에 죽음을 당했으니 아는 이들은 슬프게 여겼다."라는 것이다.

정약용은 「정헌 이가환 묘지명」에서 이가환이 정조 19년(1795) 천주교 관계에 대해 진술한 것을 기록해 그가 천주교와 무관하다는 사실을 밝혔다.

> 공(이가환)이 답변하기를 "저는 평일에 책 읽기를 좋아하는 버릇이 있습니다. 몇 년 전에 못 본 책이 연경에서 들어온 것이 있다는 말을 듣고 빌려다가 탐독했습니다. 말이 더러 신기하여 처음에는 자못 섭렵하다가 점차 읽어나감에 따라 그 내용이 허황한 거짓말로 상도常

道와 맞지 않음을 보고 노불老佛(도교와 불교)의 여파로 여겼습니다. 벼슬살이를 끊고 제사를 폐한다는 대목에 이르러서는 패륜하고 상도를 어지럽혀 아비도 없고 임금도 없는 것이어서 그때부터는 사절하고 물리치는 일로써 자신의 임무를 삼아 그냥 피하고 멀리했을 뿐만 아니라 맹세코 없애고 끊고자 했습니다. 이것은 참으로 친지들이 다 함께 들은 바이니 그걸 누가 속일 수 있겠습니까.

「정헌 묘지명」

그런데도 정조 사후 노론 벽파에서 이가환을 죽이기 위해 천주교를 이용했다는 것이었다.

신유년 초봄(정월)에 대비 정순왕후가 나라 안팎에 교유하기를 "사교에 빠져 개전하지 않는 자들은 앞으로 장차 혹형에 처해 없애버릴 것이다."라고 했다. …… 2월 9일 사헌부 집의 민명혁閔命赫 등이 계啓에 이르기를 "이가환은 흉악하고 추잡한 핏줄을 타고난 놈으로 화禍를 일으킬 마음을 품고 반감을 품은 많은 무리들을 유인하여 스스로 교주가 되었습니다."라고 하고는 이승훈·정약용 등과 함께 감옥에 넣어 엄하게 국문하자고 청했다.

밤중에 체포되어 그다음 날 신문받는데 위관委官은 영중추부사 이병모였고, 현직 정승은 심환지·이시수·서용보이며 판의금은 서정수, 대사간은 신봉조였고, 문사랑問事郎에는 오한원·이안묵 등이었다.

신문을 마치자 공(이가환)은 선왕(정조)의 상소에 대한 비답과 전후의 전교傳敎를 인용해 스스로 변호했다. 그러나 옥관獄官들은 모두 심리

해주지 않고 다만 이러한 지목을 받고 어떻게 빠져나갈 수 있겠느냐고 심하게 고문했지만 한 조각의 종이쪽지나 한 죄수의 공초供招(자백)에서도 끝내 증거가 될 만한 것은 나오지 않았다. 단지 헝클어진 뭉치 속에서 노인도老人圖 한 장을 끄집어내 "이게 누구의 상이냐."라고 물었지만 또한 죄와 관계되는 증거품은 아니었다.

때마침 신봉조가 상소해서 오석충이 흉얼과 체결했다고 말했는데 옥문 밖에서 한 옥졸이 지나면서 "홍낙임이 바로 흉얼이다."라고 중얼거리는 소리를 얼핏 들었다. 곧 조사를 받는데 여러 대신들이 흉얼이 누구냐고 물었다. 공이 얼른 생각없이 "오석충이 홍낙임과 체결했는가의 여부를 피고는 실제로 모르는 일이다."라고 답변했다. 대신들이 모두 "홍낙임 세 글자를 네가 어떻게 먼저 실토하느냐. 그들이 체결했던 것을 네가 확실히 알고 있구나."라고 하고는 공과 오석충을 번갈아 고문해서 살점이 떨어져나가고 정신이 혼미해지자 오석충은 고문을 견디지 못해 시인과 번복을 번갈아 해서 말에 조리가 없었다.

공은 답변하기를 "정경正卿의 몸으로서 이런 지목을 받았으니 그 죄는 마땅히 죽어야 할 것이다."라고 하니 옥관들이 드디어 승복承服(자백을 인정함)한 것이라고 해버렸다. 공은 죽음을 면치 못할 것을 알고 곧바로 음식을 거절하고 먹지 않다가 6~7일 만에 정신을 잃고 죽었다. 의논이 마침내 기시棄市(시신의 목을 베어 내걺)로 되었으니 때는 2월 24일이었다.

오호라! 예부터 국옥鞫獄을 벌이는 데는 선조 기축년己丑年(정여립 옥사)이나 숙종 경신년庚申年(허적의 서자인 허견의 옥사) 같은 경우도 반드시 고발자의 상변上變이나 죄수의 공초 중에 끌어들이거나 혹은 문서가 압수되든지 혹은 죄수의 증거가 있어야 체포해 들이고 이에 고문을 하고 이에 사형을 시키고 이에 기시를 하였던 것이다. 대계臺啓로써 발단을 일으켜 곧바로 장살杖殺하여 끝내 기시해버린 것은 기축·경신년의 옥사에서도 없던 일이다.

「정헌 묘지명」

정약용은 「정헌 이가환 묘지명」에서 "공이 죽음을 당하자 나라 사람의 절반이 애석하게 여겼으며 물의物議가 고르지 못했다."라고 쓰고, "지위가 상경上卿까지 되어서도 벽이 뚫리고 창문이 찢긴 채 가난하고 검소함이 포의布衣 때와 같았다."라고 한 시대의 위인의 죽음을 슬퍼했다.

정약용은 「녹암 권철신 묘지명」에서 권철신을 성호 이익의 수제자로 보았다. '(성호 선생께서) 늘그막에 한 제자를 얻었으니 바로 녹암 권공(권철신)'이라는 것이다. 정약용이 권철신의 죽음을 애달파하는 것은 바로 이것 때문이었다.

그러면서 천주교 관계에 대해 서술했다.

서서西書(서양서)가 나타났을 때 녹암의 아우 권일신이 맨 처음으로 형벌을 받는 화를 만나 임자년(1792) 봄에 죽었고 온 집안이 모두 천주교에 물들었다는 지목을 받았으나 녹암이 그걸 금할 수도 없어서 역시 신유년(1801) 봄에 죽음을 당했으니, 마침내 학문의 맥이 단절되어버렸고 성호 학통의 아름다움을 다시 이어갈 수 없게 되었으니 이것이야말로 세상의 운運에 관계되는 일이지 한 집안만의 비운으로 끝날 일은 아니었다.

「녹암 권철신 묘지명」

정약용은 권철신의 동생 일신이 죽은 후 "이때부터 문도門徒가 모두 끊어지자 공은 문을 닫고 슬픔을 머금은 채 지내며 발자취가 산문山門을 나오지 않은 지 10년이었다."라며 두문불출한 상황을 서술하고 있다.

신유년(1801) 봄에 옥에 넣고 국문했으나 증거가 없었다. 어떤 사람이 을묘년(1795)에 죽은 윤유일이 본래 감호鑒湖(권철신)의 제자였으니 윤유일이 꾸민 일의 정상을 몰랐을 리가 없다고 하여 장차 사형시키기로 하였는데 마침 고문으로 공의 상처가 너무 커서 정신을 잃고 운명했음에도 결국 2월 25일 기시하기로 의논까지 해버렸다. 오호라! 인후仁厚하기가 기린 같았고, 자효慈孝하기가 호랑이나 원숭이 같았고[47] 영특한 지혜는 샛별과 같았고 얼굴 모습은 봄날의 구름과 밝은 태양 같았는데, 형틀에서 죽어갔고 시체가 저자의 구경거리로 널려 놓여졌으니 어찌 슬프지 않겠는가?

「녹암 권철신 묘지명」

정약용이 보는 권철신은 인격 그 자체였다.

47 호랑이와 원숭이는 '부모에게 효도하고 자식을 사랑하는 동물'로 여겨진다.

우연히 맛있는 음식이라도 생기면 아무리 적은 것이라도 고르게 나누어 아래 천한 사람들까지도 함께 먹었기 때문에 친척이나 이웃 사람들이 동화해가고 고을 사람들이 사모하여 먼 고을까지 소문이 퍼져나갔다.

「녹암 권철신 묘지명」

정약용은 이런 권철신이 "예전에 말하기를 '진심으로 주자를 사모하는 사람은 나보다 더한 사람은 없을 것이다'라고 한 적이 있다."라고 밝히며 그가 천주교도가 아닌데도 노론 벽파에서 천주교도로 몰아 죽였다고 분개한 것이다.

정약용은 이들 외에 이기양·오석충 등 노론 벽파에 의해 억울하게 희생된 사람들의 묘지명을 써서 이들의 영혼을 위로하고 먼 훗날 이들 삶의 진실이 드러나기를 바랐다. 그리고 이들에게 누명을 씌워 핍박한 노론 벽파의 야만이 전해지기를 바랐던 것이다.

태워버려도 괜찮다

정약용은 귀향 후 광주 사마루[社村]에 거주하던 석천石泉 신작申綽, 정산貞山 김기서金基敍 등과 편지로 경학에 대한 의견을 주고받으며 한가하게 지냈다. 62세 때인 순조 23년(1823) 9월 승지 후보로 거론되었던 적이 있었으며, 66세 때인 순조 27년(1827)에는 윤극배尹克培

가 정약용이 천주교도라고 상소했으나 무고로 판명난 적이 있다. 정약용은 이런저런 소동에 흔들리지 않고 유유자적하게 만년을 보내고 있었다.

그러던 순조 30년(1830), 조정에서 갑자기 정약용을 불렀다. 부호군副護軍에 단부單付되었다는 것이다. '단부'란 여러 명 중에서 고르는 것이 아니라 단망單望으로 벼슬아치를 정하는 것으로서, 그만큼 정약용이 꼭 필요하다는 증거였다. 대리청정하던 세자 익종翼宗의 병환 때문이었다. 익종의 병세가 위급해지자 69세의 정약용을 부른 것이었다. 그러나 이는 정약용을 등용하려는 의도가 아니었다. 이미 익종은 손을 쓸 수 없는 상태였다. 정약용에게 처방과 투약의 책임을 지워 익종이 죽으면 그 책임을 다산에게 씌우려는 것이었다. 정약용은 진퇴양난에 빠졌다. 회생 불가능한 익종에게 투약하면 사망의 책임을 져야 하고, 투약을 거부하면 불충죄를 짓는 모순에 처한 것이다. 익종을 진찰한 다산은 그의 수명이 얼마 남지 않았음을 알 수 있었다. 그래서 그는 약원藥院에서 이렇게 말했다.

"이 환후에 꼭 써야 할 약재가 내 집에 있소. 급히 사람을 보내 그 약재를 가져와야겠소."

약원에서는 정약용의 말을 따르지 않을 수가 없었다. 그래서 급히 사람을 마재로 보냈으나 마재는 서울에서 백 리가 넘는 거리였다. 사람이 약재를 가져오는 동안 익종은 세상을 떠나고 말았던 것이다. 이로써 정약용은 함정에서 벗어났다.

4년 후인 1834년 11월, 재위 34년째인 순조의 병환이 깊어지자 조정은 다시 정약용을 불렀다. 조정에서 자신을 부를 때는 이미 순조의 회생 가능성이 없다는 뜻임을 그는 알고 있었다. 행장을 차렸으나 73세 다산의 발걸음이 빠를 수 없었다. 12일에 마재를 출발한 다산이 동점문東漸門에 들어선 것은 이튿날 새벽이었는데, 이미 백관百官들이 곡을 하기 위해 대궐로 가는 것이 보였다. 다산이 홍화문弘化門까지 갔을 때 국상國喪 소식이 전해졌다.

정약용은 그 이튿날 고향 마재로 돌아왔다.

헌종 2년(1836) 2월 22일은 정약용이 결혼한 지 60년 되는 회혼일回婚日이었다. 그달 4일부터 정약용은 병석에 누웠다. 그러나 회혼 전날(21일)에는 뚜렷이 환후가 나아졌다. 회혼을 맞이하기 위해 전날부터 족친族親들이 몰려들었다. 그러나 잔치가 막 시작되려는 22일 진시辰時 초각初刻(오전 7시경) 정약용은 하늘의 부름을 받았다.

향년 75세. 『사암선생연보』에는 "이날 진시에 큰 바람이 땅을 쓸며 불었고 햇빛이 엷어져 어둑어둑했으며 토우의 기운이 누렇게 끼었다. 문인 이강회李綱會가 서울에 있었는데 큰 집이 무너져 내려 누르는 꿈을 꾸었다. 아! 이상한 일이다."라고 적고 있다.

「자찬 묘지명」을 쓸 때 이미 인생을 정리했던 정약용은 그해 조그마한 첩帖에 유명을 써두었다. 그로부터 12년을 더 산 셈이었다. 귀양생활 18년에 귀양 이후 18년을 살았으나 그의 운명은 18이란 숫자와 관계가 깊었다. 그의 유명은 이렇게 시작된다.

"이 유령遺令은 꼭 예에 따를 것도 없고 꼭 풍속을 따를 것도 없고 오직 그 뜻대로 할 것이다. 살았을 때 그 뜻을 받들지 않고 죽었을 때 그 뜻을 좇지 않으면 모두 효가 아니다. 하물며 내가 『예경禮經』을 수십 년 동안 정밀하게 연구했으므로 그 뜻은 다 예禮에 근거를 둔 것이지 내 멋대로 한 것이 아니니 어찌 따르지 않겠는가? 산 사람이 해야 할 일은 『상의절요』에 있으니 마땅히 잘 살펴서 행하고 어기지 말라."

정약용 유명첩의 장례절차는 다음과 같다.

> 병이 나면 바깥채에 거처하게 하고 부녀자들을 물리치고 외인外人을 사절한다.
>
> 숨이 끊어지면 속옷을 벗기고 새옷을 입힌다.
>
> 수시收屍[48]는 풍속대로 하되 이(齒)를 괴지 말고[49] 발을 묶지 말고 한두限斗[50]를 설치한다.
>
> 그날로 목욕을 시키고 염습하되 준비가 안 되었으면 이튿날 아침에 해도 좋다.
>
> 명목瞑目(시신의 눈을 가리는 천)은 검은 비단에 붉은 안감을 쓴다.
>
> 악수幄手(시신의 손을 싸는 헝겊)는 검은 비단에 붉은 안감을 쓴다.
>
> 귀마개는 흰 솜을 쓴다.
>
> ……
>
> 이불과 요는 쓰지 말고 소렴小斂[51]한 시신을 곧 관에 넣는다.

정약용은 이 유명에서 "집의 동산에 매장하고 지사地師에게 물어보지 말라."고 유언했다. 명당을 찾지 말고 집의 동산에 묻으라는 지

48 시신을 거두어 머리와 팔다리를 바로잡는 것.

49 반함飯含(염습할 때에 죽은 사람의 입에 구슬이나 쌀을 물리는 것)을 하지 않기 때문이다.[정약용의 원주]

50 황토를 다리 사이에 넣어 시신을 고정시키는 것.

51 시체에 새로 지은 옷을 입히고 이불로 싸는 것.

정약용의 묘소 다산은 살아생전 자신의 장례절차를 자세히 적어두었는데 내용 중에는 지관地官을 부르지 말고 뒷동산에 묻으라는 부분이 있다. 그러나 이 묘소에 서면, 천하의 명당임을 알 수 있다.

시였다. 또한 "석물石物은 지나치게 세우지 말라."고 검소한 장례를 요구했다.

그는 평생 연구한 『상례喪禮』의 정신을 유명 뒤에 붙인 발跋에서 전하고 있다.

천하에 가장 업신여겨도 되는 것은 시체다. 시궁창에 버려도 원망하지 못하고 비단옷을 입혀도 사양할 줄 모른다. 지극한 소원을 어겨도 슬퍼할 줄 모르고 지극히 싫어하는 짓을 가해도 화낼 줄 모른다. 그러므로 야박한 사람은 이를 업신여기고 효자는 이를 슬퍼한다. 그러니 유령遺令은 반드시 준수하고 어기지 말아야 한다. 옆에서 떠들고 비웃는 자는 어리석은 자인데도 살아 있기 때문에 두려워하고,

시체는 말이 없지만 박학한 사람인데도 죽었기 때문에 업신여기니 어찌 슬픈 일이 아니겠는가?
앞의 첩帖에서 말한 바를 털끝만큼이라도 어긴다면 불효요, 시신을 업신여기는 것이다. 학연·학유야! 정녕 내 말대로 하여라.

다산 정약용의 동상 그는 시대의 문제점을 밝혀내는 데 과감했으며, 그것을 해결하기 위해 고뇌하던 양심적인 지식인이었다. 그의 고향 마재에 소재해 있다.

현세가 아니라 미래를 위해 학문을 하고 저술을 했던 다산, 그는 「자찬 묘지명」에서 자신의 학문체계가 완성되었다고 쓴 후 이런 말을 덧붙였다.

> 그러나 알아주는 사람은 적고 꾸짖는 사람만 많다면 천명天命이 허락해주지를 않는 것으로 여겨 한 무더기 불 속에 처넣어 태워버려도 괜찮다.
>
> 「자찬 묘지명」

우리 사회는 지금 천명을 받아들이는 세상인가? 아니면 다산의 사상을 불 속에 처넣고 태워버리는 세상인가? 우리 사회는 정약용이 도를 펼칠 수 있는 사회인가? 아니면 서용보·이기경·홍낙안 등이 득세하는 세상인가? 우리 사회는 다산이 꿈꾸었던 그런 나라를 향해서 가고 있는가? 오늘 정약용은 이런 질문을 우리 사회에 던지고 있는지도 모른다.

『여유당전서』 및 정약전·정약종 저서 해제

정약용의 저서와 그에 관한 저서는 너무 많아서 다 소개할 수 없다. 다산학술문화재단의 홈페이지(www.tasan.or.kr)에 들어가면 그의 저작들과 그에 대해 쓴 글들이 소개되어 있으니 참조하기 바라며 그 외에 다산 관련 홈페이지에서도 관련자료들을 찾을 수 있다. 정약용의 연대기로는 1921년 정약용의 현손玄孫인 정규영丁奎英이 쓴 『사암연보俟菴年譜』가 가장 자세하다.

여기에서는 정약용 연구의 기본이 되는 『여유당전서』에 대해서만 소개하겠다. 정약용의 저서들은 필사본으로 전해지다가 1930년대에야 처음으로 간행되었다. 그의 서거 100주년을 기념해서 신조선사新朝鮮社에서 정약용의 저작을 1934년부터 38년까지 154권 76책으로 간행한 것이다. 이 책의 편자는 외현손 김성진金誠鎭이며, 당대의 석학 정인보鄭寅普와 안재홍安在鴻이 함께 교열에 참여했다. 이때 만들어진 『여유당전서』가 현재까지 정약용을 연구하는 기본자료로 사용되고 있다. 해방 이후에 영인된 『여유당전서』는 모두 이 신조선사본을 저본으로 제작된 것이다. 1962년에 문헌편찬위원회에서 간행된

『정다산전서丁茶山全書』는 신조선사본을 4책으로 축쇄 영인한 것인데, 다산연보가 추가되었다. 1970년 경인문화사에서 나온 『정다산전서』는 『여유당전서 보유補遺』 5책이 추가되었는데, 보유에는 『여유당전서』에 빠진 『압해정씨가승押海丁氏家乘』이 실려 있어 정약용의 가계 연구에 큰 도움이 된다.

1985년에는 여강출판사에서 신조선사본을 실물 크기로 영인하여 『여유당전서』 20책으로 간행했고, 2001년도에 아름출판사에서 같은 이름으로 다시 영인했다.

따라서 우리가 현재 접하는 『여유당전서』는 모두 일제시대 신조선사에서 간행한 『여유당전서』의 틀을 크게 벗어나지 못한다. 이 전서全書는 모두 7집으로 구성되어 있는데, 그 대강은 다음과 같다.

제1집 시문집으로 시를 비롯해 서序·기記·논論·책策·서書 등 각종 형식의 글과 『아언각비雅言覺非』 같은 잡찬류(雜纂類)의 글이 실려 있다(25권).

제2집 경집經集으로 경전주석사가 대부분이다. 『논어고금주』 『맹자요의』 『시경강의』 『주역사전』 등이 실려 있다(48권).

제3집 예집으로 상례와 제례에 관한 글이 실려 있다(24권).

제4집 악집樂集으로 『악서고존樂書孤存』 등 음악에 관한 글이 실려 있다(4권).

제5집 정법집政法集으로 1표 2서, 즉 『경세유표』 『목민심서』 『흠흠신서』 등이 수록되어 있다(39권).

제6집 지리집으로 『강역고』 『대동수경(大東水經)』 등이 실려 있다(8권).

제7집 의학집으로 『마과회통麻科會通』 등이 실려 있다(6권).

신조선사본 『여유당전서』가 완간되자 사회주의자이자 한학자였던 최익한崔益翰은 『동아일보』에 「여유당전서를 독함」이란 장문의 논문을 게재했다. 그는 『여유당전서』를 꼼꼼하게 읽고 교열자 정인보와 질의 논담했으며, 이능화李能和의 『조선기독교급외교사朝鮮基督教及外交史』를 이용해 다산 이해의 새로운 장을 열었다. 해방 후 월북한 그가 1955년 북한에서 『실학파와 정다산』이란 책을 펴낸 것은 이런 선행 작업이 있었기에 가능한 일이었다.

남한에서도 1960년대부터 정약용 연구가 본격화되었으나 아직 『여유당전서』는 완역되지 못하고 있을 뿐만 아니라 원본의 정본도 없다. 2003년 10월 다산학술문화재단에서 『여유당전서』 정본사업에 나서겠다고 밝힌 것은 이런 이유 때문이다. 정본사업이란 원저자의 글 그대로 복원하는 것을 말하는데 후대에 간행된 모든 판본들에 대한 편찬과정 또한 연구를 통해 오류를 바로잡아야 가능하다.

이와 함께 『여유당전서』 전질이 시급히 국역되어야 할 것이다. 그간 민족문화추진회나 다산연구회 같은 단체나 박석무朴錫武·정해렴丁海廉·이을호 선생 등이 『경세유표』 『목민심서』 『흠흠신서』 등의 1표 2서를 비롯해 『대동수경』 『맹자요의』 『대학공의』 등을 번역했으나 500여 권에 이르는 전서의 규모에 비하면 미약하다고 하지 않을 수 없다. 하루빨리 『여유당전서』 정본을 확립해서 모두를 번역하고 디지털화함으로써 다산학이 정립되고 세계화하는 계기가 되기를 바란다.

정약전의 『자산어보』는 일찍이 1947년 정문기의 번역본이 있으며 『자산역간』은 『역학서언』의 끝부분에 부기되어 있다. 정약종의 『주교요지』는 1982년 한국교회사연구소에서 펴낸 『순교자와 증거자들』에 수록되어 있는데, 이 책에는 정약종의 아들 정하상의 「상재상서上宰相書」도 실려 있다.

다산 정약용의 연보

일러두기

1. 정규영의 『사암선생연보』를 중심으로 다른 자료를 참조해 작성했다.
2. 주어를 따로 표기하지 않은 문장의 주어는 모두 정약용임을 밝힌다.

1762년 (영조 38), 다산 1세

6월 16일 사시巳時에 경기도京畿道 광주군廣州郡 초부면草阜面 마재[馬峴](지금의 남양주시南陽州市 조안면鳥安面 능내리陵內里)에서 아버지 나주羅州 정씨丁氏 재원載遠과 어머니 해남 윤씨 사이에서 태어났다. 위로 이복 맏형 약현과 동복형 약전·약종과 동복 누이가 있었다. 처음 자字는 귀농歸農이었다가 미용美庸으로 바뀌었으며 약용은 관명冠名이다. 호號는 삼미三眉 · 다산茶山 · 사암俟菴 · 자하도인紫霞道人 · 문암일인門巖逸人 등이고 여유당與猶堂은 당호堂號다. 이해에 사도세자思悼世子의 변變이 일어났다.

1765년 (영조 48), 다산 4세

천자문千字文을 배우기 시작했다.

1767년 (영조 43), 다산 6세

아버지의 임소任所인 연천漣川에 따라갔다.

어머니 숙인淑人 윤씨를 사별했다. **1770년** (영조 46), **다산 9세**

관직을 물러나 집에 있게 된 아버지에게 경서經書·사서史書를 수학했다. **1771년** (영조 47), **다산 10세**

홍화보洪和輔의 딸 풍산 홍씨와 결혼했고, 아버지가 복직되자 집을 세내어 서울에서 살았다. **1776년** (영조 52), **다산 15세**

성호星湖 이익李瀷의 유고遺稿를 처음으로 보고, 학문의 준칙으로 삼기로 결심했다. 가을에 아버지의 임지인 화순和順으로 따라감. **1777년** (정조 1), **다산 16세**

서울에 있으면서 과시科詩를 익혔으며, 7월에 딸을 낳았으나 닷새 만에 죽었다. **1781년** (정조 5), **다산 20세**

서울 창동倉洞(남대문 안)에 처음으로 집을 사서 살았다. **1782년** (정조 6), **다산 21세**

2월 세자世子 책봉을 경축하기 위한 증광감시增廣監試의 경의초시經義初試에 합격하고 4월 회시會試에 생원生員으로 합격해서 성균관에 들어감. 선정전에서 최초로 정조와 만남. 회현방會賢坊으로 이사했으며, 9월에 장남 학연學淵이 태어났다. 정약전도 가을에 진사가 되어 성균관에 들어갔다. **1783년** (정조 7), **다산 22세**

성균관 유생으로 있으면서 여름에 정조正祖에게 『중용강의中庸講義』를 바쳤다. 만형 약현若鉉의 처남 이벽李檗에게 천주교에 대해서 처음 듣고 서적을 보았다. **1784년** (정조 8), **다산 23세**

1786년 (정조 10), 다산 25세

7월에 둘째아들 학유學游가 태어남.

1789년 (정조 13), 다산 28세

정월 반시泮試에서 수석하고 곧바로 전시殿試에 나가 급제해 비로소 벼슬길에 올랐다. 5월에 부사정副司正, 6월에 가주서假注書에 제수되었으며, 겨울에 정조가 한강을 건너기 위한 주교舟橋를 설치하는데 규제規制를 작성해 올렸다.

1790년 (정조 14), 다산 29세

2월에 예문관藝文館 검열檢閱이 되었는데, 대간이 법식을 어겼다며 탄핵하자 여러 번 패초를 거부하다가 서산군瑞山郡 해미현海美縣에 유배되었다가 11일 만에 풀렸다. 돌아오는 길에 온궁에서 사도세자 유적을 복원할 것을 지시해 노론의 신경을 거슬리게 했다. 이해 여름 정약전도 대과에 급제했다.

1791년 (정조 15), 다산 30세

5월에 사간원司諫院 정언, 10월에 사헌부 지평에 제수됨. 겨울에 『시경의詩經義』 8백여 조條를 바쳐 임금으로부터 크게 칭찬을 받았다. 이해 전라도 진산에서 윤지충 · 권상연이 부모의 신주를 불태우고 제사를 폐지한 진산사건이 일어났는데, 이를 계기로 천주교 배격운동이 일어나자 정약용과 약전 형제도 배교했다.

1792년 (정조 16), 다산 31세

정조의 호의로 노론의 반대를 무릅쓰고 홍문관록弘文館錄에 뽑혔으며 이어 홍문관弘文館 수찬修撰이 되었다. 4월 9일 진주晉州 임소에서 아버지 진주공의 상喪을 당해 광주에서 여막살이를 하면서 정조의 명으로 『수원성제水原城制』와 『기중가도설起重架圖說』 등을 지어 올렸다.

1794년 (정조 18), 다산 33세

6월에 3년상을 마치고, 7월에 성균관成均館 직강直講에 제수됨. 10월에 홍문관弘文館 수찬이 되었다가 경기 암행어사暗行御史가 되어 연천, 삭녕 등의 고을을 암행했는데, 이때 경기감사 서용보의 비위사실을 보고했다가 정조 사후 보복당했다.

1795년 (정조 19), 다산 34세

동부승지가 되고 품계가 통정대부通政大夫에 이름. 정조와 수원 현륭원에 배알했다. 이해 주문모 신부가 입국해 논란이 일었는데, 이 사건의 여파로 7월 충청도 금정찰방金井察訪으로 좌천되자, 온양의 석암사에서 성호 이익의 문집을 정리했다. 12월에 용양위 부사직이 되어 서울로 올라왔는데, 이해 만형 정약현이 진사시에 합격했다.

1796년 (정조 20), 다산 35세

10월에 규영부奎瀛府 교서校書가 되고, 12월에 병조참지兵曹參知, 다시 우부승지, 좌부승지에 올랐다가 부호군副護軍이 되었다.

1797년 (정조 21), 다산 36세

6월에 좌부승지를 제수받았으나 자신의 천주교 관계 전말을 고백하는 사직상소문을 올리고 물러났다. 윤6월에 황해도 곡산谷山부사로 나가 선정을 베풀었다. 겨울에 『마과회통麻科會通』 12권을 완성했다. 정약전은 성균관 전적을 거쳐 병조좌랑이 되었다.

1798년 (정조 22), 다산 37세

곡산부사로 있으면서 『사기찬주史記纂註』를 지어 정조에게 올렸다. 정약전은 왕명으로 『영남인물고』를 편찬했다.

1799년 (정조 23), 다산 38세

황주 영위사黃州迎慰使로 사신을 접대하고 내직으로 옮겨져 병조참지와 형조참의刑曹參議를 제수받았다. 대사간 신헌조가 정약전

	을 탄핵하자 「자명소自明疏」를 올리고 사직했다. 넷째 아들 농장農 이 태어났다.
1800년 (정조 24), 다산 39세	봄에 처자妻子를 데리고 낙향했는데, 정조가 내각 서리를 보내 곧 부르겠다고 약속했다. 그러나 6월 28일 정조가 승하하면서 나락으로 추락함. 여유당이란 당호를 지었다.
1801년 (순조 1), 다산 40세	사간원의 논계로 체포되어 국문을 받았다. 정약종과 이가환 · 이승훈 · 권철신 등은 사형당하고 정약용과 정약전은 사형에서 감해져 경상도 장기와 신지도로 유배갔다. 정약용은 장기에서 『이아술爾雅述』 6권과 『기해방례변己亥邦禮辨』 등을 지었으나 10월 황사영사건黃嗣永事件으로 다시 체포되면서 잃어버림. 정약용과 약전은 다시 국문을 받고 전라도 강진과 흑산도로 유배 갔다.
1802년 (순조 2), 다산 41세	넷째 아들 농장이 요절했다.
1803년 (순조 3), 다산 42세	봄에 『단궁잠오檀弓箴誤』, 여름에 『조전고弔奠考』, 겨울에 『예전상의광禮箋喪儀匡』 등을 짓는 등 본격적인 학문에 나서는 한편 『주역』을 깊게 연구했다.
1804년 (순조 4), 다산 43세	봄에 2천 자로 된 『아학편훈의兒學編訓義』를 지었다.
1805년 (순조 5), 다산 44세	여름에 『기해방례변己亥邦禮辨』 3권을 완성했고, 겨울에 학연이 오자 보은산방寶恩山房에서 『주역周易』 『예기禮記』를 가르쳤다.

5월에는 정약용의 장손 대림이 태어났고, 7월에는 정약전의 아들 학초가 사망했다.

1807년 (순조 7), 다산 46세

봄에 강진 도암면道岩面 만덕리萬德里 다산茶山의 산 밑에 있는 윤단尹慱의 산정山亭으로 옮겨 『다산문답茶山問答』 1권을 지었다. 겨울에 『주역심전周易心箋(주역사전)』 24권과 『독역요지讀易要旨』 18칙, 『주역사해周易四解』 『주역서언周易緖言』 등 주역에 관한 책을 집중적으로 기술했다.

1808년 (순조 8), 다산 47세

『시경강의산록詩經講義刪錄』 등을 지었다.

1809년 (순조 9), 다산 48세

『시경강의보詩經講義補』 등을 지었다.

1810년 (순조 10), 다산 49세

『아방강역고我邦疆域考』 등을 지었다.

1811년 (순조 11), 다산 50세

『민보의民堡議』 『춘추고징春秋考徵』 등을 지었다.

1812년 (순조 12), 다산 51세

『논어고금주論語古今注』 40권을 지었다.

1813년 (순조 13), 다산 52세

『맹자요의孟子要義』 『대학공의大學公議』 『중용자잠中庸自箴』 『중용강의보中庸講義補』 『대동수경大東水經』 등을 지었다. 정약전은 정약용이 해배된다는 소문을 듣고 흑산도까지 오게 할 수 없다는 생각에서 우이도로 이주했다.

1814년 (순조 14), 다산 53세

1815년
(순조 15), 다산 54세

『심경밀험心經密驗』『소학지언小學枝言』을 지었다.

1816년
(순조 16), 다산 55세

『악서고존樂書孤存』을 지었다. 6월 정약전이 내흑산 우이도에서 사망했다.

1817년
(순조 17), 다산 56세

『상의절요喪儀節要』『경세유표經世遺表』를 지었다.

1818년
(순조 18), 다산 57세

『목민심서』를 지었다. 8월에 귀양이 풀려서 강진을 떠나 고향 마재에 돌아옴.

1819년
(순조 19), 다산 58세

『흠흠신서欽欽新書』『아언각비雅言覺非』 등을 저술했다.

1821년
(순조 21), 다산 60세

『사대고례산보事大考例刪補』를 지었다. 맏형 약현 사망.

1822년
(순조 22), 다산 61세

회갑을 맞아 스스로 「자찬 묘지명」을 지었다. 이가환·권철신 등 신유박해 때 사형당한 남인들의 묘지문도 짓기 시작했다.

1827년
(순조 27), 다산 66세

대리청정하던 효명세자孝明世子(익종)가 정약용 등을 등용하려 하자 윤극배尹克培가 상소해 정약용을 무함했으나 무고로 드러났다.

1830년
(순조 30), 다산 69세

효명세자가 위독하자 정약용을 부호군에 단부單付해 약을 쓰게 했으나 조제하기 전에 효명세자가 사망했다.

18347년
(순조 34), 다산 73세

『상서고훈尙書古訓』과 『지원록知遠錄』을 개수해 21권으로 합편合編함. 순조가 위독하자 다시 부름을 받았으나 대궐에 도착하기 전 순조가 사망했다.

1836년
(헌종 2), 다산 75세

회혼일回婚日인 2월 22일 진시辰時 초에 마재 자택 정침正寢에서 조용히 서거逝去했다. 4월 1일 여유당 뒷동산, 지금의 남양주시 조안면 능내리의 자좌지원子坐之原에 안장되었다.

시대가 만든 운명

정약용과 그의 형제들 2

초판 1쇄 인쇄 2012년 10월 12일
초판 11쇄 발행 2021년 11월 19일

지은이 이덕일
펴낸이 김선식

경영총괄 김은영
콘텐츠개발5팀장 최세정 **콘텐츠개발5팀** 이수정, 유미란, 김대한, 이한경
전략기획팀 김상윤
마케팅본부 이주화, 정명찬, 최혜령, 양정길, 박진아, 최혜진, 김선욱, 이승민, 이수인, 김은지
경영관리팀 허대우, 윤이경, 임해랑, 권송이, 김재경

펴낸곳 다산북스 **출판등록** 2005년 12월 23일 제313-2005-00277호
주소 경기도 파주시 회동길 490
전화 02-702-1724(기획편집) 02-6217-1726(마케팅) 02-704-1724(경영지원)
팩스 02-703-2219 **이메일** dasanbooks@dasanbooks.com
홈페이지 www.dasanbooks.com **블로그** blog.naver.com/dasan_books
출력제본 ㈜갑우문화사

© 2012, 이덕일·권태균

ISBN 978-89-6370-037-3 (03900)
978-89-6370-035-9 (세트)

• 책값은 뒤표지에 있습니다.
• 파본은 구입하신 서점에서 교환해 드립니다.
• 이 책은 저작권법에 의하여 보호를 받는 저작물이므로 무단 전재와 복제를 금합니다.

다산북스(DASANBOOKS)는 독자 여러분의 책에 관한 아이디어와 원고 투고를 기쁜 마음으로 기다리고 있습니다. 책 출간을 원하는 아이디어가 있으신 분은 이메일 dasanbooks@dasanbooks.com 또는 다산북스 홈페이지 '투고원고'란으로 간단한 개요와 취지, 연락처 등을 보내주세요. 머뭇거리지 말고 문을 두드리세요.